U0936577

珍藏本·增订本

纪念版

汉译世界学术名著丛书

二十年危机 1919—1939

——国际关系研究导论

〔英〕E.H. 卡尔 著

秦亚青 译

THE TWENTY YEARS' CRISIS 1919-1939: AN INTRODUCTION TO THE STUDY OF INTERNATIONAL RELATIONS

by E. H. CARR, A NEW INTRODUCTION AND ADDITIONAL MATERIAL BY MICHAEL COX

本书参考英国 Curtis Brown 出版公司 2001 年版译出

汉译世界学术名著丛书
（120 年纪念版·珍藏本）
增订本出版说明

2017 年 10 月，为纪念商务印书馆创立 120 周年，本馆推出“汉译世界学术名著丛书”（120 年纪念版·珍藏本），计七百种。近五六年来，仰赖学界同人倾力支持，订正旧译，增补新译，拓展新著，积累日多。为满足读者需要，本馆在七百种的基础上，继续推出“汉译世界学术名著丛书”（120 年纪念版·珍藏本·增订本）三百种。至此，“汉译世界学术名著丛书”累计出版已达千种。

今后，本馆将继续推进丛书的翻译出版工作，在积累单本名著的基础上陆续分辑刊行，汇印出版。为促进中外文明互鉴、推动我国学术发展，使“汉译世界学术名著丛书”这项对我国学术文化有基本建设意义的重大工程发挥更大作用，诚望海内外学术界、翻译界继续给予支持，帮助我们把这套丛书出得更好。

商务印书馆编辑部

2024 年 2 月

汉译世界学术名著丛书
（120年纪念版·珍藏本）
出 版 说 明

2017年2月11日，商务印书馆迎来120岁的生日。120年前，商务印书馆前贤怀揣文化救国的理想，抱持“昌明教育，开启民智”的使命，立足本土，放眼寰宇，以出版为津梁，沟通中西，为中国、为世界提供最富智慧的思想文化成果。无论世事白云苍狗，潮流左右激荡，甚至战火硝烟弥漫，始终践行学术报国之志，无改初心。

迻译世界各国学术名著，即其一端。早在20世纪初年便出版《原富》《天演论》等影响至今的代表性著作，1950年代后更致力于外国哲学和社会科学经典的译介，及至1980年代，辑为“汉译世界学术名著丛书”，汇涓为流，蔚为大观。丛书自1981年开始出版，历时三十余年，迄今已推出七百种，是我国现代出版史上规模最大、最为重要的学术翻译工程。

丛书所选之书，立场观点不囿于一派，学科领域不限于一门，皆为文明开启以来，各时代、各国家、各民族的思想与文化精粹，代表着人类已经到达过的精神境界。丛书系统译介世界学术经典，引领时代思想，为本土原创学术的发展提供丰富的文化滋养，为推动中国现代学术和现代化进程做出了突出的贡献。

为纪念商务印书馆成立120周年，我们整体推出“汉译世界学术名著丛书”120年纪念版的珍藏本，寄望既利于文化积累，又便于研读查考，同时向长期支持丛书出版的译者、编者和读者致以敬意。

两甲子后的今天，商务印书馆又站在了一个新的历史时间节点上。我们不仅要铭记先辈的身影和足迹，更须让我们的步伐充满新的时代精神。这是商务人代代相传的事业，更是与国家和民族的命运始终紧密相连的事业。我们责无旁贷，必须做好我们这代人的传承与创造，让我们的努力和成果不仅凝聚成民族文化的记忆，还能成为后来人可以接续的事业。唯此，才能不负前贤，无愧来者。

商务印书馆编辑部

2017年10月

目　录

第三部分　政治、权力与道德

第四部分　法律与变革

结　论

第一版序言

这本书于 1937 年开始构思，1939 年 7 月中旬送交出版社，1939 年 9 月 3 日战争爆发之际阅读校样。如若根据战事匆匆做些零星半点的文字修改，必当于事无补。所以，我愿全然保留书稿原貌。成稿之时，世界已是战云笼罩，但避免第二次世界大战的希望并未尽失。因此，书中“战争”“战前”或是“战后”等字眼，其所指均为 1914 年至 1918 年的第一次世界大战。

战争气焰上升的时候，将战争灾难全然归罪于少数人的野心和傲慢，不求进一步探查战争的根源，这实在是容易的事情，但却也十分危险。即便是战火纷飞的时候，探究战争的深层原因和重要缘由，而不是仅仅考量战争的个人原因和直接缘由，仍然是具有实际意义的。《凡尔赛和约》签署之后仅 20 年又两个月，和平即告破裂，欧洲诸国从而卷入第二次重大的战争。如若和平重返世界，其时，应当认真思考和平破裂的教训。如若结束战争的安排摧毁的仅仅是德国国家社会主义的统治者，而没有消除滋生国家社会主义现象的条件，那么，这样的安排必然无以持续，1919 年结束战争安排的悲剧就会重演。两次世界大战之间相隔 20 年。对于研究世界未来的和平缔造者而言，历史上没有任何一个时期比这 20 年的危机更能够使他们受益。下一次和平会议，如若不致重蹈上一次和平会议之覆辙，就要关注较之划定边界更为深刻的问题。基于这一信念，我因此愿将此书献给未来和平的缔造者。

我从已经出版的著述中得到帮助、汲取灵感，这类著述不胜枚举。但我尤其得益于两部著作，一是卡尔·曼海姆（Karl Mannheim）博士的《意识形态与乌托邦》(*Ideology and Utopia*)，二是莱因霍尔德·尼布尔（Reinhold Niebuhr）博士的《有道德的人与不道德的社会》(*Moral Man and Immoral Society*)。这两部论著虽然不是国际关系的专著，但却揭示了一些根本的政治问题。直到我的书稿几近完成之时，才拿到彼得·德鲁克（Peter Drucker）先生的著作——《经济人的终结》(*The End of Economic Man*)。书中包含了一些精彩的推测，对当今世界历史的危机所做的分析也是发人深省、富有启发意义的。过去 20 年里，出版了许多历史性和记叙性的优秀著作，涉及国际关系的各个侧面。其中一些著作对我颇有启发，已在本书的注释里记录在案。这些注释代替了参考书目。不过，就我所知，这些著作中没有一部旨在分析现代国际危机更深层次的原因。

我要更为深切地感谢诸多个人，尤其要感谢三位朋友，他们抽出时间，通读书稿。对于我的观点，他们或是赞成或是反对，但提出的意见都富有启发意义。本书能有现在的价值，他们的建议贡献甚大。这三位朋友是：伦敦经济和政治学院国际关系学教授查尔斯·曼宁（Charles Manning）；牛津大学万圣学院研究员、最近刚刚担任威尔士大学学院（阿伯瑞斯特沃斯）国际政治学讲师的丹尼斯·劳思（Dennis Routh）；第三位朋友因有官方职务，故不便在此提及姓名。过去三年里，我是皇家国际事务研究所民族主义问题研究小组成员，小组的研究成果即将发表。[①]小组的研究脉络，与我在本书中的分析思路，有时相通，有时交叉。研究小组中的同事们以及参与该研究项目的人员，在我们长时间的讨论切磋之中，也自然而然地为本书做出了许多宝贵的贡献。在撰写本书的过程中，他们，还有其他许多人，都以某种方式有意或是无意地给予我帮助和鼓励。在此，谨表诚挚的谢意。

爱德华·哈利特·卡尔

1939年9月30日

注释：

① *Nationalism: A Study by a Group of Members of the Royal Institute of International Affairs* (Oxford University Press).

第二版序言

《二十年危机》第二版需要付印，这使作者面临一个困难的决定。该书讨论国际政治，于1939年夏结稿。即便当时尽量避免做出预测性论断，也难免烙上时代的印记，无论是内容、措辞，还是时态，尤其是在“战争”“战后”等词语的使用上面，概莫能外。对于当今的读者，须尽心刻意，才能将其与1914—1918年发生的那场大战联系起来。但是，当我试图修订原书时，却清楚地发现，该书各章各节的内容都或多或少地受到后来发生的事件的影响，如若逐段重写，那么，我所完成的必然不是这本书的第二版，而是另外一部全新的书稿了。这样一来，实可谓强用旧瓶装新酒，既不得体，也无裨益。《二十年危机》仍然是一部研究两次世界大战之间这一时期的著作，撰稿之时，这一时期已近终结。所以，只能依照这种实际情况评说这部论著。因此，我所做的是：改写那些产生歧义或是晦涩难懂的词句，因为对于如今的读者而言，当年成书时的情势已经相当遥远；修正一些可能使人产生误解的句子；删除两三段落，因为这些段落涉及当年的一些争论，时过境迁，这些争论或是不复存在，或是已从另外的角度得到了新的解读。

从另一方面来说，我丝毫未曾改变原书的内容，也不曾仅仅因为书中有些观点当今已经不能完全被人们接受就予以修正。因此，请允许我在此提出两个感悟到的主要问题。我以为，自第一版问世之后，自己在某种程度上对这两个问题有了新的认识。

首先，《二十年危机》旨在反击1919—1939年间英语国家国际政治思想中明显且危险的错误，即几乎完全无视权力因素。无论学界还是民间，几乎所有的思想中都存在这种错误。现在，这种错误已经基本上得到了纠正，虽然在讨论未来安排的一些问题时还会时而出现。《二十年危机》中的一些章节所提出的论点更多地强调了一个侧面，这在1939年是必要的，但时至今日，已是没有必要或是不合时宜了。

其次，该书的主体部分过于匆忙、过于自信地将现在的民族国家视为国际社会的唯一单位，无论国大国小，均是如此。当然，该书最后一章对未来国际政治经济单位的规模提出了一些反思，后来的事态发展也加强了这种反思。现在，所有客观的研究人员似乎必须接受这样一个结论：独立的小国已被淘汰或是即将被淘汰，而成员国众多的国际组织是不可能有效运转的。我最近出版的一本名为《民族主义及其之后》(*Nationalism and After*)的小书，其中阐述了我对这一问题的观点。至此，我就可以问心无愧地采取唯一切实可行的方法，使《二十年危机》的第二版基本保持1939年结稿出版时的原本面貌。

爱德华·哈利特·卡尔

1945年11月15日

第一部分

国际政治学

第一章　学科的起源

国际政治学是一门刚刚起步的科学。直到1941年之前，1
国际关系的运作还只是职业外交人员关心的事务。在民主国家，对外政策通常被视为政党政治范畴之外的事情；议会机构认为，外交部门的秘密运作超出议会的职权范围，因此无力对其实施严格的控制。在英国，只有在两种情况下，舆论才会很快关注外交事务。一是传统上被视为英国利益范围之内的地区爆发了战争；二是英国海军一时失去了领先于潜在对手的相对优势，且这种优势在当时又被认为是至关重要的。在欧洲大陆，由于实行了义务兵役制，加之人们长期恐惧外来侵略，因此对国际问题有着比较普遍和持续的关注。但是，这种关注主要表现在工人运动之中，表现形式也只不过是时而通过一些不切实际的反战决议而已。美国宪法倒是有一款特别规定，总统“经咨询参议院并取得其同意”之后有权缔结条约。不过，美国的对外关系也是在一个狭小的领地中运作，所以这一特别规定实际上也没有什么更为广泛的重要意义。由于外交领域会出现一些比较新奇的事情，因而受到媒体的关注。但是，无论是在高等学府还是在更为广泛的知识界，都没有对当前的国际事务进行系统的研究。战争仍然被视为主要是军人的事情。据此

类推，国际政治自然就是外交官的事情。因此，公众并不希望将国际事务的运作从职业外交人员手中接管过来，人们甚至不
2 会坚持认真地关注外交人员在做什么事情。

1914—1918 年的大战改变了人们的观念。他们不再认为战争只是职业军人的事情。同样，人们也不再认为可以放心地让职业外交人员自行处理国际政治事务。在英语国家最先出现了普及国际政治的运动，其表现形式是反对秘密条约。虽然人们没有充分的证据，但却一致认为秘密条约是引发战争的原因之一。对于秘密条约，原本不应该归罪于政府缺乏道德，而应该归罪于大众对国际事务的漠不关心。因为，缔结这些条约是众所周知的事情。但是，在 1914 年战争爆发之前，很少有人关注这类事情，也几乎没有人认为应当反对签订这些条约。[1] 尽管如此，反对这些条约的做法仍然具有极为重大的意义。它标志着人们开始有了普及国际政治的要求，因而也就预示着一门新学科即将诞生。

政治学的目的与分析

在民众的普遍要求下，国际政治学诞生了。政治学的创立是为某种目的服务的，因此，也就沿袭了其他学科的路径。初看起来，这一路径似乎不合逻辑。一般来说，国际政治学的研究首先需要收集数据，并对数据进行归类和分析，从而得出结论。然后，再确定这些数据和结论可以用于什么目的。但是，人的思维并不是按照这种逻辑程序展开的。实际上，人

的思维遵循的恰恰是相反的程序。根据逻辑程序，目的本应该是分析之后才能确定的。但是，人们往往首先需要有一个目的，这样，他们的分析才会有原始动力和发展方向。恩格斯写道：“社会的技术需求对科学进步产生的推动力比十所
大学还要大。”[2]现存最早的几何教科书“列出了一套实用法 3
则，目的就是解决实际问题。比如，‘测量圆形水果仓库的方法’‘规划一块田地的方法’‘计算鹅和牛消耗饲料的方法等’”。[3]康德说，理性接触自然的方法，“决不能是学生接触老师的方法，老师说什么，学生就听什么。理性接触自然的方法，应该是法官接触证人的方法。法官要求证人回答他提出的问题，而这些问题是法官自己认为应该提出的问题”。[4]一位当代社会学家也写道：“我们必须对某些问题事先做出决定，比如采用什么研究方式、怎样排定研究对象不同侧面的轻重缓急、需要提出和试图回答什么样的问题等等。否则，如果仅凭直接的个人兴趣，那么我们连星星、石头、原子这些基本物质都无法展开研究。”[5]提高健康水平的目的催生了医学，建造桥梁的目的创立了工程学，人们消除政体中恶疾的愿望激励和促使他们建立了政治学。无论我们是否意识到目的的存在，实际上是目的激活了思想。为思想而思想的做法实属反常，而且不会有什么结果，就像守财奴为敛财而敛财一样。“愿望是思想之父”，这句话准确地表述了人的正常思维的源头。

如果说以上观点真实地反映了自然科学的研究模式，那么，政治学就更是如此了。在自然科学领域存在两类活动，一类是对事实本身的研究分析，另一类是将这些事实应用于什么

目的。这两者不仅在理论上可以截然分开，在实际研究中也一直是分别处理的。实验室里的研究人员研究癌症的原因。他们最初的动机可能是希望消灭癌症，但是这样的愿望和目的，从严格意义上讲，与他们的实际研究工作没有什么关联，而且愿望和目的与实际研究也是截然分开的两件事情。研究人员的结论只能是一份关于真实事实的研究报告。试图改变真实的事实是毫无用处的，因为事实是独立于人的意识的客观存在。政治学领域的研究是与人的行为联系在一起的，所以不存在自然科学意义上的客观事实。政治学研究人员的愿望和目的是消除政体中的某些弊端。研究人员在寻找这些弊端产生的原因时，意识到人在一般情况下对有些特定情景会做出某种特定的反应。但是，这样的反应与人体对某种药物做出的反应是不同的，它们分属两种不同的事实。政治学研究的事实可以通过人们的愿
4 望加以改变。如果研究人员在思维中已经存在改变事实的愿望，并通过他的研究使其他人也接受这种愿望，那么，一旦接受的人达到足够的数目，事实就会得到改变。于是，政治学中的研究目的就完全不同于自然科学中的研究目的：自然科学中的事实与研究目的没有关联，并且相互分离；而政治学研究目的本身就是一种事实。从理论上讲，人们当然会区别两种角色，一种是确立事实的研究人员，另一种是考虑适当行动的实际工作人员。但在实际上，一种角色却悄悄地融入另外一种角色。结果，研究目的与科学分析共同成为同一个过程的组成部分。

举几个例子说明这一问题。当马克思写《资本论》的时候，他的目的是摧毁资本主义体系，这与研究癌症的学者希望

消灭癌症的目的没有什么区别。但是关于资本主义的事实却不同于关于癌症的事实，因为后者独立于人们的意识，无论人们对它持有什么态度，它都不会改变。马克思的研究为的是改变人们对资本主义的态度，实际上，他的研究也确实改变了这种态度。马克思在分析资本主义事实的过程中改变了这类事实。有些人试图区分作为科学家的马克思和作为宣传鼓动者的马克思，这是毫无意义的吹毛求疵。1932 年夏天，有些金融专家向英国政府提出建议，认为以 3.5% 的比率转换 5% 的战时公债是可能的。他们这样建议当然是基于对某些事实的分析。但是，正是他们提出建议这一事实，连同其他一些金融界熟知的事实，共同使这一转换政策得以实施。这个例子说明，研究本身和研究目是可以合二而一的。构成政治事实的还不仅是政治学研究人员和专业学者的思想。无论什么人，只要他阅读报纸上的政治栏目、参加政治会议或是与邻居讨论政治问题，在某种意义上，他也是研究政治的人，他做出的判断也就成为政治活动进程中的一个因素（在民主国家尤其如此，但在其他政体中也会出现这种情况）。正因为如此，读者可以批评我的这本著作，不是质疑著作的真实性，而是质疑它的观点是否合乎时宜。这样的批评，无论是否有道理，都会被人们所接受。但是对于一本研究癌症原因的著作，读者提出同样的批评似乎就没 5
有什么意义了。每一个政治性判断都会改变做出这一判断所依赖的事实。政治思想本身就是一种政治行动的形式。因此，政治学不仅是一门“是什么”的学问，而且也是一门“应该是什么”的学问。

乌托邦主义的作用

如果说目的先于思想并且造就了思想，那么，我们就不难发现，当人们的思想开始探索一个未知领域的时候，会产生一个初始阶段。在这一阶段，愿望或目的成分占有重要的地位，而分析事实和探询分析方法的意识却很弱，或者根本不存在。霍布豪斯（Hobhouse）注意到，“最原始的人群”有一个特征，“他们评判一个观点是否真实的依据是这个观点是否使人产生愉悦的感觉”。⑥ 政治学的初始阶段，或称为“乌托邦”阶段，显然也是如此。在这一阶段，研究人员很少注意到存在的“事实”，也不会去分析事物的原因和结果。他们一心一意做的事情就是详尽地阐述理想的研究项目，以便达到他们想像中的目的。这种理想化的研究项目简洁明了、完美无缺，所以具有普遍的吸引力。只有当这种项目失败之后，证明单凭愿望和目的无法实现预想的目标的时候，研究人员才会不甚情愿地求助于研究分析。研究正是起始于这种幼稚的乌托邦阶段，然后才会确立为科学学科。金斯伯格（Ginsberg）教授说过：“有些理论得到了人们的普遍接受，但却没有详尽的实证研究予以支持。可以说，正是在反对这类理论的斗争中，社会学诞生了。”⑦

即便是在自然科学领域，也不难找出这样的例子。在中世纪，黄金是公认的交换媒介。但当时的经济关系不是很发达，所以只需要有限黄金就足够了。14 世纪和 15 世纪经济状况发生了变化，因而产生了一种广泛的货币交易体系，黄金供应便

不能满足新经济的要求了。于是，当时的一些聪明人就开始 6
做试验，希望将一般金属变成黄金。炼金者的想法只具有目的性，但他没有仔细想一想，铅的属性是否可能使其变成黄金。他认为自己的目的是不容置疑的（那就是必须炼出黄金），所以，采用的方法和材料自然需要为这一目的服务。只有当这样的理想化的试验失败之后，研究人员才开始思考要研究“事实”的属性问题，也就是研究物质的特征。虽然变铅为金的初始想法是根本不可能实现的事情，但现代自然科学却恰恰是从这种初始的愿望演化而来的。

我们还可以从与政治学关系密切的一些领域再举一些例子。

创立政治学的第一次有记录的尝试是在公元前 5 世纪和公元前 4 世纪。这些尝试分别出现在中国和希腊。当时，孔子和柏拉图都受到自己所处的政治制度的深刻影响，但是他们两人都没有试图分析这些制度的性质，也没有探寻他们悲叹的社会痼疾的深层原因。他们像炼金术士一样，热衷于提出高度理想化的解决方法，对现实持完全否定的态度。[8] 他们提倡的新的政治秩序，与他们生活的社会中的实际情况相去甚远，就像黄金和铅之间的差别一样。他们的主张不是研究分析的结果，而是愿望的产物。

18 世纪的时候，西欧的贸易已经十分重要，所以，政府对贸易施加的、受到重商主义理论支持的无数限制自然受到人们的厌恶。他们要反对这些贸易限制，就提出了一种普遍自由贸易的理想型主张。根据这种主张，法国的重农主义者和英国的亚当·斯密（Adam Smith）创立了政治经济学。这一新的学科

7 主要基于对现实的否定，基于关于想像中的经济人行为的一些虚构的、未经证实的通则。但在实践中，这一学科产生了十分有用且意义重大的结果。不过，经济理论长期以来保持了乌托邦的特征，即便是在今天，一些“古典经济学家”仍然坚持认为，普遍自由贸易是经济学的合理假定，而所有现实情景却被视为对这种乌托邦原型的背离。实际上，普遍自由贸易是一种从未真正存在过的虚构情景。[9]

19 世纪初，工业革命产生了一个新的社会问题，引发了西欧人的思考。首先对这一问题进行思考的是被后人称为“空想社会主义者”的思想家，有法国的圣西门（Saint-Simon）、傅立叶（Fourier）和英国的欧文（Robert Owen）。这些思想家没有分析阶级利益和阶级意识的实质，也没有研究阶级利益和阶级意识所导致的阶级冲突的实质。他们只是对人的行为做出了未经验证的假定，并且根据这样的假定，提出了理想社会的虚构图景。在这样的理想社会中，所有阶级的成员都在友善中共生共存，各尽所能，按需分配。正如恩格斯指出的那样，对所有这些思想家来说，“社会主义是绝对真理、理性和正义的表现，只要把它发现出来，它就能用自己的力量征服世界”。[10]空想社会主义者做了十分有益的工作，使人们意识到问题的存在和需要解决这些问题。但是，在他们设想的解决方案与造成这些问题的社会条件却没有逻辑上的关联。我们又一次发现，空想社会主义的方案不是分析研究得出的结果，而是愿望的产物。

8 以这种方式设计的方案当然是无法实施的。正如从来没有

人能够在实验室中制造出黄金一样，从来没有人可能生活在柏拉图的共和国内，没有人可能生活在普遍自由贸易的世界里，也从来没有人可能生活在傅立叶的法伦斯泰尔虚幻社区中。尽管如此，将孔子和柏拉图尊为政治学的奠基人，将亚当·斯密尊为政治经济学的奠基人，将傅立叶和欧文尊为社会主义思想的奠基人，这样做是完全正确的。希冀实现某种目标的初始阶段是人类思维的重要基础。愿望是思想之父，目的激发了研究活动。

国际关系学中的目的成分，从一开始就十分明显。国际关系学诞生于灾难性的大型战争，驱使和激励这门新学科先驱学者的最主要目的就是避免国际关系中再次发生这样的灾难。防止战争的强烈愿望确定了学科的整个初始进程和发展方向。像其他初创的学科一样，国际政治学一直充满乌托邦意识，并且对此毫不隐讳。在学科初始阶段，愿望主导了人们的思想，主观推论重于实际观察，很少有人对现有事实做出认真的分析，也很少有人探寻可以使用的分析方法。在这一阶段，人们的注意力几乎全部集中在希望实现的目的上面。目的是极其重要的，所以，如果有人对研究方法提出深刻的批评，往往会被认为是于事无补甚至是败事有余。在前往巴黎和会的路上，有些顾问向威尔逊（Wilson）总统提出问题，问他是否认为国际联盟的计划切实可行。威尔逊总统简短的回答是："即使计划不是切实可行的，我们也要使它切实可行。"[11] 威尔逊总统极力主张建立国际警察，实施"集体安全"，或是推行其他建立国际秩序的计划。他对批评者的反驳通常不是说明他认为自己的计划

为什么可以得以实施、怎样才能得以实施，而是强调他的计划必须得以实施，因为计划的失败就意味着灾难。再不，他就要求人们提出替代计划。[12] 人们会向炼金术士提出铅是否真正可
9 以变为黄金的问题，也会向空想社会主义者提出人们是否可以生活在理想社会中的问题。想必他们的回答与威尔逊的态度不会有什么两样。思想不受重视，理想占据上风。经济学家马歇尔（Marshall）曾经将“草率设计空想计划的不负责任的无端行为”比作“棋艺不佳的棋手的贸然行动。这样的棋手为了迅速解决极端困难的国际象棋困境，竟然独自一人既走黑棋又挪白子”。[13] 虽然马歇尔的批评不是针对国际关系学的，但是，这一批评完全适用于 1919 年到 1939 年间关于国际政治的言论和著述。对于这种思想失败的景况，如果要做出辩护的话，就是当时国际政治中所有的黑棋都掌握在棋艺不佳的棋手手中。所以，棋局之间的真正难题，即便是最敏感的思想，也难以捕捉理解。1931 年之后事态的发展清楚地表明，仅仅将愿望作为国际政治学的基础是不坚实的。于是，人们第一次开始对国际政治问题展开了批判性和分析性的认真思考。

现实主义的影响

一门学科只有虚心地不将自己视为万能灵药，并且把对“是什么”的分析与“应该是什么”的理想区别开来，它才能够有资格成为名副其实的学科。在政治学中，这样的区别永远也不是绝对的，所以，总有些人不想承认政治学是一门学科。

无论是在自然科学还是在政治学中，人们很快就会意识到，初始的愿望阶段必须让位于严格认真的分析阶段。但是自然科学和政治学的区别在于，政治学永远也不能完全摆脱乌托邦主义。所以，比起自然科学家来，政治学家会较长时间地踟蹰在初始的乌托邦阶段。这是非常自然的事情。自然科学和政治学毕竟不是一回事情。即使世界上所有的人都热切希望铅能变成黄金，铅依然变不成黄金。但是，如果世界上所有的人都希望成立“世界政府”或实施“集体安全”（这两个术语的意义相同），那么，“世界政府”或“集体安全”或许很容易成为现实，这一点是无法否认的。国际政治学者如果在一开始即将自
己的任务设定为使每个人产生这样的愿望，那么，他是可以得 10
到原谅的。他需要一些时间，然后才能够意识到：空想的道路是行不通的；政治乌托邦主义无法实现即便是最有限的成功；只有源于政治现实的目标才会得以实现。国际政治学者一旦明白了这一点，就会开始对现实进行认真严谨的分析，这才是学科的标志。他必须对一种客观现实的原因进行分析，即很少有人希望成立“世界国家”或是实施“集体安全”，即便是那些自认为希望这样做的人也将“世界国家”或“集体安全”理解成为完全不同的东西。这时，国际关系学者就进入了另外一个阶段。在这一阶段，愿望本身已经没有意义，学者必须对事实进行分析，使其成为自己研究活动的核心内容。

在学科发展历程中，随着初始阶段虚构景象的破灭，思想对愿望开始产生作用，标志着空想阶段的终结。这种现象通常被称为现实主义。现实主义反对初始阶段的愿望—梦想方式，

表现出批判性，甚至有些愤世嫉俗的倾向。在思想领域，现实主义强调要接受现实并分析现实的原因和结果。现实主义贬低愿望目的的作用，明确或含蓄地坚持认为思想的功能是研究一系列事件，对于这些事件，研究人员是无法施加影响或予以改变的。在行动领域，现实主义强调现实力量不可阻挡，强调客观趋势的不可逆转，所以，最高的智慧在于接受并使自己适应这些客观现实和客观趋势。这种态度是以“客观”思维的名义表现出来的，但是它却很可能使思想变得贫乏，使行动变成无为。但是，学科发展需要这样一个阶段，需要以现实主义抗衡乌托邦主义的泛滥。正像在学科发展的其他阶段一样，需要以理想主义丰富现实主义的贫瘠。不成熟的思想往往表现出明显的目的性和理想色彩，而完全排斥目的性的思想则是陈旧的思想。成熟的思想将目的与观察和分析融合在一起。所以，理想与现实是政治学的两个方面，成熟的政治思想和良好的政治生
11 活只能存在于理想与现实融合的环境之中。

注释：

① 最近一位研究法俄结盟的历史学家记述了几位法国激进分子抗议这一秘密协议的活动，然后，他说，“议会和舆论都容忍了这种完全的沉默，满足于绝对不过问这一协议的条款和范围”（Michon，*L'Alliance Franco-Russe*，p. 75）。1898 年，阿诺托（Hanotaux）在下院说，公布协议条款是“绝对不可能的”，他的这番话受到大家的欢迎（*ibid.*, p. 82）。

② 引自 Sidney Hook，*Towards the Understanding of Karl Marx*，p. 279。

③ J.Rueff，*From the Physical to the Social Sciences*（Engl. transl.），p. 27.

④ Kant，*Critique of Pure Reason*（Everyman ed.），p. 11.

⑤ MacIver，*Community*，p. 56.

⑥ L.T.Hobhouse，*Development and Purpose*，p. 100.

⑦ M.Ginsberg，*Sociology*，p. 25.

⑧ 柏拉图和柏罗丁，莫尔和康帕内拉——这些思想家使用实际社会结构中不存在的材料建构了他们的理想社会。也正是实际社会中的缺陷激发了他们的灵感。他们笔下的共和国、乌托邦、太阳城是对现实状态的抗议，他们自己的经历激起了他们对现实的谴责（Acton，*History of Freedom*，p. 270）。

⑨ “自由政治经济是人们所能列出的乌托邦的最佳范例。有人曾经想像过这样一种社会，其中，所有人都依照充分竞争的规则，从事各种各样的商业活动。现在，人们承认，这种理想社会犹如柏拉图的理想国一样，都是难以实现的”（Sorel，*Réflexions sur la violence*，p. 47）。比较一下罗宾斯（Robbins）教授对自由放任经济学的著名辩辞，“在一种客观规则体系之中，任何自发的关系都会产生互惠的结果。以这种体系协调人的活动的思想，与以中央计划经济控制任何一个行动和任何一种行动的思想相比，至少也是同样精妙，同样宏伟。同时，这种思想同样符合高尚的精神社会的要求”（*Economic Planning and International Order*，p. 229）。如果说柏拉图构思的理想国，与任何历史上存在的国家相比，都是同样精妙、同样宏伟、同样可以满足精神的要求，那么，这种说法与罗宾斯对自由放任经济学的辩护在真实性和实用性方面是如出一辙的。

⑩ Engels，*Socialism*，*Utopian and Scientific*（Engl，transl.），p. 26.

⑪ R.S.Baker，*Woodrow Wilson and World Settlement*，i. p. 93.

⑫ 有一个妇孺皆知的老故事，说的是一个人在 1775 年的里斯本地震中四处兜售抗震药物。但是，有一点却被忘记了：有人指出，抗震药物可能什么用处也没有，但卖药者回答说：“抗震药没有用，那你们又能用什么代替它呢？”（L.B.Namier，*In the Margin of History*，p. 20）

⑬ *Economic Journal*（1907），xvii. p. 9.

第二章　乌托邦与现实

乌托邦与现实是矛盾的对立。天平总是在这两者之间摇摆，从来没有达到完全的平衡。这一根本的对立在许多思想形式中都表现出来。由此产生了两种方法，一种是只思考世界应该是什么样子而忽略了世界的过去和现在实际是什么样子，另一种是只观察世界的过去和现在是什么样子并从中推断出世界应该是什么样子。这两种方法决定了对待所有政治问题的两种态度。阿尔伯特·索雷尔（Albert Sorel）指出："世界上存在两类人，一类要使世界适应自己的政策，另一类要使自己的政策适应现实世界。这两类人之间的争辩是一场永恒的论战。"[①] 在我们审视当今的国际政治危机之前，有必要详细讨论以下这一矛盾的对立。

自由意志与客观决定论

乌托邦与现实的对立在某些方面可以等同于自由意志和客观决定论之间的对立。乌托邦主义者必然是唯意志论者，坚信能够以激进的方式否定现实，并通过自己的意志行为，以自己的理想替代现实。现实主义者则是去分析一个事先决定了的事物发展过程，他是无力改变这一过程的。对于现实主义者而言，哲学，借用黑格尔《理性哲学》(*Philosophy of Right*)前言中的名句来说，总是“姗姗来迟”，所以无法改变客观世界。哲学不能使旧的秩序“恢复活力，而只能使人们对其有所认知”。理想主义者关注的是未来，以创造性的想像建构思维。现实主义者熟知的是过去，以因果关系的方式进行思考。所以，一切健康的人类行为和一切健康的人类思维，必须在乌托邦主义和现实主义之间、在自由意志和客观决定之间建立一种平衡。完全的现实主义者无条件地接受事物的因果程序，使自己无力改变现实。完全的乌托邦主义者排斥因果程序，结果是既无法理解自己试图改变的现实，也无法明了可能改变现实的 12
过程。乌托邦主义的典型缺陷是思想的幼稚，而现实主义的典型缺陷是思想的贫瘠。[②]

理论与实践

乌托邦与现实的对立也类似于理论与实践的对立。乌托邦主义者将政治理论视为规范，政治实践活动必须遵循这样的规范。现实主义者则把政治理论当做政治实践活动的归纳梳理。近年来，人们把理论和实践的关系视为政治思想的核心问题之一。乌托邦主义者和现实主义者都歪曲了这种关系。乌托邦主义者虽然自称意识到目的和事实是相互依存的，但实际上却将目的认作唯一有意义的事实，并且常常以陈述事实的语气表达愿望式的思想。《美国独立宣言》宣布，“所有人生而平等”；李维诺夫（Litvinov）认为，“和平是不可分割的”；[3] 诺曼·安吉尔（Norman Angell）爵士声称，“从生物角度来说，将人类划分为独立的交战国家是不符合科学道理的”。[4] 但是，大家都可以看到，即便在美国，也并非人人生而平等。虽然苏联的邻国相互交战，苏联却可以独自保持和平。如果一个动物学家说老虎吃人是“不符合科学道理的”，人们会对这种言论不屑一顾。所以，上面说到的声明是政治意愿的表述，但却以陈述事实的语气表达出来。[5] 乌托邦主义者生活在一个如此“事实”构筑的梦想天地里，远离现实的世界。而在现实世界中，观察到的事实完全是另外一种样子。现实主义者很容易意识到，这些乌托邦主义的主张不是事实。它们只是愿望而

13 已，属于愿望的表达，而不是事实的陈述。现实主义者还会表明，这些乌托邦主义的主张既然是愿望的表达，就不是先验的假定，而是根植于现实世界之中，只不过乌托邦主义者对此全然不能理解罢了。因此，对于现实主义者来说，所谓的人人平等，只不过是社会底层的人的愿望，这些人希望将自己的地位提高到社会的上层；所谓和平不可分割，只不过是极易遭受攻击的国家的愿望，这些国家很想建立一种原则，使它们遭到的攻击成为那些不易遭受攻击的国家所关注的事情；[6] 所谓分成独立主权国家不符合科学道理的说法，也只不过是主导大国的愿望，这些大国将其他国家的主权视为实施自己主导权力的障碍。这样，现实主义就把乌托邦主义的隐性基础揭示出来。对于一门严肃的科学学科来说，这是必不可少的第一步。但是，现实主义者否定政治理论中存在任何先验内容，并且力图证明

所有理论都根植于实践。这样一来，现实主义者就很容易陷入决定论的窠臼。决定论认为，理论只不过是对有条件的、预先决定的目的理性化的结果，是现实的衍生物，理论根本不能改变事物的发展过程。因此，乌托邦主义者把目的作为唯一的终极事实，而现实主义者则将目的仅仅视为其他事实机械地派生出来的产物。如果我们认为这种将人的意志和人的愿望简单地化约为机械运动的做法既站不住脚又不能容忍，那么，我们就必须承认，理论从实践中来又回到实践中去，并在这一过程中起到了改造实践的作用。政治过程既不像现实主义者认为的那样，只是一个由因果机械法则控制的事物发展过程；也不像乌托邦主义者想像的那样，只是一个将高瞻远瞩的智者意识中产生的理论真理应用于实践的过程。政治学的基础是承认理论和实践的相互依存。只有将乌托邦主义和现实主义融合在一起，这种相互依存才能得以实现。

知识分子与政府官员

理论与实践的对立关系，在政治生活中的具体表现就是“知识分子”和“政府官员”之间的关系。[7]知识分子的训
练使他们主要依赖先验思维，而政府官员则主要依赖经验思 14
维。知识分子自然属于那些希望使实践符合理论的人群。他们尤其不愿意承认自己的思想是由外来力量决定的；他们认为自己的理论为所谓的人类行为提供了动因，因此他们具有领导性的作用。进而，在过去200年里，知识界的世界观

受到数学和自然科学的巨大影响。提出一个普遍理论，然后根据这一理论检验具体领域的事物，这样的步骤被大部分知识分子认为是任何学科的必要基础和出发点。据此，乌托邦主义坚持首先提出普遍理论，这种观点可以说是代表了知识分子研究政治的典型方法。伍德罗·威尔逊是当今政治学领域知识分子的典型代表。他“在阐释政治学基本原理方面超出了所有的人……他的政治研究风格……是将自己的意愿建立在普遍且简约的原则之上，避免在具体方法上面纠缠不清”。[8]有些普遍原则，比如，“民族自决”、“自由贸易”或是“集体安全”（所有这些很容易被现实主义者视为特定条件和特定利益的具体表现），被当作绝对标准，然后，根据符合这样的标准还是背离这样的标准来判断政策的优劣。在当代，知识分子是所有乌托邦运动的领袖，乌托邦主义对政治进程的贡献也在很大程度上归功于知识分子的努力。但是，乌托邦主义的最大缺陷也恰恰是政治知识分子的最大弱点，既对现实认识不清，也意识不到他们自己的标准是以何种方式根植于现实的。在讨论知识分子在德国政治中的作用时，迈内克（Meinecke）写道：“他们赋予自己的政治愿望一种纯正独立的精神，一种哲学理想主义的情怀，一种超然于具体利益竞争之上的风范……但是，他们对在实际的国家生活中如何获得现实利益的感觉是错误的，因此，他们很快就从崇高的理想跌落到荒唐和怪僻的地步。”[9]

人们常常说，与那些以共同经济利益为基础团聚在一起的人比较起来，知识分子的思想受到的约束较少，所以，知识分子无疑具有超出平常人群的前瞻视角。早在 1905 年，列宁就抨击“知识界的一种陈旧观念，即知识分子……可以超然于阶级之外”。[10] 最近，这一观点在曼海姆博士那里得到了复活。他认为，知识分子群体，“相对而言是无阶级的”，“是不附属于社会的”；“知识界包容了渗透于社会生活中的所有利益”，因此能够获得较高层次的公正性和客观性。[11] 在某种有限的范围之内，这种观点是正确的。但是，这一观点的任何正确之处都被它的谬误之处所抵消。这一谬误之处就是：思想脱离社会民众。而社会民众的态度恰恰是政治生活中的决定性因素。即使是在知识分子发挥先导作用这一虚幻意识最强的领域，现代知识分子也会发现，他们的处境往往像一个军队的指挥官；当没有战事的时候，士兵们愿意听从指挥；但在战斗激烈的时候，士兵们则会众叛亲离。在德国和其他许多较小的欧洲国家，1919 年的民主宪法是由热心的知识分子编写的，所以在理论上达到了高度的完美。但是，当危机发生之后，这些宪法却无法使大多数民众坚定不移地团结起来。结果，这类宪法在几乎所有的国家都以失败而告终。在美国，知识分子在创建国际联盟的活动中起到了主导作用，其中许多人至今仍然是国联的坚定支持者。美国的民众虽然在开始的时候似乎也顺从了知识分子的引导，到了关键时刻却反对建立国联的主张。在英国，知识分子通过积极热切的宣传，赢得了民众对国联宪章压倒多数的支持。但是当国联宪章要求人们采取行动的时候，几届英国政府却都是按兵不动，因为一旦采取行动，英国民众就要承担由此而来的后果。知识分子的抗议在英国也没有引起什么重大的反应。 16

与知识分子相反，政府官员对待政治的方式从根本上说是基于经验的。政府官员要根据每一个问题本身的“具体情况”予以处理。他们避免形成公式化的原则，而是通过一些直觉活动的引导，选择正确的政策方案。这些直觉不是源于有意识的推理，而是来自多年的实际经验。担任法国驻国联大会代表的一位官员说：“没有千篇一律的事件。每一个事件都是不同的。”[12]政府官员不喜欢理论，他们是实干家。“亲历而后方明事理”，诸多名将都遵循着这条格言。英国文职官员队伍的卓越成就部分地是由于官员得心应手地调整心态，以便适应英国政治的经验传统。完美的政府官员很像英国政治家的公众形象：他们并不拘泥于成文的法规和庄严的公约，而是遵从先例、顺应直觉、重视感受，由此找到正确的方法。毫无疑问，这种经验主义的方式本身就是受到某种具体观点的影响，反映了英国政治生活的保守传统。政府官员努力保持现有秩序，维护传统，并把先例作为“安全”的行动标准。在这一点上，他们的表现比任何其他社会阶层都要明显。因此，政府官员很容易陷入僵死的、空洞的形式主义官僚体制之中，声称自己谙知什么才是政府机构运作的适当程序。即便是最聪明的外界人士也不明白这种知识到底是什么东西。政府官员典型的座右铭是“经验超过科学”。布赖斯（Bryce）写道：“知识和科学方面的造诣不会使人在政治上变得更加聪明。”[13]这反映了一种普遍存在的偏见。如果一个政府官员想反对一个建议，他就会说这个建议“学究气太重”。政治智慧来自实践，不是来自理论；来自官员的实际训练，不是来自明慧的思想。政府官员往往将政治本身作为目的。这里有必要指出，马基雅维利（Machiavelli）和培根（Bacon）都担任过政府官员。

知识分子和政府官员之间这种思维方式的根本对立一直都是存在的，只不过以前没有显现出来。但是，在过去 50 年里， 17
却在一个人们根本想像不到的领域彰显出来，这就是工人运动。恩格斯在 19 世纪 70 年代撰文向德国工人表示祝贺，因为他们“属于世界上最具理论水平的民族。德国工人保持了这种理论意识，而在德国所谓‘受过教育’的阶级中，这种理论意识已经丧失殆尽”。他将德国这种良好的状态与英国工人运动相比较，认为“对所有理论的漠然无视是英国工人运动进展缓慢的主要原因之一”。[14]40 年后，另外一位德国学者证实了恩格斯的论断。[15]马克思主义的理论论述成为德国社会民主党主要领导人的唯一指导思想。许多学者认为这种片面的知识发展状况是后来德国社会民主党最终解体的重要原因。直到最近几年，英国劳工运动完全避开理论。现在，工党中知识分子和工会代表之间的关系并不和谐，使工党处于相当尴尬的境地，这也是众所周知的事情。工会分子往往把知识分子视为乌托邦式的理论家，缺乏工会运动实际工作的经验。知识分子则指责工会领导人是官僚分子。苏维埃俄国布尔什维克党内也是充满派别斗争，在某种程度上，可以说是以布哈林（Bukharin）、加米涅夫（Kamenev）、拉狄克（Radek）和托洛茨基（Trosky）为代表的“党内知识分子派”和以列宁（Lenin）、斯维尔德洛夫（Sverdlov，直到他 1919 年去世）和斯大林（Stalin）为代表的“党的机器”之间的冲突。[16]

在两次世界大战之间的20年里，知识分子和政府官员之间的对立在英国外交领域尤其明显。第一次世界大战期间，一些乌托邦主义者组成的民主控制联盟（the Union of Democratic Control），他们极力宣传一种观点：战争之所以爆发，主要是因为在所有国家里职业外交官控制了外交事务。伍德罗·威
18 尔逊认为，如果“国际事务不是由热衷于自我利益的外交官或政治家来解决，而是由不存偏见的科学家来解决，比如地理学家、民族学家、经济学家等，和平就可以得到保证，因为这些科学家对相关问题是有研究的”。[17]政府官员，尤其是外交官，在国联系统里面长期以来深受怀疑。人们认为，如果不让败事有余的外交部门掌控国际问题，国联就可以在解决这些问题方面做出重大贡献。威尔逊在向巴黎和会全体会议介绍《盟约》草案的时候说：“人们感到，如果国际联盟的议事机构仅仅是由代表各国政府的官员组成，世界人民就很难相信，这些存有偏见的官员不会再犯他们已经犯过的那些错误。”[18]后来，塞西尔（Cecil）勋爵在英国下院的发言就更加不客气了。他说：

> 凭借我自己的经验，恐怕我从巴黎和会只能得出这样一个结论：普鲁士思维方式并非仅仅限于德国境内。官员阶层有一个整体的取向和传统……因此，人们也只能得出这样一个结论：政府官员的思维取向就是，现实存在的即是正确的。[19]

在第二届国联大会上，塞西尔勋爵呼吁国联所代表的“舆论”反对“官员阶层”。[20]在其后的10年里，这样的呼吁经常

可以被听到。政府官员同样不信任充满激情的知识分子对集体
安全、世界秩序、全面裁军等主张的狂热支持。这些东西对政
府官员来说只不过是脱离实际的纯理论产物。裁军问题明显地反
映了这种观点分歧。对于知识分子来说，普遍原则既简单又直
白。人们之所以说这样的原则难以实施，是因为有“专家”的阻
挠。[21]对专家来说，普遍原则是毫无意义的空想。军备是否可以 19
得以削减？如果可以得以削减，那么要削减什么军备？这都是
“实际”问题，只能根据每个实际问题的不同情况而采取不同的
解决方法。

左派和右派

乌托邦和现实的对立、理论和实践的对立，还类似激进派和保守派，或者说左派和右派之间的对立。当然，如果说具有这些倾向的政党总是代表了这两种深层的思想意识，那未免有些过分。激进派是当然的乌托邦主义者，而保守派则是现实主义者。知识分子是理论家，会自然而然地偏向左派；政府官员是实干家，会自然而然地偏向右派。因此，右派理论匮乏，苦于缺少思想。左派的最大弱点则是难以将理论付诸实践。正因为如此，左派往往指责政府官员阻碍理论的实施，但是这一弱点实在是乌托邦主义的本质所决定的。纳粹哲学家莫勒·范登·布鲁克（Moeller van den Bruck）写道：“左派理性，右派精明。”[22]从伯克（Burke）的时代开始，英国保守主义者一直坚定地反对可以通过政治理论的逻辑推理推导出政治实践活

动的观点。鲍德温（Baldwin）勋爵说："如若仅仅遵循三段推论，就会迅速跌入无底深渊。"[23]这段话说明，鲍德温勋爵拒绝严谨的逻辑思维方式，不但自己这样做，也劝说别人要这样做。丘吉尔（Churchill）先生也不相信"理论中完美的逻辑"可以赢得英国选民。[24]内维尔·张伯伦（Neville Chamberlain）在下院回答工党议员批评的一次讲演中曾经说过一段话，对外交政策的两种不同态度做出了非常明确的定义。他说：

> 这位尊敬的议员先生所说的对外政策意味着什么？你
> 可以提出动听的普遍原则，你可以说你的对外政策是要维
> 护和平，你可以说你的对外政策是为了捍卫英国的利益，
> 20 你还可以说你的对外政策是使用自己的影响力，代表正义
> 反对邪恶。当然，你必须首先分清什么是正义、什么是邪
> 恶。你可以提出所有这些普遍原则，但是，这都不是政
> 策。如果你要制定一项政策，你就必须审视具体的情况，
> 考虑怎样做才能恰如其分地针对具体情况做出对应：要采
> 取行动还是不采取任何行动。这就是我所说的政策。很明
> 显，外交事务中的情景和条件每日每时都在变化。如若你
> 的政策要适用于这些不同的情景，它就不可能一成不变。[25]

左派在思想上的优势是显而易见的。只有左派才能够思考政治行动的原则，提出政治家可以为之奋斗的理想。但是，左派缺乏实际经验。实际经验只能来自与现实的密切接触。1919年之后，英国的左派执政时间极短，不了解行政工作的实际情

况，越来越成为一个纯理论的政党。而右派在野时间很短，自然不愿利用理论提出的完美方案去改造不完美的现实。这实在是一个令人遗憾的事实。在苏维埃俄国，执政集团随着对其革命历史的遗忘，越来越抛弃理论而关注实践。任何地方的历史都表明，左派政党和政治家在执政后会越来越关注现实，于是也就越来越放弃他们“教条式”的乌托邦主义，并向右派靠拢。但在同时，它们往往依旧保持着自己左派的标签。结果就使左派右派这些政治术语的意义变得混乱不清了。

伦理与政治

最根本的问题是，乌托邦与现实的对立根植于对政治与伦理关系的不同认识。价值世界和自然世界的对立已经包含在目的与
事实的对立之中，同时也深深嵌入人的意识和政治思想。乌托邦 21
主义者确立了号称独立于政治的伦理标准，力图使政治服从于这样的标准。现实主义者从逻辑上讲只接受事实这个唯一的标准，除此之外，任何其他价值标准都不会接受。现实主义者认为，乌托邦主义的绝对标准是受到社会秩序影响和主导的，所以只能是政治性标准。道德只能是相对的，不可能存在普世道德。伦理必须从政治角度加以解释；在政治之外寻求伦理规范注定是徒劳的。有两种方法可以在不容置疑的现实和至高无上的道德之间取得统一。一种是基督教的方法，即无视现实而强施教条式的道义；另一种是现实主义的方法，即接受和理解现实就是至高无上的道德。

以上我们讨论了乌托邦和现实之间的对立所包含的意义。

在对当代国际政治的现实危机的认真研究之中，这些意义会更
22 加明晰地显现出来。

注释：

① A.Sorel，*L'Europe et la Révolution Française*，p. 474.

② 心理学家可能有兴趣将这个问题与荣格（Jung）对心理形态的分类相比较，因为荣格将心理形态分为“内向型”和“外向型”（Jung，*Psychological Types*）。另外，还可以与威廉·詹姆斯（William James）的二元对立相比较，如：理性主义—经验主义，理性人—情感人，唯心主义—唯物主义，乐观派—悲观派，宗教—反宗教，自由意志论—宿命论，一元论—多元论，教条主义—怀疑论等（W. James，*Pragmatism*）。

③ *League of Nations: Sixteenth Assembly*，p. 72.

④ Angell，*The Great Illusion*，p. 138.

⑤ 同样，用一个同情马克思主义的批评家的话来说，马克思剩余价值理论的“意义在于它是一个政治和社会口号，而不是经济事实”（M. Beer，*The Life and Teaching of Karl Marx*，p. 139）。

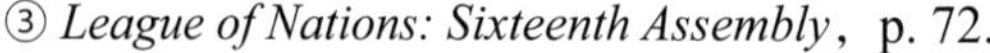

⑥ 苏联当局发现其他国家可能比自己更容易受到进攻，便在 1939 年解除了李维诺夫先生的职务，也不再谈论不可分割的和平了。

⑦ 为了这一目的，“官员”一词可以包括军事部门的成员，因为他们关注政策取向。但是，似乎没有必要认为，每个有才智的人都属于知识分子之列，每个政府部门的工作人员都是官员。但是，从广义上讲，“政府官员”和“知识分子”是有着不同的典型思维模式的。

⑧ R.S.Baker，*Woodrow Wilson: Life and Letters*，iii. p. 90.

⑨ Meinecke，*Staat und Persönlichkeit*，p. 136.

⑩ Lenin，*Works*（2nd Russian ed.），vii. p. 72.

⑪ Mannheim，*Ideology and Utopia*，pp. 137—140.

⑫ *League of Nations: Fifteenth Assembly*，Sixth Committee，p. 62.

⑬ Bryce，*Modern Democracies*，i.p. 89.

⑭ 引自 Lenin，*Works*（2nd Russian ed.），iv.p. 381。

⑮ “我们是世界上最具理论水平的工人运动”（F. Naumann，*Central Europe*，Engl.transl.，p. 121）。

⑯ 这种解释出自米尔斯基（Mirsky）于 1931 年出版的《列宁传》（pp.111，117—118）。后来的事件进一步证实了这一观点。从布尔什维克党初创时期分歧就开始了。1904 年，列宁抨击党内知识分子，说他们无视党的纪律和组织。知识分子则批评列宁的官僚主义行为方式［Lenin，*Works*，(2nd Russian ed.)，vi. pp. 309—311］。

⑰ R.S.Baker，*Woodrow Wilson and World Settlement*，i.p. 112.

⑱ *History of the Peace Conference*，ed. H. Temperley，iii.p. 62.

⑲ House of Commons，21 July，1919：*Official Report*，col. 993.

⑳ *League of Nations: Second Assembly*，Third Committee，p. 281.

㉑ 比利时社会主义者德布鲁凯尔（De Brouckère）说，“那些在技术迷宫里迷失方向的专家竟然剥夺了人民对和平的希冀，这是不能容忍的。只要大家有着良好的意愿，这类技术的迷宫顷刻之间就会烟消云散”（Peace and Disarmament Committee of the Women' s International Organisations: Circular of 15 May 1932）。几乎在同一时候，塞西尔勋爵据说也持同样的观点。“如果让专家处理这件事情，只能是一事无成。他确信，专家们很能干，很认真，也受过良好的教育。但是，只要看一下他们受过的教育，就会知道他们为什么只能是一事无成了”（*Manchester Guardian*，18 May 1932）。

㉒ Moeller van den Bruck，*Das Dritte Reich*（3rd ed.），p. 257.

㉓ Baldwin，*On England*，p. 153.

㉔ Winston Churchill，*Step by Step*，p. 147.

㉕ House of Commons，21 October 1937，reprinted in N. Chamberlain，*The Struggle for Peace*，p. 33.

第二部分

国际危机

第三章　乌托邦主义产生的背景

乌托邦主义的基础

近代乌托邦政治思想学派必须回溯到中世纪体系解体的时期。中世纪的时候，人们预设了一种以神权权威为基础的普世伦理和普世政治体系。文艺复兴时期的现实主义者首先对这种普世伦理至高无上的地位发起了猛烈的抨击。他们认为，伦理是政治的工具。于是，国家的权威取代了教会的权威，成为道德的仲裁人。乌托邦学派的学者要对这种现实主义挑战做出回应，但这绝非易事。他们需要一种独立于任何外部权威的伦理标准，既不是神权标准，也不是民众的标准。于是，他们提出了世俗的“自然法则”原理，这一原理的最终根源在于个人理性。自然法则最初是希腊人提出来的，是人们对道德行为的一种内在直觉。索福克勒斯剧中人物安提格涅说：“它是永恒的，没有人知晓它来自何方。”斯多葛学派和中世纪经院派学者认为自然法则就是理性。在 17、18 世纪，这种将自然法则和理性等量齐观的认知以一种新的独特方式再度兴起。在科学界，自然法则可以通过观察物质的特征和推理的过程演绎出来。这样，就很容易通过类推的方

式，将牛顿原理用于伦理问题。自然界的道德法则可以通过科学的方法得以确立。设想，人也是有特征的，这是一个事实。这样一来，观察这种事实并进行理性的演绎就取代了悟性和直觉，成为道德的唯一来源。理性可以决定什么是具有普世意义的道德法
23 则。于是，就出现了这样的假定：一旦道德法则得以确立，人们就应该遵从这些法则，就像物质遵从自然法则一样。这样，启蒙运动就成为通往下一个千年的康庄大道。

到了 18 世纪，近代乌托邦主义的主流观点确立了自己的稳固地位。这基本上是一种个人主义的思想，因为它认为人的良知是道德问题的最后仲裁人。在法国，它与世俗的传统结合起来；在英国，则与宗教传统结合起来。同时，它在本质上又是一种理性主义的思想，因为它将人的良知等同于理性的声音。[1] 但是，这种思想又经历了重大的发展。当工业革命将引导思想的中心从法国移向英国之后，边沁（Jeremy Bentham）对 19 世纪乌托邦主义的形成产生了重大的影响。边沁认为，人的本性中最重要的特征是追求快乐、规避痛苦。他从这一命题出发，推导出一种理性伦理，这就是善即“最大多数人的最大幸福”这一著名论断。人们常常指出：“最大多数人的最大幸福”具有绝对道德的功能。在上一代人那里，自然法则正是起到了这样一种功能。边沁坚信这种绝对标准。他反对那种“世上有多少人就有多少种判断是非的标准”的说法，认为这是一种“无政府主义”观点。[2] 事实上，“最大多数人的最大幸福”成为 19 世纪人们对自然法则的内容的基本定义。

边沁所做的贡献有着双重的意义。第一，边沁将善等同于

幸福，这样就为18世纪理性主义者的“科学”命题提供了颇有道理的证明。这一命题就是：一旦道德法则的内容从理性上得以确立，人就可以放心地遵循这样的法则。第二，边沁一方面维护了理性主义的理性内涵和个人主义内容，另一方面又使理性主义有了较为广阔的基础。18世纪的理性主义显然是知识分子和贵族的专利。在政治上，这就意味着理性是哲学家的知识统治的领
地，因为只有哲学家才具有发现善所必需的推理能力。但是，根 24
据边沁理论，既然幸福成为理性的标准，那么，必不可少的一个条件就是一个人应该知道他自己的幸福是什么。18世纪，人们认为善是可以通过推理过程发现的。到了19世纪，人们仍然保留了这一观点，但边沁的理论增添了另一个方面，即：这一推理过程并不是深奥的哲学冥想，它只不过是一种简单的常识而已。边沁是第一个详细阐述舆论救世学说的思想家。一个社会的成员，“通过他们共同的努力，就可能形成一种法庭或仲裁机构。我们可以将这种仲裁机构称为‘舆论法庭’”。③ 后来，边沁的学生詹姆斯·穆勒（James Mill）提出了当时最完整的关于舆论的理论，认为舆论永远是正确的。他说：

> 每个具有理性的人都会重视证据。证据是最重要的，它引导并决定人所得出的结论。当诸多结论，连同得出结论所依赖的证据，以同样的方式和同样的技巧，被呈现在人的面前时，确实存在一种道德上的确定性；虽然有少数人可能会被蒙蔽，但最大多数人的意见必然是正确的；说服力最大的证据，无论是什么证据，必然会产生最大的影响。④

这虽然不是为民主政治体制进行辩护的唯一观点，但确实被 19 世纪大多数自由主义者或明确或含蓄地接受下来。他们相信，无论什么问题，只要理性地呈现在人们面前，舆论就会对其做出正确的判断，并且会根据正确的判断采取正确的行动。这种信念是自由主义理念的坚实基础。在英国，18 世纪后期和 19 世纪是一个典型的鼓动公众和政治宣传的时代。借助理性的声音，不仅可以说服人们拯救自己没有道德的灵魂，而且还可以沿着政治开明和进步的道路向前迈进。19 世纪的乐观主义有着三种信仰基础：对善的追求就是进行正确的推理；只
25 要知识得以传播，就会很快使每个人都在追求善这一重大问题上进行正确的推理；只要人们在追求善的问题上能够正确地推理，他们也就必然会采取正确的行动。

把这些原理应用到国际事务中基本上也是遵循了同样的模式。圣皮埃尔（Saint-Pierre）神父是最早提出国际联盟计划的人士之一。他“确信自己的计划是符合理性原则的，所以，他一直认为，只要主导大国认真予以考虑，它们就不会拒绝接受他的计划”。[⑤] 卢梭（Rousseau）和康德（Kant）认为，君主发动战争，考虑的是自己的利益，不是民众的利益，所以，共和体制的政府是不会发动战争的。据此，他们预断，如果舆论能够起到有效的作用，就足以防止战争的发生。19 世纪，这一观点在西欧赢得了广泛的赞同，也表现出理性主义的真实色彩，即：只要坚持理性推理的过程，就可以具有正确的道德观，也就可以采取正确的行动。历史上从来没有一个时代能像 19 世纪那样无条件地推崇理性至高无上的地位。孔德

（Comte）断言：“这是知识的进化。它从根本上决定了社会现象的主流发展进程。”[⑥]巴克尔（Buckle）的名著《文明的历史》（*History of Civilisation*）于1857年和1861年之间问世。他做出了大胆的论断：厌恶战争是“理智的人们所独有的文明教养”。他使用了一个很有说服力的例子。这个例子符合英国思想家的习惯思维，说的是当时刚刚成为英国敌人的俄国所具有的根深蒂固的好战本性。他写道：“俄国是一个好战的国家。这不是因为俄国人没有道德，而是因为他们没有知识。他们的问题不是心灵充满邪恶，而是大脑愚钝未开。”[⑦]许多巴克尔同时代的人和后来者相信，普及教育可以塑造世界的和平。这种观点最后一个坚定的支持者是诺曼·安吉尔爵士。他撰写了《大幻觉》（*The Great Illusion*）和其他著作，希望说服全世界的人们相信，战争是不会给任何人带来好处的。安吉尔爵士认为，一旦他提出不容置疑的论据，证明他的观点是正确的，那么，战争就会销声匿迹。战争只不过是一种“理解障碍”。一 26
旦人们的大脑里不再有战争可以使人获益的思想，人们的心灵就会自我克制。《战争与和平》（*War and Peace*）是1913年10月开始发行的一本月刊，它在发刊词中写道：“在我们之前，曾经有过一个十字军和异教徒相互争斗、狼烟四起的世界。他们的争斗，不是因为世界上的人们充满恶意，而是因为世界上的人们缺乏正确的理解……我们纠正了理解上的缺失，于是，我们超越了十字军和异教徒争斗的世界。我们也会以同样的方式，超越一个充满政治纷争或武力笼罩下和平的世界。”[⑧]理性可以使国际无政府状态的荒谬显现出来；随着知识的增长，越

来越多的人会受到理性的感召，意识到无政府状态的荒谬，并会共同努力，结束这种荒谬的无政府现象。

被移植的边沁理性主义

19 世纪结束之前，四面八方都出现了对边沁理性主义命题的严厉质疑。心理学家对理性足以产生正确行动的命题提出了挑战，将善与开明的自我利益等同起来的做法使哲学家深感震惊。原先，舆论无差错的观点之所以具有吸引力，是因为有功利主义的假定作为基础，即：舆论是受过教育的文明人的观点。但是，边沁将舆论定义为大众的观点，对于那些自认为受过教育的人来说，舆论无差错的观点自然不会产生那么强烈的吸引力了。早在 1859 年，J.S. 穆勒（J.S.Mill）在他的著述《论自由》（*On Liberty*）中就担心出现“多数暴政”的危险。1900 年之后，无论是在英国还是在欧洲其他国家，已经很少有认真的政治思想家能够无条件地接受边沁的理论。但是，历史的讽刺十分耐人寻味：这些多半被人们摈弃的 19 世纪理论观念，在 20 世纪 20 到 30 年代再度受到青睐。这一次是出现在国际政治这一特殊的领域，并成为新乌托邦主义理论大厦的基石。之所以如此，部分的原因可能是，1914 年之后，人们的思想自然而然地回归过去，寻找构成 19 世纪和平与安全稳固基础的东西，目的是建立一个新的乌托邦。但是，更
27 重要的原因是美国的影响。当时，美国仍然沉浸在维多利亚式的繁荣巅峰时期，因此具有维多利亚时代对边沁理念那种不加质疑的信念。边沁在一个世纪之前承继 18 世纪理性主义理论，对其进

行加工改进，使其适应即将到来的时代的需要。伍德罗·威尔逊所做的事情也是如此。威尔逊十分崇拜布赖特（Bright）和格莱斯顿（Gladstone），将19世纪的理性主义思想移植到当时几乎还是处女地的国际政治领域，并把它带回到欧洲，使它产生了新生命的活力。两次世界大战之间，国际政治领域几乎所有流行的理论都是通过美国人的视镜对19世纪自由主义思想的反映。

在为数不多的一些国家，19世纪自由民主思想结出了硕果。之所以如此，是因为自由民主思想的理念正巧与这些国家的发展阶段相吻合。在当时流行的诸多理论之中，思想领袖们选中了自由民主理念，因为这一理念符合他们的要求。他们有意无意地使自己的实践符合自由民主理念，同时也将自由民主理念应用于他们的实践活动。功利主义和自由资本主义理论服务于工商业发展，反过来又引导工商业发展的进程。这样一来，就产生了一种观点：19世纪自由民主理念不是基于当时某些国家经济发展所产生的力量结构这一特殊条件，而是基于先验的理性主义理论。只要将这种理性主义理论应用到其他国家，就会产生同样的结果。这种观点是彻头彻尾的乌托邦意识。但是，正是这种观点，在威尔逊的倡导之下，成为第一次世界大战之后主导世界的观念。自由民主理论，经过纯粹的理性过程，被移植到另外的时代和另外的国家。由于时代不同、由于这些国家的发展阶段和实际需要完全不同于19世纪的西欧，结果自然是一无所成，大失所望。理性主义可以虚构一个乌托邦式的理想国，但却不能使其成为实实在在的现实。1919年缔结和平协议之后，在世界各地零零星星地出现了一些自由民主国家，

它们是抽象理论结出来的果实，无根无源，很快就枯萎了。

理性主义与国际联盟

在所有受到这种片面的国际政治理性主义影响的国际组织
28 中，最重要的一个就是国际联盟*。国际联盟的目的是“用洛克自由主义原则建设国际秩序机制”。[⑨] 斯穆茨（Smuts）将军说：“《国联盟约》……就是将自由民主社会的理念移植到世界事务中去。这种理念是人类发展进程中最伟大的成就之一。”[⑩] 但是，这种把民主理性主义从国内领域移植到国际领域的做法遇到了无数预想不到的困难。经验主义者根据具体情况处理具体问题，而理性主义者则使用抽象的一般性原则对待具体问题。任何社会秩序都需要制定能够比较广泛应用的标准，因此也就有了抽象的原则。在社会中，不可能对不同的人使用不同的规则。这样的统一标准，对于一个由属于相同民族的几百万普通人组成的社会来说，还是比较容易实施的。但是，世界上已经有着 60 多个国家，它们大小不一、实力各异、经济文化发展水平也不相同。如果将标准化的抽象原则用于这些国家，就会出现各种各样的问题。国际联盟是第一个试图在理性基础上制定解决国际问题统一标准的大型组织。这样的努力必然遇到巨大的困难。

国际联盟的创立者中有些是富有经验和政治悟性的政治

* 本书经常提及的国联即“国际联盟”的简称。——编者注

家，他们确实意识到抽象的完美原则会遇到困难。对于1919年颁布的《国际联盟盟约》，英国的官方声明说：“接受当今政治现实是委员会致力于达成的原则之一。”[11] 这种考虑政治现实的主张，不仅使《国联盟约》有别于过去世界性组织的设想，也不同于类似国际警察部队、《白里安—凯洛格公约》和欧洲合众国这样的乌托邦方案。《国联盟约》有着理论上的不完美之处，但这正是它合理的地方。《国联盟约》承认所有国家一 29
律平等，但却确定了大国在国联行政院的永久多数地位。[12]《国联盟约》没有完全摈弃战争，但却限制了可以合法诉诸武力的情景。《国联盟约》要求国联成员必须对违背盟约的国家实行制裁，但在这一方面却保留了一定的模糊性。1921年国联大会经过反复磋商通过了一些“解释性”决议，进一步加大了这种模糊性。《国联盟约》第10条明确地保证国家的领土完整，但是，1923年国联大会几乎一致通过了一项决议，减弱了这一条款的明确性。根据当时的情景，似乎国联能够在乌托邦和现实之间达成一种切实可行的妥协，真正成为一个有效的国际机构。

不幸的是，有影响的欧洲政治家在国联形成的关键时期没有对它予以重视。抽象的理性主义占了上风。大约从1922年开始，日内瓦的主流观点大幅度偏向乌托邦主义。[13] 用一个言辞尖利的批评者的话说，当时，人们逐渐相信，“无论是在日内瓦还是在各国的外交部，都可以建立起一套严格分类的事件目录卡或更为清晰的‘形势’目录卡。一旦发生了某种事件，或出现了某种形势，国联行政院或外交部的成员就可以很容易地辨认出这种事件或形势。然后，翻阅目录卡，找到相关文件。在这些文件中，可以找到现成的处理事件和对应形势的恰当行动方案”。[14] 当时，人们决心完善这一国际机构，使组织程序更加标准化，通过绝对否决战争的规定堵塞《国联盟约》中的“漏洞”，并使制裁行动“自动”得以实施。《相互协助草
30 约》,《日内瓦议定书》和《和平解决国际争端的总议定书》*，把《白里安—凯洛格公约》纳入盟约的计划，以及“界定侵略者”等做法——这一切都是理性主义空想思维这一危险道路上的里程碑。在那些年里，日内瓦准备的是一道道乌托邦大餐。但是，对于大多数主要的相关国家的政府来说，乌托邦大餐不符合它们的胃口。这是理论与实际日趋脱节的一个重要标志。

就连当时国联圈内流行的语言也表现出了一种日趋急切的心情，就是避开具体事物，注重抽象原则。人们希望《相互协助草约》在欧洲先行生效，不必等到全世界都可以施行之时，于是便在《草约》中加进了一条规定：“可在各大洲分步实施。”对于除欧洲之外的各洲来说，这一条款具有一种不切实际的荒诞含义。在国联圈子之内，渐渐形成了一种习惯性的语言，成为驻日内瓦国联代表和其他各地热衷于国联人士的流行话语。这样的话语，经过人们不断地重复使用，很快就失去了与现实的联系。1932 年，丘吉尔先生说：“我回顾历史，政治家使用的语言与诸多国家里发生的事实之间的反差从来没有像今天这样巨大。”[15] 法国和苏联的条约本来只是反对德国的防御性结盟条约，但是，它的措辞却像一个放之四海而皆准的文件，并被

* 以下简称《总议定书》。——译注

说成体现“集体安全”原则的光辉范例。1936 年 6 月，英国就是否实施制裁一事展开了辩论，人们问英国下院的一位议员他是否愿意承担与意大利开战的风险。这位议员回答说，他愿意承担“为实施《国联盟约》中反对侵略国家的原则而产生的一切后果”。⑯ 这些不切实际的言辞加重了对纯粹理性和政治现实两个世界不加区分的习惯性错误。伯特兰・罗素（Bertrand Russell）说：“充满空想的人就像没有开化的人一样，总是在言辞和事实之间虚构一种神奇的关系。”⑰ 国际联盟中充满空想意识的人很难认识到，即便为防止战争而精心设计出来的文件达到汗牛充栋的地步，凭这些纸上的东西也不能切实防止战争。贝奈斯（Benes）议员在向 1924 年国联大会介绍《日内瓦议定书》的时候说：“我们的目的是使战争成为不可能发生的事情。我们要消灭战争，我们要根除战争。为了实现这个目 31
标，我们必须建立一种体制。”⑱《日内瓦议定书》就是这样一个“体制”。这样的思维只能使人碰壁。国联人士相信在完美的目录卡里能够发现救世良方，相信国际政治的汹涌波涛可以被一套受到 19 世纪自由民主思想启迪、在逻辑上无懈可击的抽象理论约束起来。一旦这样的信念得以确立，国际联盟就无法成为一个有效的国际机构，它的终结也就为期不远了。

舆论的神话

把自由民主思想对舆论的信念移植到国际领域同样也是不成功的。这里存在一个双重假象。19 世纪对舆论的信心基于两种信念的结合：第一，舆论终将发挥主导作用（在民主国家里，虽然多少有些保留，但这一点基本上还是正确的）；第二，舆论一贯正确（这是边沁的观点）。这两种信念并非总是可以清楚地区分开来，因而也就在不加区分的情况下被移植到国际事务领域之中。

首先将舆论用做一种世界政治领域中的力量的尝试发生在美国。1909 年，美国总统塔夫脱（Taft）提出了一项建议，主张美国与世界其他大国之间签订条约，对国际争端做出强制性仲裁。人们就此提出的问题是：这种仲裁法院的判决怎样才能得以执行？塔夫脱认为这根本就不是一个问题。他从来没有发现，在美国这样的民主国家执行法律判决会遇到什么特别的困难。所以，他承认自己“几乎没有考虑过”这个问题。“一旦我们将事件提交法庭审理判定，在法庭庄严的声明里面就包含了判决意见。几乎没有国家敢于无视国际舆论的谴责，不服从法庭的判决”。[19] 舆论必然起到主导作用，就像在民主国家一
32 样；舆论永远都会是正确的，就像边沁所说的那样。美国参议院驳回了总统的建议，自然也就没有机会测试“国际舆论”到底会有多大的威力。四年之后，布赖恩（Bryan）作为威尔逊总统的第一任国务卿再度提出了一系列条约。在这些条约中，调解代替了仲裁。布赖恩提出的条约中最新颖、最重要的一条是：争端发生之后 12 个月内，争端各方均不得诉诸武力。布赖恩条约似乎承认，人在热血沸腾的时候，会失去理性。但过一段时间之后，他们就会冷静下来，舆论所代表的理性就会重新占据主导地位。事实上，美国和其他大国的确签署了这些条约中的一部分。具有讽刺意义的是，有的条约竟然是在第一次

世界大战爆发之初签署的。威尔逊总统在1914年10月说，这些条约的“实质是，无论何时发生争端，首先不要采取任何行动，只让时间之光在一年之内照耀其间。我认为，一年之后，也就没有必要采取任何行动了。一旦我们知道到底发生了什么事情，谁是谁非就会一目了然”。[20]

相信理性的无限力量，相信理性通过人民大众的声音表现出来，这是威尔逊的思维特色。威尔逊于1910年开始从政，竞选新泽西州州长，他竞选的基调是号召民众反对政客。他表现出一种“几乎是神秘的信念，相信只要他与足够多的民众进行交流，民众就一定会支持他”。竞选结果更加坚定了他的信心，坚信通过他的嘴发出的理性之声会产生超凡的力量。他会用理性的说服力唤醒舆论的无限力量，以此执掌治理的权力。“如果政客要制造障碍，威尔逊就会呼吁民众支持自己……民众需要的是高尚的东西、正确的东西、真实的东西”。[21]

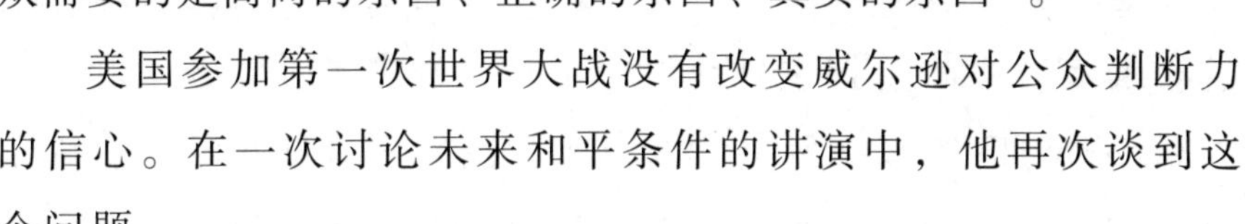

美国参加第一次世界大战没有改变威尔逊对公众判断力的信心。在一次讨论未来和平条件的讲演中，他再次谈到这个问题：

> 这场巨大的战争有一个特点。政治家似乎总是在界定 33
> 自己的目标。有的时候，他们会改变自己的立场和观点。政治家认为是他们在教育和引导广大民众，但正是广大民众的思想越来越清楚。他们也越来越明白他们是在为什么而战。国家的目标越来越淡漠，理性的人类共同目标取代了国家的目标。普通民众的智慧，在所有的事务上面，都

> 比精英人士的智慧更加简单明了，更加坦诚直白，更加趋于一致。精英们却仍然坚持认为，他们在经营权力的游戏，他们的游戏意义重大。这就是我为什么说，这场战争是民众的战争，不是政治家的战争。政治家必须遵从大众的清晰思想，否则他们必遭失败。[22]

威尔逊在去巴黎的路上说："除非巴黎和会愿意遵从全人类的呼声，表达人民的意愿而不是参会各国领导人的意愿，否则，我们就会再一次面临纷乱的世界。"[23]

实际上，这样的观念在巴黎和会的运作中起到了明显的作用。会上，意大利代表声称意大利对阜姆和亚得里亚海岸享有主权，表明意大利拒绝接受大会的决议。但威尔逊仍然坚信，如果他向"人民"发出呼吁，号召人民反对他们的"领导人"，只要他（像在新泽西所做的那样）"能够向足够多的民众讲演"，理智的声音必将占据主导地位。于是，发出了《致意大利人民书》；但结果却是意大利代表团离开巴黎。这就是威尔逊的信念所产生的结果。和会以同样的精神处理裁军问题。一旦敌对国家的军队被强行解散，理智的声音就会通过舆论表达出来，成为解散协约国军队的保证。威尔逊和劳合·乔治（Lloyd George）都"认为，如果德国军队受到限制，法国也会这样去做。在这种情况下，法国就难以保持一支强大的军队"。[24] 如果人们稍微思考一下，就会提出这样的疑问：到底有什么因素迫使法国不得不裁军呢？唯一的回答只能是：舆论的理性之声。
34 最重要的是，国联的整体思想从一开始就与一对孪生信念联系

在一起：相信舆论终将会占上风，相信舆论是理性的声音。如果“公开达成的公开条约”被当做一条原则，普通的民众就完全可以保证这些条约的内容符合理性的要求，而理性才是最高的道德。新的世界秩序不能依赖于政府之间达成的“具有利己性和妥协性的条约”，而要依赖于“世界各个地方普通民众的思想。这些民众没有特权，但他们对是非有着朴素和直白的判断标准”。[25] 世界秩序必须“建立在人类有组织的舆论之上”。[26]

美国人并非心甘情愿地参与物质性制裁这一棘手问题，英国人的态度也差不多。盎格鲁－撒克逊的舆论与塔夫脱一样，认为自己与这个问题“没有多大关系”。原因是承认需要采取制裁行动本身就背离了对理性舆论的作用坚信不移的乌托邦主义理论。国联一致通过的决定会受到蔑视，这是不可思议的事情。即便有的时候出现差错，决定不能得到一致的通过，那也会像塞西尔勋爵在巴黎和会的辩论中所说的那样，“会产生获多数通过的报告……这样的报告反映了世界公众的舆论，因此会产生巨大的影响力”。[27] 英国官方对《国际联盟盟约》发表的评论表现了同样的观点。这一评论说：

> [《国联盟约》宣称，]国联必须继续依赖成员国的自愿同意，这是国联的底线。这一理念几乎在《国联盟约》的所有条款中都有明显的体现。《国联盟约》规定，最后的、也是最有效的制裁必定是文明世界的舆论。如果未来的国家从总体上来说是自私的、贪婪的、好战的，那么，任何方法和机制都无法约束它们。唯一的可能是建立一个

35 组织，使和平合作变得容易起来，并使之逐渐成为各国的习惯。这样一来，我们就可以依靠习惯的力量，塑造公众的舆论。

关于制裁的条款被忽略了，也许是觉得这样做有些欠缺，因此，添加了以下这段令人宽慰的话：

在解决争端的过程中，随着真情的日趋公开，就会形成一种重大的影响力。一旦将导致国际争端的那些不为人知的原因公之于光天化日之下，知情的民众形成舆论也就是完全可能的事情了。[28]

当下院就批准《凡尔赛和约》事宜展开辩论的时候，塞西尔勋爵是《国联盟约》的主要陈述人。

[塞西尔勋爵告诉下院]，总的来说，我们不想依赖任何超国家机构，也不想凭借武力来实施国联行政院或大会的决定。在现在的条件下，这样做是不切实际的。我们依赖的是舆论……如果我们这样做是错误的，那么，整个国联的构想也就是错误的了。[29]

塞西尔勋爵在 1923 年的帝国会议上就国联事宜发表讲话，他解释说，“国联的方式不是……专制政府的高压，而是各方达成的一致；国联达成一致和实施决策的工具不是武力，而是舆论”。[30]当第一届国联大会召开的时候，塞西尔勋爵作为英国代表在讲坛上表达了同样的理念：

> 很显然，国际联盟手中最强有力的武器，不是经济的武器，不是军事的武器，也不是任何物质性的武器。国联最强有力的武器是大众的舆论。[31]

即便是疑心甚重并且老于世故的贝尔福（Balfour），在解释1929年《华盛顿协定》中没有制裁条款时，也声称“在今年这一辉煌的年度里，我们在华盛顿采取了集体行动。今后，如若任何国家蓄意拒绝参与我们的集体行动，必将受到全世界的谴责”。[32] 36
当时，自由民主主义的信念之一就是相信这种谴责是有效的。但是，认为舆论是最重要的武器这一观点却是一把双刃剑。1932年，在满洲*危机之中，精明老到的约翰·西蒙（John Simon）爵士正是使用了这种观点，来表明任何其他行动都是多余的。他告诉下院：“真实的情况是，当舆论，也就是世界舆论，一致形成了坚定的道德谴责的时候，就没有必要采取制裁行动了。”[33]根据边沁和威尔逊的理论，这是一个无可辩驳的回答。但是，如果舆论没有能够制止日本的侵略，那么，也许真像塞西尔勋爵在1919年所说的那样，“整个国联的构想就是错误的了”。

* 指中国东北。——编者注

乌托邦主义遭受的报应

乌托邦主义在国际政治中遭受的报应来得十分突然。1930年9月，哥伦比亚大学校长尼古拉斯·默里·巴特勒（Nicholas Murray Butler）博士大胆地“做出了一个相当可靠的预测：下一代人会越来越尊重科布登（Cobden）的原则和观点，会越来越将科布登原则和观点在公共政策领域付诸实践”。[34] 1931年9月10日，塞西尔勋爵在国联大会上发言，他说“世界历史上还从来没有像当今这样一个时期，战争距离我们是如此遥远”。[35]可是，就在1931年9月18日，日本向满洲发动了进攻。在此后的一个月里，坚持自由贸易的最后一个主要国家采取了初步措施，准备开始征收一般性关税。

此后，发生了一系列突如其来的事件，迫使所有严肃的学者重新考虑那些越来越脱离实际的理论观点。满洲危机表明，塔夫脱以及后来许多人坚信不移的“国际舆论的谴责”是极其
37 不可靠的东西。在美国，人们十分不情愿地接受了这一现实。直到1932年，美国的一位国务卿仍然谨慎地坚持说，“舆论的制裁可以成为世界上最有力的制裁”。[36] 1938年9月，罗斯福总统认为，他之所以对捷克斯洛伐克危机进行了干预，是因为美国政府坚信“舆论的道德力量”。[37] 1939年4月，科德尔·赫尔（Cordell Hull）先生再次表示，他坚信“舆论是最强大的和平力量，它正在全世界发展壮大”。[38] 但是，在直接受到国际危机威胁的国家，没有人再相信这种令人宽慰的观点了。美国

政治家仍然相信乌托邦主义，这种现象被视为美国不愿使用其他更为有力的武器的证据。1932 年，丘吉尔先生就曾嘲讽过国际联盟协会，说它仍然高唱过时的信条，因此只能是“长期忍气吞声，不断上当受骗”。[39]不久之后，一些曾经不太重视“物质性”武器的知识分子开始大声疾呼，认为经济和军事制裁是维持国际秩序不可或缺的基石。当德国吞并奥地利的时候，塞西尔勋爵气愤地质问：首相是否仍然“坚持认为使用物质性力量是不切实际的，国联是否仍然拒绝采取‘制裁’行动，仅仅乞灵于道德力量”。[40] 如果说内维尔·张伯伦确实坚持这样的观点的话，那么，英国首相的信念也许正是从塞西尔勋爵早期的言论中学来的。这大概可以算是对塞西尔勋爵的质问做出的回答吧。

进而，对舆论持怀疑态度的人不仅抨击了舆论必然胜利的观点，他们还批驳了舆论必然正确的思想。人们发现，在巴黎和会上，有时政治家与他们所代表的舆论相比，显得更为理智、更为温和。甚至威尔逊自己有一次也真心实意地表达了一种观点，这种观点与他自己一贯坚持的信念——“全世界普通民众” 38
的声音会使理性占据上风——是大相径庭的。在国联大会委员会上，日本代表提出了种族平等问题。威尔逊总统反问道：“一旦走出这个安静的房间，就无法实事求是地对待这一问题。那么，在这个安静的房间里面，又怎么可能实事求是地对待这一问题呢？”[41]在后来的历史上，出现过许多类似的现象。所以，在日内瓦和世界其他地方的政治家便做出了这样的解释：他们自己非常希望做到通情达理，但是他们国内的舆论却不容妥协。

这种解释成为司空见惯的事情。虽然他们的解释有的时候确实是一种托词，一种迂回策略，但是，在它的背后，的确存在坚实的现实依据。因此，舆论的威望开始下降。一位支持国联的著名人士最近写道："在要么狂怒愤恨、要么狂喜欢庆的嘈杂人群之中，协调者、仲裁人、警察、法官都无法开展工作。"[42] 伍德罗·威尔逊所说的"全世界普通民众"、"文明人类共同利益"的代言人，似乎成了一群杂乱纷繁的乌合之众，他们的声音只能是混乱不堪、于事无补。在国际事务中，一个不容否认的事实似乎是：公众的声音既没有影响力，也往往是错误的。虽说 1919 年产生的许多理论观点已经分崩离析，但乌托邦主义的精神领袖仍然固执己见。在英国和美国，理论和实践之间出现了惊人的鸿沟。在法国，虽然情况不是如此严重，但类似的现象也是存在的。对于在国际政治经济领域应该采取什么样的政策，国际事务的经院派学者达成了高度一致的意见。许多国家的政府采取的行动却恰恰与这些学者的建议背道而驰，并且得到了各自国家民众的支持。

分析的难题

在这种灾难性的情景之中，很容易发现清晰的解释。共产国际出色的历史学家注意到，在共产国际的历史上，"有些失败不是客观原因所致，而是由于现实和理想之间的脱节而造成的。
39 每一次这样的失败都是因为出现了叛徒"。[43] 这是一条可以广为应用的原理，它触及人性的本源。许多国家的政治家被失望的乌托邦主义者斥之为国际秩序的破坏者。乌托邦学派中为数不多的一些人也曾试图走出这一简单化的描述方法，但他们又在两种不同的分析方式之间徘徊。如果说人类在国际关系中显然不遵守理性的规约，那就只有两种解释方法：或是人类过于愚蠢，所以不能理解理性之善，这是“愚蠢说”；或是人类过于邪恶，所以不会遵从理性之善，这是“邪恶说”。齐默恩（Zimmern）教授主张“愚蠢说”，他几乎逐字逐句地重述了巴克尔和诺曼·安吉尔爵士的辩论：

> 我们道路上的障碍……不在道德领域，而在知识领域……人并非本性邪恶，并非不可教育成具有世界社会意识的人。人（让我们诚实地用“我们”代替“人”）在本质上偏向保守，人的知识是有限的。这才是我们前进道路上的真正障碍。㊹

建立世界秩序的失败不是因为人“骄傲自大、野心勃勃、贪得无厌”，而是因为人的“思想糊涂”。㊺汤因比教授坚持“邪恶说”，认为这一失败的原因是人的邪恶。在《国际事务概览》（*Survey of International Affairs*）的年度单卷本中，他谴责意大利具有“野心勃勃、刚愎自用、富于侵略的自私心态”；谴责英国和法国具有“消极萎缩、意志薄弱、胆小怯懦的自私心态”；谴责整个西方基督教世界是一个充满“肮脏”罪恶的天地；谴责除阿比西尼亚之外的所有国联成员国“贪婪”和“怯懦”（是贪婪还是怯懦，请它们自己对号入座）；谴责美国的态度是“强词夺理”、“刚愎自用”。[46] 有些人则是“愚蠢说”和“邪恶说”兼而收之。这样一来，围绕国际事务的现实产生了诸多的解释，而国际事务的现实却拒绝呈现乌托邦主义所描述的样子。于是，许多对于国际事务的评论变得枯燥乏味、空洞无物了。

40 这些理论都过于简单，与国际危机的剧烈和复杂形成了明显的反差。[47] 对于普通人来说，1938 年 4 月安东尼·艾登（Anthony Eden）先生的话更为准确地反映了现实。他说：

> 假如我们认为，我们卷入的欧洲危机来也匆匆、去也匆匆，那么，我们的想像就完全背离了现实。我们卷入的是一场世界性的人类危机。我们生活在一个伟大的历史时代，其责任、其后果都令人敬畏。这个时代释放出强大的力量，犹如狂飙飓风。[48]

我们生活的时代不是一个极端邪恶的时代，所以，汤因比教授的观点是错误的。我们也不是生活在一个极其愚蠢的时代，所以，齐默恩教授的说法也是不真实的。我们生活的时代更不像比较乐观的劳特巴赫（Lauterpacht）所说的那样，是一个“倒退的转型期”。我们不能允许劳特巴赫的观点干扰我们的思想。如果说我们亲眼目睹的不是国际联盟本身的失败，而仅仅是不能使国联运转的那些人的失败，那就是毫无意义的自欺欺人。20 世纪 30 年代的失败是重大失败，不是只用个人的行动和个人的无为就能够解释得了的。国联的失败标志着国联赖以为基础的理论的失败。就连 19 世纪理念的基础也因之受到质疑。问题可能不是人太愚蠢、太邪恶，所以无法实施正确的原则。问题的要害可能是这些原则本身要么错误、要么不切实际。有人认为，如果人们能对国际事务做出正确的推理，他们也会因此采取正确的行动；如果人们对自己的利益或是自己国家的利益做出正确的判断，那么人类就会有一条通往国际乐园的康庄大道。这种观点很可能是错误的。如果 19 世纪的自由主义思想实际上是站不住脚的，那么，国际政治理论学者的乌托邦思想脱离现实这一事实也就没有什么可奇怪的了。不过，虽然自由主义思想在当今的世界上是站不住脚的理论，为什么在 19 世纪却被广为接受，并且启发人们创造出如此辉煌的成就呢？这就是需要我们解释的现象了。 41

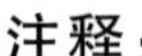

注释：

① 乌托邦主义的这种形式在过去 300 年里占据主要地位，并且仍然是英语国家的主导思想（虽然势头呈下降趋势）。但是，如果据此断言个人主义和理性主义是乌托邦思想的必然特征，未免过于贸然。法西斯主义包含了某种乌托邦主义的一些成分，这些成分就是反个人主义和反理性主义的。

② Bentham，*Works*，ed. Bowring，i.p. 31.

③ Bentham，*Works*，ed. Bowring，viii.p. 561.

④ James Mill，*The Liberty of the Press*，pp. 22—23.

⑤ J.S.Bury，*The Idea of Progress*，p. 131.

⑥ Comte，*Cours de Philosophie Positive*，Lecture LXI.

⑦ Buckle，*History of Civilisation*（World' s Classics ed.），i. pp. 151—152.

⑧ 引自 Angell，*Foundations of International Polity*，p. 244。有内部证据表明，

这一段话是诺曼·安吉尔爵士自己写的。

⑨ R.H.S.Crossman in J.P. Mayer，*Political Thought*，p. 202.

⑩ New Year's Eve broadcast from Radio-Nations，Geneva；*The Times*，1 January 1938.

⑪ *The Covenant of the League of Nations and a Commentary Thereon*，Cmd 151（1919），p. 12. 英国政府几年之后说，"《盟约》的巨大力量在于它赋予国联行政院和大会在处理未来突发事件中享有很大的自决权。因为这类事件在历史上没有先例，因此人们也无法预见到所有这类事件的发生"（*League of Nations: Official Journal*，May 1928，p. 703）。

⑫ 美国的撤出打破了这种平衡，结果行政院中成为四个大国对四个小国的局面。1932 年之后，又不断增加了成员数目，使得小国在行政院占据多数席位。行政院固然"更加具有代表性"，但却失去了作为政治工具的有效性。这是为了抽象原则牺牲现实的例子。需要补充的一点是，1922 年在行政院第一次讨论扩大成员的时候，瑞士代表就预见到这种结果（*League of Nations: Third Assembly*，First Committee，pp. 37—38）。

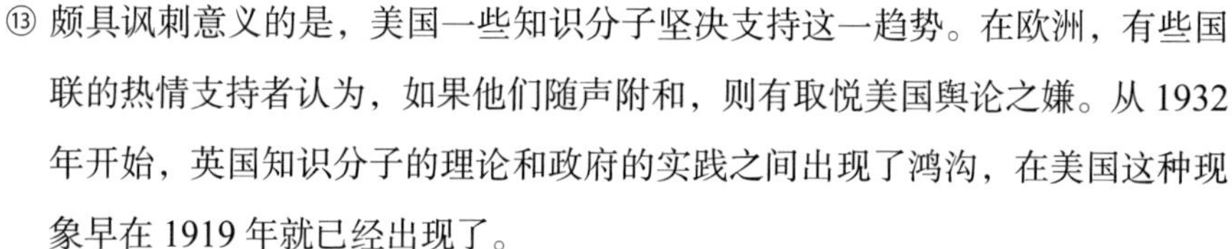

⑬ 颇具讽刺意义的是，美国一些知识分子坚决支持这一趋势。在欧洲，有些国联的热情支持者认为，如果他们随声附和，则有取悦美国舆论之嫌。从 1932 年开始，英国知识分子的理论和政府的实践之间出现了鸿沟，在美国这种现象早在 1919 年就已经出现了。

⑭ J. Fischer-Williams，*Some Aspects of the Covenant of the League of Nations*，p. 238.

⑮ Winston Churchill，*Arms and the Covenant*，p. 43.

⑯ 引自 Toynbee，*Survey of International Affairs*，1935，ii. p. 448。

⑰ B.Russell in *Atlantic Monthly*，clix.（February 1937），p. 155.

⑱ *League of Nations: Fifth Assembly*，p. 497.

⑲ W.Taft. *The United States and Peace*，p. 150.

⑳ *The Public Papers of Woodrow Wilson: The New Democracy*，ed. R.S.Baker，i.p.

206.

㉑ R.S.Baker，*Woodrow Wilson; Life and Letters*，iii. p. 173.

㉒ *The Public Papers of Woodrow Wilson: War and Peace*，ed. R.S.Baker，i.p. 259.

㉓ *Intimate Papers of Colonel House*，ed，C.Seymour，iv. p. 291.

㉔ D.Lloyd George，*The Truth about the Treaties*，i.p. 187.

㉕ *The Public Papers of Woodrow Wilson: War and Peace*，ed.R.S.Baker，i.p. 133.

㉖ *Ibid.*，i.p. 234.

㉗ Miller，*The Drafting of the Covenant*，ii. p. 64.

㉘ *The Covenant of the League of Nations with a Commentary Thereon*，Cmd 151，pp. 12，16.

㉙ House of Commons，21 July，1919：*Official Report*，cols. 990，992.

㉚ *Imperial Conference of 1923*，Cmd. 1987，p. 44.

㉛ *League of Nations: First Assembly*，p. 395.

㉜ 引自 Zimmern，*The League of Nations and the Rule of Law*，p. 399。

㉝ House of Commons，22 March 1932：*Official Report*，col. 923.

㉞ N.M.Butler，*The Path to Peace*，p. xii.

㉟ *League of Nations: Twelfth Assembly*，p. 59.

㊱ Mr.Stimson to the Council of Foreign Relations on 8 August 1932（*New York Times*，9 August 1932）.

㊲ “正如本政府所做的那样，相信舆论的道德力量……”（Summer Welles in *State Department Press Releases*，8 October 1938，p. 237）。

㊳ *The Times*，18 April 1939.

㊴ Winston Churchill，*Arms and the Covenant*，p. 36.

㊵ *Daily Telegraph*，24 March 1938.

㊶ Miller，*The Drafting of the Covennant*，ii. p. 701.

㊷ Lord Allen of Hurtwood，*The Times*，30 May 1938.

㊸ F.Borkenau，*The Communist International*，p. 79.

㊹ *Neutrality and Collective Security*（Harris Foundation Lectures: Chicago，1936），pp. 8，18.

㊺ *Survey of International Affairs*，*1935*，ii. pp. 2，89，96，219—220，480.

㊻ 正如最近一个学者在谈论法国 18 世纪理性主义者时所说的那样，“他们令人惊讶地夸大了简单的问题，这正表现了他们的肤浅”（Sabine，*A History of Political Theory*，p. 551）。

㊼ Anthony Eden，*Foreign Affairs*，p. 275.

㊽ *International Affairs*，xvii.（September-October 1938），p. 712.

第四章　利益的和谐

乌托邦主义的合成理念

如果民众不服从某些规则和制度，政治社会就不可能存在，无论是国际政治社会，还是国内政治社会，都是如此。民众为什么会遵守规则？这是政治哲学的根本问题。这个问题一直存在于民主政体和其他形式的政体之中，存在于国内政治和国际政治之中。“为最大多数人的最大幸福”这一原则并没有回答这一根本问题。它没有告诉我们，既然少数人的幸福根据上述原则根本不在考虑之列，这些少数人为什么仍然遵守根据大多数人的利益所制定的规则。广义地讲，对这一根本问题的回答可以分为两类，与两类对立的观点相吻合。一类是将政治视为伦理的附庸，另一类将伦理视为政治的附庸。我们在前一章曾经讨论过这两种观点。

那些主张伦理高于政治的人认为，个人的义务是服从社会整体，以牺牲自己的利益或以其他更加崇高的方式来为大多数人的利益服务。自我利益之中包含的“幸福”应该从属于另外一种“幸福”，即忠实于超越自我利益的崇高目标并甘愿为之

牺牲自我的那种“幸福”。这种义务的基础是对是非的直觉感受，因而无法以理性的权衡加以解释。另一方面，那些主张政治高于伦理的人则会说，统治者之所以统治，是因为他是强者；被统治者之所以被统治，是因为他们是弱者。这一原则适用于任何形式的政体，自然也适用于民主政体。多数人统治，因为多数人是强者；少数人被统治，因为他们是弱者。人们常常说，民主政体就是以数人头的方式代替了砍人头的方式。但是这种替代只是为了统治的便利而已，两种方式并没有实质性的不同。所以，现实主义者与相信直觉的人截然不同。现实主
42 义者对个人为什么服从这一根本问题做出了理性的回答：个人应该服从，否则强者就会强制他服从，强制服从的后果显然比主动服从要令人难受得多。据此，个人义务就来源于一种虚假的伦理，因为这种伦理的基础是承认强权即公理是一条合理的原则。

这两类回答都很容易受到反驳。一方面，现代人亲眼目睹了人类理性所取得的巨大成就，自然不愿意相信理性和义务之间会发生冲突。另一方面，各个时代的人都不会满意那种将强者权利视为义务唯一的基础的观点。18 世纪和 19 世纪乌托邦主义的一个长处是它似乎同时满足了人们的这两种心理需求。乌托邦主义者的信念是伦理高于政治，所以必然认为义务的本质是道德，它不依附于强者的权利。但是，他又可以使自己相信，个人有义务服从符合社会利益的规则，因为这样的义务从理性角度而言是正当的。最大多数人的最大幸福合乎理性的目标，即使对没有包括在大多数人范畴之内的那些少数人来说，

也是如此。这与现实主义的理念是截然不同的。乌托邦主义者之所以能够有着这样的合成性理念，是因为他们坚持认为个人的最高利益与社会的最高利益是并行不悖的。个人追求自我利益的同时，也就帮助了社会利益的实现；而促进社会利益的同时，也就促进了个人利益的实现。这就是著名的利益和谐论，它也是道德法则可以通过正确推理得以确立这一理论的一个必然结论。如果最终真的出现根本的利益分歧，那就会完全推翻这一理论。所以，必须将任何可能出现的利益冲突都视为错误权衡的结果。伯克（Burke）将利己定义为“既为社会同时又为每一社会成员谋求幸福”的行为，这说明他含蓄地接受了利益和谐论。[1] 这一观点从 18 世纪理性主义者传至边沁，又从边沁传到维多利亚时代的道德主义者。功利主义哲学家提出，个人在促进他人利益的同时，也自然而然地促进了自己的利益。他们以这种解释证明道德的正当性。诚实是最好的策略。如果人或国家的行为是不正当的，那一定是他们缺乏知识、目光短 43
浅、头脑糊涂。这正是巴克尔、诺曼·安吉尔爵士和齐默恩教授等人的观点。

自由放任主义的天堂

亚当·斯密创立了自由放任经济学派。在很大程度上，正是自由放任经济学使利益和谐论普及开来。这一学派的目的是消除国家对经济事务的控制。为了论证这种观点是正确的，它就要证明，在没有任何外来控制的条件下，完全可以相信个人能够促进社会利益，因为社会利益和个人利益是一致的。这种论证是《国富论》（*The Wealth of Nations*）一书的主要任务。社会被视为由三种人组成：一种依靠地租生活，一种依靠工资生活，一种依靠利润生活。“这三大类人的利益”是“与社会整体利益完全一致且密不可分”的。[②] 即便人们意识不到，利益的和谐也是真实存在的。个人“既不打算促进公众利益……也不知道自己在多大程度上促进了公众利益。他希望得到的只是自己的利益。但是在谋求自我利益的过程中，就像在许多其他情况下一样，他受到一只看不见的手的引导，促进了他本意中没有包含的公共目标”。[③] 这只看不见的手也许是亚当·斯密使用的一个比喻，维多利亚时代崇尚自由主义的人们毫不费力地接受了这个比喻。临近 19 世纪中期的时候，基督教知识普及协会散发了一本小册子，其中说道：“由于上帝明慧仁慈的安排，人们虽然只想到自我利益，实际上却是在竭尽全力为大众服务。这真是奇迹。”[④] 大约也是在那个时代，一位英国牧师写了一本名为《论基督教带来的现世福气》（*The Temporal Benefits of Christianity Explained*）。他认为利益的和谐为道德提供了坚实的理性基础。爱自己的邻居会成为一种爱自己的十分明智
44 的方式。亨利·福特（Henry Ford）在 1930 年写道：“我们现在知道了，任何在经济上是正确的事物在道德上也是正确的。好的经济理论与好的道德之间不存在冲突。”[⑤]

利益在总体上和根本上是和谐的——这一假定乍听起来似乎自相矛盾，所以需要认真地分析。亚当·斯密所解释的利益和谐形式明确地适用于 18 世纪的经济结构。它首先需要一个

由小生产者和小商人组成的社会，这些人的利益在于生产和交换的最大化。他们不断地四处流动，适应性很强，也不关心财富分配问题。亚当·斯密的时代可以在很大程度上满足这些要求。当时的生产不涉及高度明确的专业分工，固定设备的资金不会跌落，并且，关注公平分配财富而不是关注生产最大化的阶级仍然处于无足轻重的地位。不过，很巧的一件事情是，就在《国富论》发表的那一年，瓦特发明了蒸汽机。所以，就在自由放任资本主义理论得到经典阐释的时候，它的基础受到了工业发明的侵蚀。蒸汽机的发明催生了非流动性的、高度专业化的大型产业，也造就了一个人数众多、强大有力的无产阶级。这个阶级关注的事情是财富的分配，不是财富的生产。当工业资产阶级和阶级体系成为社会的明显结构，利益和谐论就有了新的意义，成为统治阶级的意识形态。这个阶级将自己的利益等同于整个社会的利益，以此维护它的统治地位。我们在下文中会讨论这一问题。[6]

如果不是出现了一种新的形势，利益和谐论是不会产生作用的，还可能根本不会流传下来。利益和谐论之所以能够存活，是因为在发表《国富论》和发明蒸汽机之后的100年里，生产、人口和财富得到了前所未有的扩展。财富的增长以三个不同方式使利益和谐论流传下来。第一，它缓和了生产者之间对市场的竞争，因为新的市场不断出现。第二，它使贫穷阶层从整体财富增长中获得了利益，因此延迟了阶级矛盾的爆发，
而阶级矛盾问题的核心就在于财富的平等分配。第三，它创造 45
了一种对现在和未来幸福生活的感觉意识，鼓励人们相信世界

的秩序基于理性的安排，这种安排就是利益的自然和谐。“半个世纪以来，需求的市场在持续扩大。正因为如此，资本主义才运转自如，犹如一个自由的乌托邦。”⑦人们含蓄地假定，市场会无限地扩展下去，这就成为利益和谐论赖以存活的基础。正如曼海姆博士所指出的那样，只要车辆的数量不超过道路的承载能力，就没有必要实施交通管制。⑧在这种情况下，驾驶车辆的道路使用者会很容易相信利益自然和谐的理论，直到不和谐出现的那一刻降临到他们身上。

解释个人行为的这些原则也被用于国家。个人在追求自我利益的同时也在客观上促进了社会的整体利益，国家也是一样，在追求国家自身利益的同时也促进了全人类的利益。普遍自由贸易被认为是正当的，因为每个国家的最大经济利益与全世界的最大经济利益是完全一致的。亚当·斯密是个注重实际的改革者，不是一个纯粹的理论学者，所以他承认政府应该考虑国防的需要，因此必须保护某些工业。但是，亚当·斯密以及拥护其理论的人认为，对于自由放任原则来说，这样的保护只不过是一些微不足道的例外而已。J.S. 穆勒指出：“自由放任……应当成为普遍原则：任何违背这一原则的做法，除非因重大善行而为之，都属邪恶之列。”⑨其他思想家认为，利益和谐原则有着更大的应用范畴。18 世纪后期的一位学者写道：“一个国家真正的利益，从来也不会与人类的整体利益背道而驰。博爱与爱国从来不会将相互矛盾的义务强加在人的身上。”⑩ T.H. 格林（T.H.Green）是英国的黑格尔主义者，他修正了黑格尔的理论，使其适用于 19
46 世纪英国的自由主义。他认为，“国家为实现自己的利益而采取

的行动是不会与整个社会的真正利益和权利发生冲突的”。[11] 值得注意的是，“真正”这个字眼很需要质疑。在18世纪，“真正”是用来表述国家利益的，而到了19世纪，它却用来修饰整个社会的利益。马志尼（Mazzini）是19世纪自由民族主义理论的代表，他认为国家之间是有某种分工的。每个国家都有适合自己独特能力的独特任务，履行这一任务就是对全人类福祉的贡献。如果所有国家都以这种精神行事，国际和谐就会成为主旋律。这样的原理有着无限的扩展能力，它不仅使人们坚信经济领域利益的和谐，还使人们相信在政治领域各种相互竞争的民族主义力量也会处于和谐状态。马志尼同时代的人为什么认为民族主义是一件好的事情呢？原因之一是当时受到承认的国家数量很少，所以有着很大的空间容纳新的国家。在那个时代，德国人、捷克人、波兰人、乌克兰人、马扎尔人以及六七个其他民族还没有明显地为一块方圆几百英里的地域争抢打斗，所以，人们比较容易相信，如果每个民族都形成一种民族主义，反倒能够发挥各自的特长，为国际利益的和谐做出贡献。直到1918年，大部分自由主义者仍然相信，一旦国家形成了自己的民族主义，就会促进国际主义事业的前进。因此，威尔逊和许多和约的缔造者将民族自决视为世界和平的关键因素。最近，一些有影响的英美政治家还醉心于时而重弹马志尼的老调，只不过响应者已经为数不多了。[12]

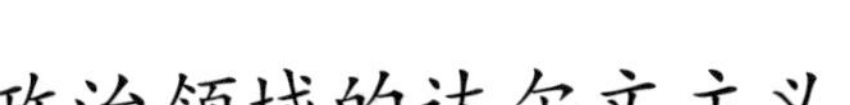

政治领域的达尔文主义

1876年，在庆祝《国富论》发表100周年之际，已经出现

了自由主义即将崩溃的苗头。在所有国家中，只有英国在商业领
47 域强大无比，可以继续相信国际经济利益和谐的理论。除了英国之外，其他国家从来没有完全采纳自由贸易原则，即使采纳，也是半心半意、为时不长。美国从一开始就拒绝这一原则。弗里德里克·李斯特（Friedrich List）一直在研究美国的工业发展。大约在1840年，他开始向德国民众宣传一种观点：虽然自由贸易对英国这样的工业化强国来说是正确的政策，但是，只有采取保护主义政策才能使弱国打破英国的束缚。德国和美国的工业是在保护性关税的条件下发展起来的，很快就会对英国在世界范围内的工业垄断地位形成重大的挑战。英国在海外的领地会使用它们新近得到的财政自主权来保护自己，抵制宗主国的制造业产品。所以，来自各方面的竞争压力都在增强。民族主义便开始显现邪恶的一面，堕落为帝国主义。黑格尔哲学将现实等同于不断出现的观念冲突，这种观点的影响也在上升。黑格尔之后是马克思，他将黑格尔的冲突说物质化，使之成为不同经济集团之间的阶级斗争，工人阶级政党诞生了。它们拒绝承认资本家和劳工之间的利益和谐。最具影响的是达尔文主义。达尔文提出并普及了生物进化理论，指出进化就是为了生存而进行的无休止斗争，也就是适者生存、不适者消亡的过程。

正是进化论使得自由放任哲学能够适应当时新的条件和新的思想潮流。自由竞争一直被尊为自由放任体系的慈悲之神。法国经济学家巴斯蒂亚（Bastiat）的著作就有一个富有意义的书名：《经济和谐论》（*Les Harmonies Économiques*）。他在这本著作中将竞争奉为“人道主义的力量……竞争不断地将进步从个人手中解

放出来，使之成为人类大家庭的共同遗产”。[13] 19 世纪后半期，人类面临的各种压力不断增长，因此，人们认为，经济领域的竞争完全符合达尔文提出的自然界的生物法则——强者生存，弱者灭亡。小生产者和小商人逐渐地被强大的竞争对手挤垮，但这种现象正是整个社会所需要的进步和福祉。自由放任意味着一个开放 48
的领域，一个强者获胜的领域。于是，利益和谐论的含义也就经历了一种不易觉察的变化。社会的福祉（人们现在更愿意称之为人种的福祉）仍然与社会个体成员的福祉是一致的，不过这里的社会成员是指那些在为生存的斗争中富有竞争力的人。人类在这种竞争中从强大走向更加强大。在这一进程之中，弱者被淘汰遗弃。正像马克思所说的那样，“人种的发展，以及个人向更高阶段的发展，只有通过这一历史过程才能够实现，其间，许多个人被牺牲了”。[14] 这就是高度竞争的新时代的理论，是赫伯特·斯宾塞（Herbert Spencer）学派宣扬的理论。在 70 年代和 80 年代这一理论在英国得到了普遍的接受。伊夫·居约（Yves Guyot）是法国的最后一个亚当·斯密信徒，写过一本书，名字叫《竞争的道德》（*La Morale de la Concurrence*）。不过在法语中，竞争和协作碰巧是同一个词。而在英国，有些学者将达尔文理论应用于国际政治，其中最有名的是白芝浩（Bagehot）。他说：

> 征服是大自然给予强者的奖赏。有些民族的传统打造了这些民族的特征，使它们能够赢得战争。考虑到大部分物质性利益，赢得战争的特征确实是一个民族最优秀的特征。赢得战争的特征也正是我们希望在战争中获得的特征。[15]

几乎是在同一时期，一位俄国社会学家将国际政治定义为“社会生物体之间为生存而进行斗争的艺术”。[16] 1900 年，一位著名教授在一本一度享有盛名的著作中，毫不掩饰地阐述了进化理论的无情和残酷。他说：

> 在人类前进的道路上，到处可见灭亡民族的残骸断骨，到处可见劣等种族的荒冢坟墓，到处可见牺牲者的尸首遗
> 49 体，他们无法找到通往更加完美境界的崎岖小路。然而，正是这些倒下的尸体，成为人类前进的铺路石，使人类走进了今天更加崇高的精神生活和更加丰富的感情天地。[17]

在德国，特赖齐克（Treitschke）和豪斯顿·斯图尔特·张伯伦（Houston Stewart Chamberlain）也表示了同样的观点。消灭劣等民族而取得进步的理论与消灭弱势个人而取得进步的理论如出一辙。这样的观点也包含在 19 世纪后期的帝国主义理论之中，尽管人们不愿意公开承认这一点。正像一位美国历史学家所说的那样，“国际关系的基本问题是谁应该消灭弱者”。[18] 利益的和谐正是通过牺牲“弱势”的非洲人和亚洲人而实现的。

不幸的是，有一点被人们忽视了。100 多年以来，利益和谐论为道德提供了一个理性的基础。要求个人为社会利益服务，因为社会利益也是个人的利益。现在，这种基础发生了变化。从长远观点来看，社会的福祉和个人的福祉仍然是一致的。但是，在达到最终的利益和谐之前，却是个人之间为生存

而展开的争斗。在这一争斗中，失败者的利益，乃至他的生命全都会被消灭。在这种情况之下，对于可能的失败者来说，理性没有号召力量。整个道德体系就是建立在弱者的尸体之上的。实际上，几乎每个国家都违背了这一经典理论。它们建立了社会的法律，保护经济上的弱者抵御强者的侵犯。但是，这一理论本身却颇有生命力。陀思妥耶夫斯基（Dostoevsky）根本没有英国人或是经济学家的偏见。但是，在19世纪70年代，他笔下的人物伊凡·卡拉马佐夫声称，如果人们达成“永久和谐”的代价是无辜民众的苦难，那么，这样的代价实在是太高了。几乎是在同一时期，温伍德·里德（Winwood Reade）写了一本名为《人之殉难》（*The Martyrdom of Man*）的书，在英国引起了令人不安的反响。这本书使人们认识到进化理论中包含的苦难和牺牲。19世纪90年代，赫胥黎（Huxley）以科学的名义，承认在“宇宙进程”和“道德进程”之间是存 50
在差异的。[19]贝尔福则从哲学角度思考了这一问题，认为“如果我们没有一种来世理论，使人们相信今世的所作所为和品行风格能够延续到来世，使人们相信有些相互矛盾的原则虽然在今世并非总是可以调和，但在来世是可以得到和解与协调的，那么，在‘利己’和‘利他’之间，在追求个人的最大幸福和追求他人的最大幸福之间，就不可能存在完全的和谐”。[20]人们越来越不相信自由竞争具有慈善性的说法了。1914年之前，虽然英国民众和经济学家仍然坚持国际自由贸易的原则，对于严肃的思想家来说，自由放任哲学一度赖以为基础的道德原则，至少是它的粗放形式，已经没有任何号召力了。无

论从生物学还是从经济学的角度来看，除非根本不考虑走投无路的弱者的利益，或是除非乞灵于来世以纠正今世的不平等现象，否则，没有人会再相信利益和谐论的说教了。

国际利益和谐论

值得注意的是，一些理论在1914年战争爆发之前已经被认为是过时的或无用的理论，但在战后却不可思议地被引入国际事务这一特殊的领域。这主要是美国人的推动。坚持利益和谐论的自由放任理论就是最典型的一种。自由放任的历史在美国表现出独有的特性。在整个19世纪，以及20世纪的很长一段时期，美国一方面建立关税壁垒，削弱欧洲的竞争，另一方面享有不断扩展的国内市场，这一优势似乎具有无限的潜力。英国到1914年为止一直控制世界贸易，但也越来越感受到国内的压力。J.S. 穆勒以及后来的经济学家坚持国际自由贸易的
51 原则，但在国内经济领域，却越来越背离自由放任的正统理论。在美国，凯里（Carey）及其继任者虽然认为征收保护性关税是正当行为，但在其他方面则坚持维护自由放任的原则。1919年之后，计划经济虽说没有成为欧洲普遍接受的理论，但却成为欧洲每个国家的实际政策。而计划经济的基本命题就是利益的自然和谐状态是不存在的，只有国家行为才能人为地使利益和谐起来。在美国，由于国内市场不断扩大，欧洲发生的变化没有在美国出现，这种情况一直延续到1929年。所以，利益的自然和谐仍然是美国世界观的一个组成部分。正因为如

此，当前的国际政治理论，在这一点上，还有在其他一些方面，深深地打上了美国传统的烙印。另外，还有一个特殊的原因，使人们很容易在国际事务领域接受利益和谐的理论。在国内事务领域，如果不存在利益的自然和谐状态，那么，国家的任务就是创造利益的和谐。在国际政治领域，不存在负有创造和谐使命的组织机构，因此，鼓吹利益自然和谐的理论就具有特别的诱惑力。但是，这并不能成为搁置这一问题的借口。将创造利益和谐视为政治行动的目标是一种观点，而认为利益自然而然地处于和谐状态则是另外一种观点，两者完全不同。[21]正是由于出现了利益自然和谐的观点，国际政治的思想才呈现出如此混乱的状态。

维护和平的共同利益

从政治角度来看，利益和谐论一般来说都会坚持这样一种假定：每个国家在维护和平这一点上是有着共同利益的，因此，任何企图破坏和平的国家都是非理性和不道德的。这种观点具有明显的盎格鲁－撒克逊色彩。1918 年之后，很容易使那些生活在英语国家的人们相信，战争对任何人都没有好处。
但是，在英语国家生活的人只是人类的一部分。对于德国人来 52
说，这一观点就难以接受，因为他们在 1866 年和 1870 年的战争中得到了极大的好处。德国人认为他们在战争之后受了苦，但这不是因为 1914 年战争本身，而是因为他们输掉了这场战争。对于意大利人来说，这一观点也很难具有说服力。意大利人抱怨的也不是战争本身，他们抱怨的是协约国的背叛，认为协约国在和平安排中欺骗了意大利。还有波兰人、捷克斯洛伐克人，他们不但不厌恶战争，反而认为正是由于这场战争，他们的国家才得以生存。法国人也是一样。战争使法国人收回了阿尔萨斯—洛林，他们当然不会为这样的战争完全感到懊恼。此外，其他一些民族也不会痛恨战争，因为他们对英国和美国在战争中获取的好处记忆犹新。幸运的是，这些人对于当今国际关系理论的形成影响甚小，因为国际关系理论几乎全部是在英语国家里发展起来的。英国和美国的学者仍然认为，1914—1918 年间的战争不容置疑地说明，战争是毫无意义的。只要知识界对这一问题有着清醒的认识，就可以促使所有国家维护未来的和平。因此，当英美知识分子看到其他国家不相信这一观点的时候，他们从内心里既感到困惑，也感到失望。

其他国家也高喊盎格鲁-撒克逊的口号，假心假意地施以奉承，这就使英美知识分子更加困惑不解。在第一次世界大战之后的 15 年里，每一个大国（可能除了意大利）都做足表面文章，反复强调和平是其主要政策目标之一。[22]但是，正如列宁早就指出的那样，和平本身是一个没有任何意义的目标。他在 1915 年写道：“毋庸置疑，每个人都会赞成一般意义上的和平。基钦纳（Kitchener）、霞飞（Joffre）、兴登堡（Hindenburg）、血腥的尼古拉（Nicholas the Bloody）等，
53 这些人也赞成和平，因为他们都说自己的目的是结束战争。”[23]
维护和平的共同利益掩盖了一个事实：有些国家希望不必发动战争就可以维护现状，另外一些国家则希望不必发动战争就可

以改变现状。[24] 要么维持现状，要么改变现状，这才是事实。如果我们泛泛地说维护和平是全世界的共同利益，那么，这样的说法恰恰是违背事实的。还有一种观点：无论维持现状还是改变现状，都要以和平的方式使其实现，这样做才符合全世界的利益。这种观点可能会受到普遍的赞成，但却似乎是毫无意义的说辞。全世界具有维护和平的共同利益，这一利益与世界各国的利益是一致的——这是一个乌托邦虚假命题。这个命题帮助世界各国的政治家和学者逃避一个严酷事实，即：希望维持现状的国家和希望改变现状的国家之间存在根本的利益分歧。[25] 当政治家就国际事务发表声明的时候，他们会以奇特的方式将这样的说辞和虚假命题结合起来。这已经是司空见惯的现象了。捷克斯洛伐克的一位总理说："在整个多瑙河地区，没有一个人真正希望发生冲突，没有一个人心存猜忌。这里的国家都希望维护自己的独立，但同时，它们也愿意采取任何有助于合作的措施。我所说的这些国家尤其是指小协约国成员、匈牙利和保加利亚。"[26] 从字面上看，这些话可能是真实的。但是，没有人希望发生的冲突和猜忌却正是 1919 年之后多瑙河区域政治的明显特点，而所有人都希望出现的合作却无法实现。普遍希望避免冲突的臆想掩盖并且歪曲了利益分歧这一根本事实。 54

国际经济利益的和谐

在经济关系中，人们对世界经济利益的和谐这一命题更加充满信心。正是在经济领域，自由放任经济学的基本原理才得到了直接的反映，但也正是在这一领域，我们才可以最清楚地看到自由放任理论所导致的悖论。当 19 世纪的自由主义者提出最大多数人的最大幸福的时候，其含蓄假定是，我们不得不牺牲少数人的幸福。这一原则也同样应用于国际经济关系。譬如，若是俄国或是意大利不采取保护性关税的措施，它们就没有足够的实力发展自己的工业。自由放任主义者会说，在这种情况下，这两个国家应该进口英国和德国的制造业产品，同时向英国和德国市场出口小麦和柑橘。如果有人反对，说这样做会使俄国和意大利处于二等大国地位，在军事上和经济上都要依赖邻国，自由放任主义者就会说，这是上帝的旨意，也是全世界共同利益所需要的。不过，当今的乌托邦国际主义者却没有 19 世纪自由主义者具有的有利地位，也没有那些先贤们所具有的坚强意志。比较弱小的国家建立了保护性关税，发展了自己的工业，获得了物质上的成功。同时，也出现了新的国际主义精神。这就反驳了自由放任主义者以牺牲经济上弱小国家利益的方式换取国际利益和谐的观点。但是，如果放弃了这一基本原理，就等于完全摧毁了当今自由主义者所继承的自由放任主义的基础。于是，当今的自由主义者不得不转而相信另外一个观点：在不牺牲社会任何成员的利益的情况下，仍然可以实现共同的利益。这样一来，任何国际冲突就成为既无必要、也不实际的现象了。唯一需要做的事情就是发现既是共同利益、又是争端各方最高利益的东西。而发现这种利益的唯一障碍是政治家的愚蠢。乌托邦主义者坚信存在这样的共同利益，认为只有自己才是智慧的化身。世界各国的政治家受到指责，说他们对需要代表的利益视而不见。这就是英美知识分子尽心竭力所描述的世界，他们中有不少是经济学家。55

正因为如此，我们发现，当今的经济理论专家和各国经济政策制定者之间存在着一条鸿沟。通过分析，可以发现这一鸿沟源自一个简单的事实。经济学专家大部分坚信自由放任主义，假定全世界具有共同的经济利益，一厢情愿地认为世界利益必然也是各国的利益。政治家追求的却是本国的具体利益。如果政治家也做假定的话，他就会假定自己国家的具体利益必然也是全世界的利益。两次世界大战之间召开了多次国际经济会议，会议发表了许多声明。这些声明的假定都是：存在某种“解决方案”或是某种“计划”，通过明智地平衡各方利益，这些解决方案和计划就可以造福于所有国家，不会对任何国家形成损害。但正是由于这样一个假定，使得这些声明都变得毫无意义了。

> [1927 年国联经济学专家会议声明]，任何极端民族主义的政策，不仅会伤害实施这种政策的国家，而且还会伤害其他国家。因此，这样的政策是无法实现其本来目标的。如果要使本次会议展现出来的新思维迅速变成实际的结果，在实施方案中就必须包含一个根本的因素，这就是各国**对应协调**行动的原则。要让每个国家知道，要求它做出让步的同时，也会要求其他国家做出相应的让步。这样，一个国家就会接受会议提出的建议，不仅因为这个国家从自身利益考虑会做出这样的选择，**还因为这个国家会**

将会议提出的整体方案是否成功视为自己的利益。[27]

会议结束之后出现的情景是，完全没有人理睬它一致通过的建议。如果我们还不至于认为世界的主要政治家不是罪犯就是疯子的话，那么，我们就必须质疑会议的基本理念。如果做出一个假定，认为经济民族主义必然伤害实施这种政策的国家，这种做法显然是十分草率的。在 19 世纪，德国和美
56 国采取了“极端的民族主义政策”，它们的实力大增，足以挑战英国对世界贸易的垄断权力。如果在 1880 年召开世界经济专家会议，这样的会议绝对无法提出一项“整体方案”，要求各国采取对应协调行动，以同样有利于英国、德国和美国的方式，化解这三个国家之间的经济竞争。同样，如果在 1927 年召开一次经济会议，它也无法提出一项使所有各方均可实现利益的“计划”，以此缓和各国之间的经济竞争。不过，即便是 1930—1932 年间的经济危机也没有使经济学家真正认识到他们面临的问题所具有的实质。专家们为 1933 年的世界经济大会准备了一份《议程草案》，批判了“为全世界所接受的国家自给自足的理念，因为这种理念完全切断了经济发展的路线”。[28]不过，他们显然没有认真思考一下，所谓的“经济发展路线”可能会使一些国家受益，甚至可能使整个世界受益，但也必然会伤害另外一些国家的利益，而这些国家使用的正是经济民族主义这一武器来保护自己。1938 年 1 月的范泽兰（Van Zeeland）报告一开始就提出了一个问题：“从整个国际贸易体系的角度来看，我们提出的方法在整体上是否比自给自足的模

式更具根本性的优势呢？”报告对这一问题的回答是肯定的。但是，每个大国在其历史上的某个时期都曾采用过自给自足的模式，并且一般来说都会在很长的时期内采取这样的经济发展模式。所以，很难令人相信，“自给自足模式”必然会损害实施这种政策的国家这一观点就是绝对正确。范泽兰方法和自给自足模式都不理想，但即便前者优于后者，范泽兰理念的前提条件仍然是没有实际效用的。但是，还有比这一点更加糟糕的事情。范泽兰报告继续说道：“我们必须……做出安排，使新的体系能够给予所有参与国更多的好处，使它们的处境比现在更好。”[29]这是经济乌托邦主义最愚蠢的表现形式。这一报告，像
1927 年和 1933 年的报告一样，认为存在一种根本的经济政策 57
原则，只要实施这一原则，所有的国家均会因之得益，没有一个国家会因之受损。正因为如此，范泽兰报告，像它之前的所有报告一样，都只能是一纸空文。

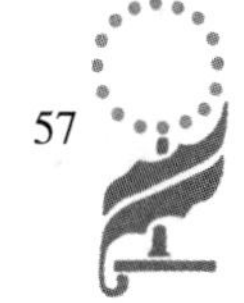

在两次世界大战之间的年代里，经济理论与经济实践背道而驰。当时，经济理论受到所谓的利益和谐论的巨大影响，所以，虽然人们展开了无数国际性讨论，却很难发现一种理论，清楚地解释那些使全世界政治家感到困惑的实际问题。也许，最坦率的声明要算南斯拉夫外长于 1931 年 1 月在欧洲联盟委员会会议上的讲话了。当时，亚瑟·亨德森（Arthur Henderson）在荷兰代表科莱恩（Colijn）博士的讲话之后发言。他要求全面削减关税，因为“这样做可以扩大生产和加大国际财富交换，因之促进所有国家的繁荣，结果会使每一个国家获益”。[30]紧接着是南斯拉夫外长马林科维奇

（Marinkovitch）发言。他认为，1927 年会议提出的种种建议未能得以实施，这说明“政府无法实施这些决议是有着极其重要的原因的”。他继续说道：

> 事实是，除了经济原因之外，还有政治和社会方面的考虑。“自我校正”的旧经济学派认为，从经济学观点来看，如果不采取任何行动，让事情顺其自然地发展，就会自动出现经济平衡。这一点也许是正确的（我不打算讨论这一问题）。但是，这样的平衡怎样才能达成呢？回答是牺牲最弱小者的利益。我们都已经注意到，70 多年以来，反对这种经济理论的势力越来越强大。欧洲和世界上所有社会主义政党的出现，只不过是反对以这种方式考虑经济问题的一种表现。
>
> 我们被告知，我们必须降低关税，甚至消除关税。对于欧洲的农业国来说，如果履行了 1927 年的承诺（假如 1927 年的声明的确包含了承诺的话），并且彻底实施那样的政策，我们现在也许已经具备了与其他国家在农业产品
> 58 方面进行竞争的能力。但是，我们同时也必须在波兰、罗马尼亚、南斯拉夫创造出与加拿大和阿根廷这样的国家同样的条件，即幅员广阔，人口稀少，机械和其他机械设备使用程度很高……而这是不可能的事情。我们不可能枪杀自己的百姓，但百姓会因为饥荒而饿死，结果都是一样的。
>
> 我认为科莱恩先生提到的根本解决方案是不存在的。经济和社会生活过于复杂，一个单一的模式是难以解决

> 的。我们需要复杂的多种解决方法。我们必须考虑到地理、经济、社会和其他多种不同的现实因素。[31]

马林科维奇还驳斥了“长远”经济利益和谐论。他继续说道：

> 去年，我到南斯拉夫的山区，听说一个小山村的村民没有赖以为生的玉米或小麦。于是，他们就砍倒属于他们的一片树林……然后靠卖木柴为生……我去了那个村庄，把村里的头头脑脑集合起来，试图与他们讲讲道理。这正像那些工业化大国给我们讲道理一样。我说：“你们是有理智的人。你们看到树林越来越少。一旦你们砍倒了最后一棵树，你们可怎么办呢？”他们回答说：“阁下，这也是让我们发愁的问题。可是，如果现在不砍树，我们又能做什么呢？”
>
> 我可以确定地说，现在，农业国家的处境就像这些村民一样。你们以将来的灾难告诫他们，但是他们现在就处于灾难之中。[32]

还有一个极其坦率的例子，也可以在这里使用。1937年9月，哥伦比亚共和国总统在美国的一个广播电台发表演讲。他说：

> 在所有人类活动的领域中，国家间关系的领域，尤其 59
> 是美洲国家间关系的领域，最能使人看清危机带来的好

处。诚然，经济关系变得更加严峻，有时甚至十分严酷，但同时，幸运的是，经济关系也变得越来越民主。

危机使得许多国家获得了自由。危机之前，由于一些大国控制了国际市场和政策，这些国家只能屈从于大国在精神领域和财政领域实施的双重帝国主义政策。现在，这些国家明白了它们不能轻信国际友谊，而是要更多地寻求自主的生活。虽然自主生活在开始的时候会遇到艰难险阻，但却可以在最短的时期内创造巨大的利益……

当今占据主导地位的专制体系开始松动，国际贸易也会受到削弱。但在同时，却会出现更多经济强大的国家。

旧的合作基于工业国家的利益，基于控制世界的银行家的利益。与之相比，当今的经济合作已经完全不同，已成为更加崇高的合作。当今，许多小国能够确保自己的生存和繁荣，不必使自己的行为和活动服从外国的利益。这就使得当代国家间关系领域出现了更加坦诚、更加平等的趋势……

诚然，危机摧毁了人类文明的许多高尚原则。但是，在向为生存而斗争的原始状态的回归过程之中，各国人民摆脱了诸多的幻象与虚伪。过去，他们接受了幻象与虚伪，因为他们认为，有了这样的幻象与虚伪，他们的幸福生活才能够得以保证……

国际经济自由的基础是这样一种信念：当强国处于守势的时候，它们就会像弱国一样行事。于是，所有国家也就有了使用自身资源保护自我利益的同等权利。[33]

哥伦比亚总统代表哥伦比亚共和国的讲话也许有些夸张。

但是，无论是南斯拉夫还是哥伦比亚的声明，都对利益和谐论提出了有力的挑战。如果说因为英国和美国需要消除贸易壁垒，南斯拉夫和哥伦比亚也就需要消除贸易壁垒，那只能是一
种荒谬的推断。国际贸易可能会受到削弱，欧洲和世界的整体 60
经济利益可能会受到损害，但是南斯拉夫和哥伦比亚的处境会是什么样子呢？如果形成了使欧洲或世界繁荣的体制，同时使南斯拉夫和哥伦比亚沦为这一体制的卫星国，这两个国家的处境必然更糟。沙赫特（Schacht）博士在随后的讲话中说，那些“狂热坚持对外国实施最惠国政策的人也是那些来自富裕国家的人。他们根本无法理解这样一个事实：贫穷国家有勇气坚持自己的法则，而不会在富人制定的规则下遭受苦难”。[34]自由放任主义，无论是在国际关系领域还是在劳资关系领域，都是经济强者的天堂。国家控制，无论表现为保护性立法的形式还是保护性关税的形式，都是经济弱者使用的自卫武器。利益冲突是实实在在的、无法避免的现实。如果试图掩盖这种现实，就会歪曲问题的真实性质。

和谐的破碎

有人认为，所谓的利益和谐是国际道德的基础，因之将整个社会的利益与社会每一个成员的利益等同起来。这种观点是不全面的，也是具有误导性的。19 世纪，这种观点之所以得到普遍的接受，是因为在产生这种观点的国度里经济不断发展扩大。当时是一派持续繁荣的景象，只出现过小小的挫折。当时

的国际经济结构很像美国国内的经济结构。即使出现了问题，也会通过向未被占领、未曾开垦的处女地进行扩张而得到及时的缓解。当时，廉价劳力无数，落后领土四处都是，那里的人们政治意识很低。具有开拓意识的人通过移民解决经济问题，具有开拓意识的国家则通过获取殖民地发展经济。市场的扩大导致了人口的增长，增长后的人口又促进了市场的发展。在这
61 一竞争过程中落后的人们可能会被视为弱者。适者之间的利益和谐是基于个人的开拓和自由的竞争，这种想法比较接近现实，因此也就为利益和谐理论提供了基础。这种不切实际的想法一直延续到 1914 年，虽然其间受到一些质疑。即便是英国，它的经济发展基础虽然受到德国和美国的侵蚀，但其经济仍然持续繁荣。1913 年就是英国贸易创纪录的一年。

大约在世纪之交，表面上的利益和谐转化为明显的利益冲突。这种利益冲突最初表现在各国的殖民地政策上面，这也是事态合情合理发展的结果。英国人认为，这首先是与南非事务联系在一起的。丘吉尔先生认为，“这一暴力时代”是从詹姆森进攻事件（the Jameson Raid）开始的。在北非和远东，尚未瓜分的优良地域已经为数不多，招致欧洲列强加紧争夺。当时，欧洲的竞争达到白热化程度，于是，欧洲移民到美洲的数量大增。在欧洲，反犹主义实际上是一种经济压力的表现，很长一段时间里曾销声匿迹，结果又在俄国、德国和法国卷土重来。[35] 在英国，19 世纪 90 年代出现了反对无限制移民的活动，并在 1905 年通过了第一部限制移民的法案。

第一次世界大战是这一激烈竞争的结果，大战爆发又加深了这种竞争的根本原因，使竞争大大加剧。在欧洲、亚洲和美

洲的交战国和中立国，工农业生产被人为地刺激起来。第一次世界大战之后，每个国家都极力维护自己已经扩大了的生产，民族主义意识大大加强，支持国家的这种政策。和平条约中之所以出现了前所未有的报复性条款，尤其是经济报复性条款，是因为讲究实际的人们不再相信在战胜国和战败国之间存在根本的利益和谐。他们在 50 年前、在 100 年前曾经相信过这样的利益和谐论。现在，人们的目标是消灭竞争对手，因为竞争对手的复兴就是对自己的威胁。在欧洲，由于出现了新的国家和新的经济边界，这种竞争变得更加激烈。在亚洲，中国和印度建立的大型制造业，使自己不依赖于来自欧洲的进口产 62
品。日本成为纺织品和其他廉价产品的出口国，因此损害了欧洲制造业在国际市场上的利益。最重要的是，世界已经瓜分完毕，没有可供廉价开发和扩张的空间。战前，移民可以大量流入外域，缓解了欧洲的经济竞争压力。战后，这一渠道已经堵塞。原来，移民可以自由流入；现在，却出现了强制性驱逐移民的问题。[36] 经济民族主义这一复杂现象在世界各地蔓延。至此，利益冲突这一事物的根本特征受到所有专家的注意，只有那些仍然主导着英语国家经济思想的顽固乌托邦主义者对此视而不见。于是，19 世纪那种认为损人不能利己的迂腐观点被视为空洞的理论。乌托邦主义的基本命题也就分崩离析了。

如今，在国际政治领域，我们看到的是道德理论的彻底崩溃。过去 150 年里，道德理论一直是政治经济的主导思想。在国际事务领域，已经不可能坚持崇高的道德来自正确的推理这一观点了。自由主义认为，每个国家只要为整个世界谋取最大

幸福也就为自己的国民谋取了最大幸福，反之亦然。而现在，再也没有人真正相信这种说法了。道德和理性的统一这一原则，至少是19世纪自由主义者确立的粗放形式，现在已经站不住脚了。如果说当今国际危机具有内在的意义，那就是基于利益和谐论的乌托邦主义的整体架构已经坍塌。当今一代学者的任务就是要在废墟的基础上进行理论重建。但是，如果要进行重建，如果要确定废墟中什么东西仍然可用，就必须审视原来的架构有什么缺陷，从而导致了它的坍塌。我们最好的[37]方
63 法就是分析一下现实主义者是怎样批判乌托邦主义命题的。

注释：

① Burke，*Works*，v. 407.

② Adam Smith，*The Wealth of Nations*，Book I. ch. xi. conclusion.

③ *Ibid.*，Book IV. ch. ii.

④ 引自 J.M.Keynes，*A Tract on Monetary Reform*，p. 7。

⑤ 引自 J.Thuslow Adams，*The Epic of American*，p. 400。我没有找到原出处。

⑥ 参见 pp. 80—81。

⑦ *Nationalism: A Study by a Group of Members of the Royal Institute of International Affairs*，p. 229.

⑧ K.Mannheim，*Mensch und Gesellschaft im Zeitalter des Umbaus*，p. 104.

⑨ J.S.Mill，*Principles of Political Economy*，II，Book V. ch. xi.

⑩ Romilly，*Thoughts on the Influence of the French Revolution*，p. 5.

⑪ T.H.Green，*Principles of Political Obligation*，§ 166.

⑫ 例如，艾登先生在1938年提倡“建立国家的大家庭，其中，每个国家都可以发展繁荣，并且尽力为一种多样化的生活做出自己独特的贡献”（Anthony Eden，*Foreign Affairs*，p. 277）。

⑬ Bastiat，*Les Harmonies Économiques*，p. 355.

⑭ Marx，*Theorien über den Mebrwert*，II. i. p. 309.

⑮ Bagehot，*Physics and Politics*（2nd ed.），p. 215. 在这段话中，“物质性”的意义是什么？是否只意味着“相关的”？还是作者意识到在“物质”和“道德”之间存在一种不和谐的对立？

⑯ J.Novicow，*La Politique Internationale*，p. 242.

⑰ Karl Pearson，*National Life from the Standpoint of Science*，p. 64.

⑱ W.L.Langer，*The Diplomacy of Imperialism*，ii. p. 797.

⑲ Huxley，Romanes Lecture，1893，reprinted in *Evolution and Ethics*，p. 81.

⑳ Balfour，*Foundations of Belief*，p. 27.

㉑ 两者之间的混淆，在艾德礼（Attlee）先生对下院发表的讲话中清楚地反映出来。他说，“维护和平是全世界的共同利益，这正是建立国际联盟的目标”（House of the Commons，21 December 1937: *Official Report*，col. 1811）。艾德礼先生显然未能区分两种观点，一是利益和谐的自然社会已经存在，二是建立国际联盟是为了创建这样一个利益和谐的社会。

㉒“和平必将获得胜利，和平必将高于一切”（Briand，*League of Nations: Ninth Assembly*，p. 83）。“维护和平是英国对外政策的首要目标”（Eden，*League of Nations: Sixteenth Assembly*，p. 106）。“和平是我们最珍惜的财富”（希特勒于1937年1月30日在德国议会的讲话。转引自 *The Times*，1 February 1937）。“苏联国际政策的主要目标是维护和平”［Chicherin in *The Soviet Union and Peace*（1929），p. 249］。“虽然别人会做出反面的宣传，但日本的目标是和平”（Matsuoka，*League of Nations: Special Assembly 1932—1933*，iii. p. 73）。意大利没有发表多少维护和平的声明，这大概是因为意大利士兵战斗力不强。墨索里尼担心，如果强调维护和平，反而会被视为对意大利没有作战能力的承认。

㉓ Lenin，*Collective Works*，（Engl. transl.），xviii. p.264. 可以与斯潘塞·威尔金森的格言比较一下。威尔金森说，“在每一个案例中，真正的目标不

是和平，而是争夺优势。和平决不是政策目标，这一真理多次重复也不会过分。不考虑战争，就无法界定和平：它是一种手段，永远也不是目的”（*Government and the War*，p. 121）。

㉔“一位圣徒抱怨说，人们不知道珍惜他们自己的和平。实际上，他的意思是，人们未能充分地珍惜属于这位圣徒自己的和平”（*The Note-Books of Samuel Butler*，ed. Festing-Jones，pp. 211—212）。后来的圣徒们，也就是那些满足现状的大国，同样也是如此。

㉕有的时候，人们认为，不是所有的国家都对维护和平有着同样的利益（从某种意义上讲，这是真实的情况）。但是，他们也认为，战争为胜利国带来的好处绝对不会超过它为战争付出的代价。后面这种代价大于好处的观点似乎并不符合历史事实。当然，可以说在现代战争条件下，这一观点可能属实（伯特兰·罗素就是这样说的。参见 *Which Way Peace*?）。如果人们接受了这种观点，必然会导致绝对和平主义，因为没有理由相信“防御性”战争的代价就一定小于“进攻性”战争（假如可以区分这两种战争的话）的代价。

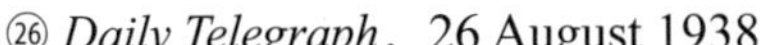

㉖*Daily Telegraph*，26 August 1938.

㉗*League of Nations*: C.E.I.44. p. 21（斜体为原文所标）.

㉘*League of Nations*: C.48，M. 18，1933，ii，p. 6.

㉙*Report ... on the Possibility of Obtaining a General Reduction of the Obstacles to International Trade*，Cmd.5648.

㉚*League of Nations*: C.144，M.45，1931，vii.p. 30.

㉛*League of Nations*: C.144，M.45，1931，vii.p. 31.

㉜*Ibid.* p. 32.

㉝Address broadcast by the Columbia Broadcasting System，USA，on 19 September 1937，and published in *Talks*，October 1937.

㉞Address to the Economic Council of the German Academy，November 29，1938.

㉟ Winston Churchill，*World Crisis*，p. 26.

㊱ 同样的条件助长了犹太复国主义。正如 1937 年巴勒斯坦事务皇家委员会所说的那样，犹太复国主义“的反面就是逃跑主义的思想”（Cmd.5479，p. 13）。

㊲“难民的存在反映了经济和政治自由主义的消失。难民是经济孤立主义的副产品，因为经济孤立主义禁止自由迁徙”（J.Hope Simpson，*Refugees: Preliminary Report of a Survey*，p. 139）。

第五章　现实主义的批评

现实主义的基础

由于上一章所说的理由，现实主义进入国际关系领域的时间要比乌托邦主义晚得多，而且还是通过批判乌托邦主义而进入这一领域的。的确，在古希腊时代，人们已经很熟悉“公正是强者的权利”这一说法了。但是，现实主义者一直处于无足轻重的少数派地位，他们为政治理论和政治实践之间的鸿沟感到困惑，因此表达一点不同声音而已。在罗马帝国和后来的天主教廷统治时期，这根本不是问题，因为罗马帝国以及后来天主教廷的政治利益被视为与道德准则是一致的。只是在中世纪体系解体之后，政治理论和政治实践之间的鸿沟才成为一个尖锐且富有挑战性的问题。马基雅维利是第一个重要的政治现实主义者。

马基雅维利的出发点是反对当时政治思想中的乌托邦主义。他说：

我的目的是写一点东西，使理解我的人受益。我认为，

> 最好是认识事物的真相，而不是遵从幻象。许多人想像出一些共和国和君主国，但是没有人见过并知晓这样的国家。人的实际生活与人应当怎样生活是相去甚远的两件事情，如果一个人只求应该怎样做事而忽视了实际上怎样做事，那么，他不仅无法保全自己，反而会走向灭亡。

马基雅维利理论包含着三条基本原则，构成了现实主义哲学的基石：第一，历史是一系列因果关系发展的结果，其发展历程可以通过理性的方式加以分析和理解，但不能像许多乌托邦主义者认为的那样可以通过“想像”而创造出来。第二，理论不具有乌托邦主义者所设定的功能，理论不能创造实践，但实践可以创造理论。用马基雅维利的话说，“无论何种忠告都是源于君主的智慧，而不是君主的智慧源于忠告”。第三，政治不是乌托邦主义者所想像的政治，政治不是由伦理决定的，
而伦理则是由政治所决定的。“规矩使人诚实”。马基雅维利认 64
识到道德的重要性，但也认为，没有有效的权威便没有有效的道德。道德是权力的产物。[①]

马基雅维利对正统乌托邦主义的挑战是强有力的。一个极好的例证就是，在他著书立说400年之后，贬低政治敌人的最强烈语言仍然是将其称为马基雅维利的信徒。[②] 培根是第一个称赞马基雅维利的人。他说马基雅维利是“坦诚直言人的实际行动，而不是人应该怎样行事”。[③] 从此之后，没有一个政治思想家可以忽视马基雅维利。法国的博丹（Bodin）、英国的霍布斯（Hobbes）、荷兰的斯宾诺莎（Spinoza）都声称在新的理

论和构成最高伦理准则的“自然法则”之间发现了一条中间道路。实际上，三人都是现实主义者。牛顿时代使人们第一次认识到可能依照物理学的方式构建政治学。[4]拉斯基（Laski）教授写道，博丹和霍布斯的著作“将伦理与政治分离开来，在理论层面完成了马基雅维利在实践领域对两者的区分”。[5]霍布斯说：“在正义和非正义的概念出现之前，必然先有某种强制性权
65 力。”[6]斯宾诺莎认为，务实的政治家对人们理解政治做出的贡献要超过理论家，“尤其要超过神学家”。因为“政治家是在经验的课堂里经受教育，因此，他们所思所想的全部是那些对实际有用的事情”。[7]在黑格尔之前，斯宾诺莎就断言，“每个人的行为都遵循着自然法则，遵循着最高的自然权利”。[8]这就为决定论开启了大门，于是，伦理学从根本上说也就成为对现实的研究。

不过，当今的现实主义与16、17世纪的现实主义有一个根本的不同。无论是乌托邦主义还是现实主义都接受了18世纪的进化理念，并将这一理念融合到自己的理论之中。这样一来，就出现了一种不仅有些奇怪而且似乎荒谬的结果：现实主义似乎比乌托邦主义更具“进化”色彩。乌托邦主义将其对进化的信念移植到对绝对伦理标准的信仰，而绝对标准就其本意来说包含了一种静态性质。现实主义没有这种根本假定，所以越来越具动态性和相对性。进化成为历史进步的内在成分，人类不断向目标前进。当然，这种目标没有明确的定义，不同的哲学家对其也有不同的说法。现实主义“历史学派”起源于德国，它的发展要归功于两位伟大的思想家——黑格尔和马克

思。但西欧的国家和学派在19世纪中后期无一例外地受到了这一思想的影响。这一发展一方面使现实主义摆脱了马基雅维利和霍布斯等思想家赋予它的悲观基调，但在另一方面，也使现实主义的决定论色彩更加明显。

自从有了文字历史，也就有了因果关系的概念。但是，以前人们相信，人类事务一直处于上帝的监控之下，并时而受到上帝的干预。在这种信念占据主导地位的情况下，就很难出现建立在有规律的因果关系基础之上的历史哲学。后来，黑格尔以理性代替了上帝，因此，他可以率先建立起一种基于理性历史进程概念之上的哲学体系。黑格尔一方面假定存在一个有规律、有秩序的进程，另一方面也满足于以形而上的抽象形式表
述了这一进程的推动力量，这就是他所说的时代精神。但是， 66
现实的历史概念一旦得以确立，就很容易用一种比较具体的物质性力量替代黑格尔抽象的时代精神。马克思并没有发明历史的经济学理论，但他发展了这一理论并使其普及开来。大约在同一时期，巴克尔提出了一种用地理学方式解释历史的理论。这使他相信，在人类事务之中，“贯穿着一个普遍存在、始终如一的规律原则”[9]。他的这一观点以地缘政治学的形式表现出来。地缘政治学的创始人将地理定义为“绝对的政治要素”。[10]斯宾格勒（Spengler）认为，决定事物发展的是近似生物规律的法则，这样的法则导致了文明的兴衰。比较灵活的思想家则将历史解释为各种物质力量运动的产物，一个群体或国家的政策反映的正是构成这一群体利益或国家利益的物质性因素。休斯（Hughes）先生在担任美国国务卿时说过：“对外政策不是

建立在抽象原则之上的。对外政策由国家利益所决定。国家利益则或是源于国家面临的急迫问题，或是涉及历史视野中的重大事件。”[11] 这种对现实的解释，不论是以时代精神、以经济和地理，还是以“历史视野”的方式加以表述，毕竟都具有决定论的性质。马克思（虽然他有着行动纲领，所以不会是一个固执的、彻底的决定论者）认为，存在一些“以铁的必然性发生作用并朝着一个必然目标发展的趋势”。[12] 列宁写道：“政治有着自己的客观逻辑，这是不以某一个人或是某一个政党的意志为转移的。”[13] 列宁认为社会主义革命必将在欧洲出现。1918 年，他将自己的这一信念视为“科学的预言”。[14]

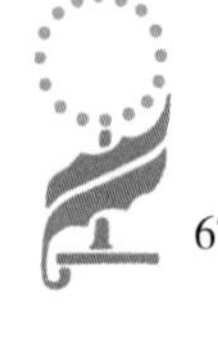

根据现实主义者的“科学假设”，现实就是历史进化的整
67 个进程。哲学家的任务就是调查和揭示这一进程的规律。历史进程之外不存在现实。克罗齐（Croce）写道：“将历史视为进化和进步的过程，意味着将全部历史视为客观的必然，因此，也就不承认任何对历史的主观评判是正确的。”[15] 从伦理道德角度批判历史是没有意义的。用黑格尔的话来说，“哲学将似乎不公正的现实转化为合理的事物”。[16] 存在的就是合理的。只有使用历史性标准才能对历史做出判断。除了我们自己经历过的那些历史事件之外，我们对历史做出的评判似乎总是起始于一种假定，即：历史事件只能是它实际表现出来的样子，它不可能以其他形式出现。这一点十分重要。据记载，维尼泽洛斯（Venizelos）在读费歇尔（Fisher）所著的《欧洲史》（*History of Europe*）的时候，见费歇尔写道希腊人在 1919 年对小亚细亚的入侵是错误的。他一面露出嘲讽的微笑，一面说

道："任何一个不成功的努力都是错误的。"[17] 如果沃特·泰勒（Wat Tyler）的起义成功了，他就会被视为英国的民族英雄。如果美国独立战争以惨败而告终，美国的开国元勋就会在史册上被一笔带过，被说成是一群疯狂无度的暴徒。最大的成功就是成功本身。黑格尔曾经引用过席勒的名言："世界历史就是世界法庭。"只有当我们给"强权"一词加上极端限定性意义的时候，"强权即公理"这句十分流行的话语才会产生误导作用。历史创造了权利，因此也就创造了公理。适者生存法则说明，生存者最适合生存。马克思认为，无产阶级的胜利是历史的必然。除此之外，他似乎没有其他的意思。卢卡奇（Lukacs）认为，无产阶级的"正义"是基于其"历史使命"的。在这一点上，他虽然不够严谨，但却是一个彻底的马克思主义者。[18] 还有，希特勒认为，德意志民族肩负了历史的使命。

思想的相对性

但是，当代现实主义的重大成就绝非仅仅反映了历史进程 68
的决定论观点，而是展示了现实主义思想的相对性和实用性。在过去的 50 年里，主要是（虽然不完全是）由于马克思的影响，历史学派的原则被用于对思想的分析；同时也奠定了一种被称为"知识社会学"的新科学的基础，这主要是德国思想家的贡献。于是，现实主义得以表明，乌托邦主义的思想理论和伦理标准远非绝对和先验原则的表述，而是由历史所创造的，是环境和利益的产物，也是为促进利益而服务的工具。正像伯特兰·罗素所说的那样，“道德伦理很少是事物的原因。它几乎总是一种结果、一种手段，用来使我们自己的利益具有普世的法理权威。我们乐于将道德伦理想像为产生利益的真实原因，实则不然”。[19] 这是乌托邦主义必须正视的最严厉的批评，因为这一现实主义的批评动摇了乌托邦理念最根本的基础。

从一般意义上讲，思想的相对性长期以来一直得到了人们的承认。早在 17 世纪，伯内特主教（Bishop Burnet）就阐述了相对性观点。虽然他的阐述不像马克思那样敏锐，但同样具有说服力。他说：

> 说到过去的一些内战，大家都很清楚当时一些关于统治问题的流行观念。当要推翻君主体制的时候，我们知道需要怎样表明这样做是正确的。为了便于服务于这一目的，我们会说，就本质而言，统治的根本来自民众，君主只不过是受民众的委托实施管理而已，这是毋庸置疑的真理……但是，后来君主体制复辟……另外一种统治观念出现了。这种观念认为，统治完全是上帝的安排，君主只对上帝负责……现在，情况又发生了变化，人们有了言论自由，于是又出现了新的一套理念。消极服从被视为完全错误的行为。原来认为逆来顺受是一种义务，现在反对压迫成为光荣行动；原来认为受到伤害时上帝自会主持公正，
> 69 现在人们有了为自己伸张正义的天赋权利。[20]

在当今时代，人们相当普遍地意识到这种现象。戴雪

(Dicey)曾经就19世纪人们对奴隶制的不同观点写过评论，他说："信念，坦率地说是诚实的信念，在很大程度上，不是来自辩论，也不是来自直接的自我利益，而是来自于环境……是环境创造了人的大部分观念。"㉑马克思将这种有些模糊宽泛的论述具体化，认为所有思想都取决于思想者的经济利益和社会地位。这种观点可能过于狭隘。马克思尤其不承认存在"国家"利益，所以也会低估民族主义在影响个人思想方面的巨大潜力。但是，马克思将思想的根源集中到经济利益和社会地位上面，这种独特的做法不仅普及了这一原理，而且揭示了它的实质。自从马克思对这个问题做了阐述之后，越来越多的人接受了思想取决于思想者的利益和环境这一相对性原理。

这一原理适用的范围是相当广泛的。理论不能决定事物的发展，发明理论是为了解释事物发展的——这种说法已经十分流行了。"先有帝国，后有帝国主义理论"。㉒18世纪英国"在没有阐明自由放任这一新理论的原理之前，甚至在连一个似乎说得过去的理由也没有的情况下，就已经将自由放任政策付诸实施"。㉓"自由放任政策在现实中失败之后而不是之前，自由放任主义的理论……才真正地崩溃了"。㉔"社会主义在一国实现"的理论是苏联在1924年提出的。这种理论的提出，显然表现了苏维埃政权不能在其他国家建立同样的体制。

不过，一些与理论并无重要关联的事件却会对抽象理论的发展产生影响。

> [一位当代社会思想家写道]，在政治思想发展过程

> 中，现实事件的影响一点也不亚于理论观念的影响。制度的成功与失败、坚持某些理论的国家的获胜与战败，不断地使这些理论的支持者和反对者得到新的力量、产生新的
> 70 决心。这似乎是放之四海而皆准的一条规则……世界上的哲学是哲学家的话语。权威人士告诉我们，这些哲学家像常人一样，也会头疼脑热，也会受到最近发生的重大事件的影响，也会受到知识界流行做法的诱惑。[25]

19世纪60、70年代，德国实力大增，足以使下一代领衔的英国哲学家成为坚定的黑格尔主义者，包括凯尔德（Caird）、T.H.格林、鲍桑葵（Bosanquet）、麦克塔格特（McTaggart）。后来，德国皇帝发给克鲁格（Kruger）的电报和德国海军发展计划使英国哲学家改变了主意，认为黑格尔不像他们想像的那样伟大。1914年之后，没有一个知名的英国哲学家敢于打出黑格尔的旗号。在史学方面，1870年之后，斯塔布斯（Stubbs）和弗里曼（Freeman）极力为英国早期历史塑造一种坚实的条顿基础。甚至在法国，菲斯泰尔·德库朗热（Fustel de Coulanges）为了维护法国文明的拉丁渊源，也需要付出艰苦的努力。但是，在过去30年里，英国历史学家却在不事张扬地尽量淡化英格兰的条顿根源。

不仅仅是专业学者受到这样的影响，舆论同样受到这些思潮的主导。法国人生活轻浮、不重道德，却被19世纪的英国人奉为楷模，因为拿破仑仍然是他们记忆中的英雄。伯特兰·罗素写道：“我年轻的时候，法国人吃青蛙，所以被英国

人称为‘青蛙佬’。但是，到了1905年，英国和法国结成协约联盟，似乎法国人便不再吃青蛙了。至少是从那以后我再也没有听人使用过这一蔑称。”[26]过了一些年之后，“谦恭的小日本”却经历着另外一种变化，一跃成为“东方的普鲁士”。19世纪，英国公众流行的看法是，德国人高效文明，俄国人落后野蛮。但是到了1910年前后，英国人却认为，德国人（其中大部分是普鲁士人）粗野、蛮横、心胸狭窄；而俄国人则具有斯拉夫精神。大约在同一时期，俄国文学开始在英国流行起 71
来。这是英俄两国政治修好的一个直接结果。布尔什维克革命在俄国成功之后，马克思主义在英国和法国的影响并不明显，但1934年后这种影响却迅速加大，在知识分子阶层尤其如此，原因是当时英国人和法国人发现苏联很可能成为对抗德国的军事盟友。事实说明，大多数人在被问及这个问题的时候，都会断然否认是以这种方式形成自己的观点的。正如阿克顿（Acton）很久之前所说的那样，“没有比揭示观念的形成更令人气恼的发现了。”[27]所以，对思想形成所产生的影响必然是一种下意识的过程。

根据目标调整思想

思想不仅仅是与思想家的环境和利益密切相关，思想同样也具有实用意义，因为思想是直接为实现思想家的目标服务的。正如一位机敏的学者所说的那样，对于现实主义者来说，“不和谐的经验会被以实用的方式、根据具体的目标暂时地予以调整，真理不过是对这种调整后的经验的认知而已”。[28]思想的目的性特征在前面一章里已经讨论过。所以，在这里仅举几个例子，说明这一现象在国际政治领域里的重要意义。

为贬低敌人或潜在敌人所发明的理论是思想目的性的一种常见的表现。至少是从旧约圣经时代开始，一种司空见惯的方法就是将敌人或准备攻击的对象贬低为上帝眼中的劣等人种。从古至今，种族理论无一不是属于这个范畴。一个民族统治另外一个民族，一个阶级统治另外一个阶级，其理由都是被统治者属于精神和道德上的低劣者。在这类理论中，性变态和性侵犯都被归罪于低劣种族或低劣群体。比如性堕落，美国白人将其归罪于黑人，南非白人将其归罪于非洲黑人，居住在印度的英国人将其归罪于印度人，德国纳粹将其归罪于犹太人。在俄国革命初期，对布尔什维克最流行和最荒唐的诋毁是说布尔
72 什维克提倡性滥交。以性侵犯为主的暴行往往是伴随战争的产物。在侵略阿比西尼亚前夕，意大利发表了一本关于阿比西尼亚暴行的官方绿皮书。阿比西尼亚在日内瓦的代表正确地指出，“意大利政府决意征服并摧毁埃塞俄比亚，于是便首先开始诋毁埃塞俄比亚”。[29]

但是，这种现象也会以比较隐蔽的形式表现出来，因而不易被人觉察。1908 年 3 月，在外交部的一份会议记录中，克劳（Crowe）的话就很好地说明了这一点。他说：

> 对于德国（前普鲁士）打算与之交战的国家，德国政府总是不遗余力地营造一种对这个国家的深仇大恨。毫无

> 疑问，德国正是以这种方式滋养了德国人对英国的极端仇恨，使他们认为英国是自私和贪婪的化身，是毫无良知的妖魔。这种情绪现在激荡了整个德国。[30]

这一分析既准确又深刻。但令人奇怪的是，克劳虽然精明过人，竟也没有觉察到这样一点：此时此刻他说的这番话所起到的作用，与他指责的德国政府的行为如出一辙，只不过他的听众是英国为数不多的政治家和政府官员而已。如果认真阅读克劳在这一时期的备忘录和讲演稿的话，也会发现一种明显的努力，试图营造一种对英国未来敌人的“深仇大恨”。这个例子很有意思，它说明我们很容易觉察到别人思想中的主观目的性特征，但同时又总是断定自己的思想是完全符合客观事实的。

将敌人贬低为不守道德之徒并散布这类言论是一种做法，另外一种异曲同工的做法则是将自己和自己的政策宣传为道德的楷模。俾斯麦记下了 1857 年法国外长瓦莱夫斯基（Walewski）对他说的话。瓦莱夫斯基说，外交官的使命就是用普世正义的言语掩盖自己的国家利益。后来，丘吉尔也对众 73
院说过，“英国重整军备及其对外政策都必须要有一个道德的基础”。[31]不过，现在的政治家很少能够如此坦率。在当今英国和美国的政治中，有些政治家颇具乌托邦思想，坚信道德原则决定政策，而不是政策决定道德原则。而且，正是这些政治家最具影响力。但是，现实主义者必须揭露这种信念空无意义的本质。1917 年伍德罗·威尔逊在美国国会发表演讲。他说：“正义比和平更加珍贵。”[32]十年之后，白里安在国联大会上的讲话

中说："和平比一切都重要，和平甚至比正义更加重要。"[33]这是两种截然相反的观点，但如果作为道德原则，则都是可以站得住脚的，也都能够得到人们的尊重与支持。那么，我们是否认为我们正面临一场道德原则的冲突呢？如果威尔逊和白里安采取了不同的政策，我们是否会认为他们的政策来自于截然相反的道德原则呢？没有一个严肃的政治学者会赞成这样的说法。即便是最粗略地观察也可以说明，政策决定原则，而不是原则决定政策。1917 年，威尔逊决定对德宣战。于是，他便给这一政策披上了正义的外衣。1928 年，白里安担心人们会以正义的名义破坏对法国有利的和平安排，于是便用道德的言辞表述自己的政策，其手法像威尔逊一样驾轻就熟。因此，从伦理道德的角度讨论想像中的原则分歧是毫无意义的。原则只不过是用来反映根据不同条件制定的不同国家政策而已。

一方面将潜在敌人的政策称为不道德的政策，另一方面将自己的政策称为道德楷模——这一点最明显地反映在两次世界大战之间就裁军问题的讨论之中。英美海军的优势地位受到潜水艇的威胁，于是这些国家根据自己的经验，强烈谴责潜水艇这一新型武器是不道德的。美国出席巴黎和会代表团的海军顾问写道："文明社会要求我们废除潜水艇，使海战
74 在海面上进行。"[34]不幸的是，法国、意大利和日本这些海军力量较弱的国家认为潜水艇是一种便利的武器，因此，这种文明社会的要求也就无法得以兑现。塞西尔勋爵在 1922 年一次对国际联盟协会总理事会的讲话中更加明确地指出了海军的不同之处。他说：

> 世界的普遍和平是无法仅仅通过裁减海军就可以实现的……如若所有海洋国家实行了裁军，或是大幅度限制海军力量，我无法确定，这样做到底会加大战争的可能还是减少战争的可能。海军军备主要是用来自卫的，攻击性武器在很大程度上指的是陆军武器。[35]

将自己的重要军备视为防御性和有益的军备，将其他国家的军备视为进攻性和邪恶的军备，这种方法特别有效。整整十年之后，裁军会议的三个委员会消耗了大量时间，仍然无法区分“进攻性”武器和“防御性”武器。所有国家的代表发挥了非凡的创造力，提出了自己的论点，并声称他们的论点都是基于纯粹客观性的理论。而他们的这些观点要说明的是，他们自己所依赖的主要武器是防御性武器，而潜在对手的武器从根本上说则是进攻性武器。在经济“军备”方面，人们也采取了相似的态度。19 世纪后半期，实施保护性关税在英国被普遍视为不道德行为。到 1931 年，虽然程度有所减轻，但这种意识依然存在。1931 年之后，英国开始将直接关税视为合理的事情，不过，以物易物性安排、工业配额（虽然不包括农业产品）、外汇管制以及欧 75
洲大陆国家实施的其他措施仍然被视为不道德行为。到了 1930 年，美国多次变更关税。每次变更，关税几乎都是上升。美国经济学家在其他方面坚定地支持自由放任主义，但却普遍认为设置关税是合法行为，是值得赞扬的政策。后来，美国的地位发生了变化，从债务国变为债权国，加之英国的经济政策发生了根本变化，所以，整个形势也发生了变化。于是，美国方面普遍声称，

降低关税壁垒符合国际道德标准。

国家利益和普世福祉

然而，对于乌托邦主义在辩解中出现的这些纰漏，现实主义者不应纠缠不休。现实主义者的任务是摧毁整个乌托邦主义的不坚实的结构，方法是揭露乌托邦主义赖以立身的理论是空虚而无意义的。必须使用思想相对性的武器，摧毁乌托邦主义的一种理念，即：存在是判断政策和行动的绝对的、一成不变的标准。如果能够证明理论所反映的实际上是政治需要的实践和原则，就可以以此剖析乌托邦主义的基本理论和原则，同样也可以用来剖析乌托邦主义最根本的原理：利益和谐论。

人们不难发现，乌托邦主义者在宣传利益和谐论的同时，会无意识地、自然而然地接受瓦莱夫斯基的名言，给自我利益披上普世利益的外衣，以便使全世界接受自我利益。正如戴雪所说的那样，“人们很容易相信，对他们自己有利的事情对别人也是有好处的”。[36]审视关于公共利益的诸多理论，就会发现这样的理论实际上是为某种利益服务的，但又有着绝妙的伪装。无论在国内事务领域还是国际事务领域，这类理论都是司空见惯的事情。乌托邦主义者无论怎样热衷于建立绝对标准，都不会接受这样一种说法，即：根据这样的绝对标准，他自己的国家应该将全世界利益置于本国利益之上。因为如果接受这样的说法，就违背了他自己的理论——普世利益与每一国
76 的利益是并行不悖的。乌托邦主义者会说，世界的最大利益就

是他自己国家的最大利益。然后，再反过来解读这一观点，就成为：他自己国家的最大利益也就是世界的最大利益。对于乌托邦主义来说，这两个命题是相同的。当年，瓦莱夫斯基和俾斯麦的利己行为是深思熟虑、精心设计的结果，当今乌托邦主义的这种犬儒思想却是下意识的。这样一来，反倒成为更为有效的外交武器。过去 50 年里，英国学者对一种理论情有独钟、奋笔支持，即维持英国的霸权就是履行对全人类的责任。《泰晤士报》在 1885 年的一则评论中坦率地指出：“如果说英国将自己变成煤场和锻铁厂的话，那么，它这样做既是为了自己的利益，同时也是为了全人类的利益。”[37]当时公众人物的回忆录中充满了这类话语，下面这段话就是一个典型的例子：

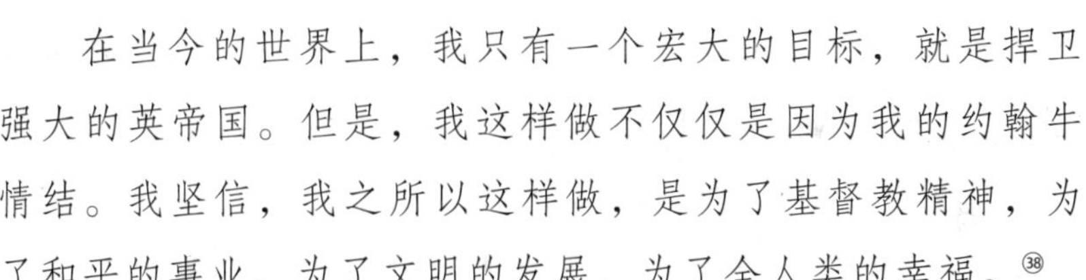

在当今的世界上，我只有一个宏大的目标，就是捍卫强大的英帝国。但是，我这样做不仅仅是因为我的约翰牛情结。我坚信，我之所以这样做，是为了基督教精神，为了和平的事业，为了文明的发展，为了全人类的幸福。[38]

塞西尔·罗德斯（Cecil Rhodes）写道：“我认为，我们是世界上最优秀的民族。我们在世界上拥有的地域越多，就越会使人类受益。”[39]1891 年，当时最优秀、最受人欢迎的记者 W.T. 斯特德（W.T.Stead）创立了《评论的评论》（*Review of Reviews*）杂志。杂志的发刊词中写道：“我们信仰上帝，信仰英格兰，信仰人类的前途。讲英语的民族是上帝的主要选民之一，肩负未来改善人类命运的重任。”[40]1912 年，一位牛津大

学的教授坚定地认为，英国历史的秘密在于，“在为自己的独立而战斗的同时，英国也在为欧洲的自由而战。正是对欧洲、
77 对人类的这种巨大贡献，我们才享有帝国的名号”。[41]

第一次世界大战将这一信念推向狂热的峰巅。英国政治家的声明之中，直言述说英国参战对人类做出贡献的言辞比比皆是。1917 年，贝尔福在纽约商会发表讲演。他说：“自从 1914 年 8 月以来，我们一直为人类最崇高的精神而战，全然没有自己的私利和野心。”[42]巴黎和会及其结果使当时的人们对这类言辞产生了怀疑，同时，也使人们对英国霸权是人类的福音这样的观点一度产生了怀疑。但是，这种醒悟和谨慎并没有持续多长时间。一旦国际局势紧张起来，尤其是当战争危险近在眼前的时候，人们就又将国家利益与道德等同起来。在阿比西尼亚危机最紧张的时候，坎特伯雷大主教在接受一家巴黎报纸的采访时，是这样告诫法国公众的：

> 我们的动力是道德和精神的力量。我正在澄清这方面的误解，我想这样做没有偏离我的职责……
>
> 私利……不是我们前进的动力。我们不会因为利己的思想而踟蹰不前。[43]

翌年，汤因比教授再度表明，英帝国的安全“也是整个世界的最高利益”。[44]1937 年，塞西尔勋爵在国际联盟协会总理事会上发表演说，在谈到“我们对自己国家的责任，对英帝国的责任，对整个人类的责任”时，他引用了以下诗句：

英伦岛国艰辛的历史无数次表明，
责任之途才是通往荣耀的道路。[45]

正如萧伯纳先生在《左右世界命运的人》（*The Man of Destiny*）一剧中说的那样，英国人“从来不会忘记，如若一个国家将自己的责任与利益对立起来，这个国家就会失败”。一位美国评论家最近说，英国人“是伪善者，他们沉迷于神的王国，谋取的却是政治王国的利益”。[46]一位意大利前外长也做出 78
了这样的评论：“英国人最珍贵的天赐礼物是他们的作家和牧师。这些人真心实意地为英国最具体的外交行动提供最高尚的道德理由，自然也为英国带来丰厚的道德利益。”[47]虽然他是在后来这些现象出现之前说的这番话，但他的说法却颇有道理。

在最近一段时间里，这种现象也在美国流行起来。传说麦金利（McKinley）如何祈求得到神灵的引导，从而兼并了菲律宾，就是一个典型的当代美国历史示例。兼并菲律宾事件是一次道德自我肯定情绪的大爆发。迄今，这种现象在英国对外政策中比美国更为常见。西奥多·罗斯福（Theodore Roosevelt）比任何前任美国总统都相信“朕即国家”的说法，因而更加激起了这种情绪。1915年，一个坦慕尼派领袖指控罗斯福犯有诽谤罪。在反诘问的时候，出现了以下这段有趣的对话：

问：你怎么知道真正的正义已经实现？

罗斯福：因为正义是由我的行动来实现的，因为我……正在做出最大的努力。

问：你的意思是，当你做一件事情的时候，真正的正义就会实现？

罗斯福：是的。当我做一件事情的时候，我的目的就是实现真正的正义，我的意思就是如此。[48]

比起西奥多·罗斯福来，伍德罗·威尔逊的利己少了几分幼稚。但是，威尔逊更加坚定地相信，美国政策与普世正义是相吻合的。在轰炸墨西哥的维拉克鲁斯城之后，威尔逊告诉世界，“美国南下墨西哥是为了全人类的利益”。[49]在第一次世界大战期间，威尔逊告诫美国海军军校学生，“不仅要首先想到美国，而且要首先想到全人类”。这句话并不难理解，因为他还说过，美国“建国就是为了全人类的福祉”。[50]美国参战之后

79 不久，威尔逊在对参议院解释美国参战目的时，更加明确地阐述了美国政策和普世正义的一致性。他说：“这些就是美国的原则，美国的政策……这些也是全人类的原则，所以必然成为主导的原则。”[51]

人们可以看到，发表这类言论的人几乎全是英美政治家和学者。一个国家社会党领袖可能会声称：“任何使德国人受益的事情必然是正义的，任何使德国人受损的事情必然是非正义的。”[52]实际上，他只不过重复了国家利益等于普世正义的观点，而这种观点已经早就被威尔逊总统、汤因比教授和塞西尔爵士为英语国家确立起来了。但是，当这种观点被用另外一种语言表达出来的时候，似乎显得装腔作势，并且，将国家利益和普世正义等同起来的说法也不那么令人信服了。即使与之相

关的国民，似乎也有这样的感觉。对于这种奇怪的现象，有两种流行的解释。第一种认为，英语国家采取的政策实际上比欧洲大陆国家的政策更具善意、更加公允，所以，威尔逊总统、汤因比教授、塞西尔勋爵在广义上将英美利益等同于人类利益也就是正确的了。这种解释在英语国家很常见。第二种解释认为，英语国家的人具有高超的技巧，可以将他们自私的国家利益装扮成普世利益，这种虚伪正是英美人独有的特征。这种解释在欧洲大陆国家里十分流行。

要真正解释这一问题，我们似乎没有必要接受上述两种牵强说法中的任何一种。其实解释很简单。关于社会道德的理论总是主导社会群体创造出来的。主导群体将自己与整个社会等同起来，它们有能力使整个社会接受自己的世界观，而被主导的群体和个人则被剥夺了这种能力。国际道德理论是主导国家或主导国家集团创造的，其原因和过程与国内社会是一样的。在过去 100 年的时间里，尤其是自 1918 年以来，英语国家的人成为世界的主导群体，所以，当前国际道德理论的目的就是使这种主导地位持续下去，理论语言也必然是英语国家习惯的 80
语言。法国仍然保持了一些 18 世纪的传统，在 1918 年之后，一度重新占据主导地位。但是，法国在确立当前的世界道德原则中只起到了次要作用，主要表现在强调法律对道德秩序的意义方面。德国从来没有成为主导国家，1918 年之后更是位微言轻，所以未能进入创建国际道德的核心圈子之内。有人认为，唯有英语国家的人才具有国际道德；有人认为，英语国家的人是最大的国际伪君子。其实，这两种观点都可以归结为一个简

单的事实：国际道德的原则主要是由英美人通过一个自然和必然的过程确立起来的。

现实主义对利益和谐论的批判

人们很容易用这种原则分析利益和谐论。一个富足并享有特权的阶级，其成员在社会中有着主导的声音，自然而然地会把社会的利益等同于自己的利益，因而也就自然而然地信奉利益和谐论。根据这种利益等同的逻辑，如果有人损害了这个主导群体的利益，就会被斥骂为损害了所谓整个社会的公共利益。他还会被告知，他损害整个社会的利益，也就是损害了他自己的根本利益。因此，特权阶层为了维护自己的主导地位并证明这种地位是合理的，自然而然地提出了利益和谐论这一巧妙的道德武器。但是，还有一点需要引起注意。特权阶层在社会中的支配地位可能十分强大，所以就会产生一种意识：特权阶层的利益就是社会的利益。因为这一阶层的福利自然会促进一些其他社会成员的福利；这一阶层的崩溃也会导致整个社会的崩溃。这种情况并非少见。因此，如果说所谓的利益自然和谐的观点有着一定的真实性的话，这种真实性也是由社会特权阶层的超强

81 权力构建的。这恰恰说明了马基雅维利的名言：道德是权力的产物。我在这里举出几个例子，说明对利益和谐论的这种分析。

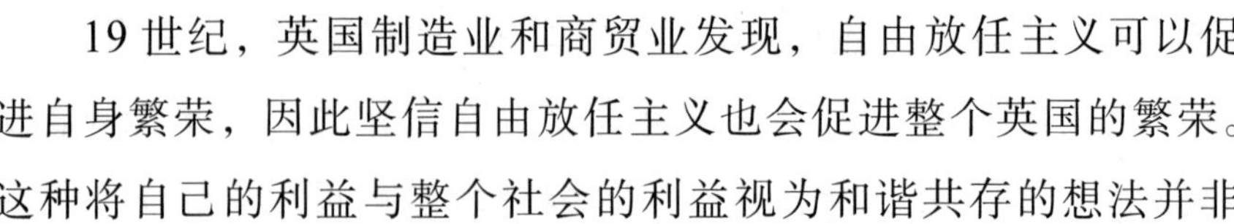

19 世纪，英国制造业和商贸业发现，自由放任主义可以促进自身繁荣，因此坚信自由放任主义也会促进整个英国的繁荣。这种将自己的利益与整个社会的利益视为和谐共存的想法并非

纯属子虚乌有。因为制造业和商贸业十分强大，所以，人们认为，它们的利益等同于整个英国社会的利益。这也没有什么错误。从这一点出发，很容易提出这样的观点：如果一个工人罢工，他就损害了英国制造业的利益，也就损害了英国社会的整体利益，因此也就损害了他自己的利益。这样一来，汤因比教授的前辈们自然可以说这个工人的行为是不道德的行为，齐默恩教授的前辈们也自然可以称这个工人为糊涂虫了。进而，的确存在一种意识，认为利益和谐论完全是正确的。但是，利益和谐论以及各阶级之间共生共荣的观点，对于贫困的工人来说，无疑是一种痛苦的讽刺。利益和谐论牺牲的是贫困工人的利益：工人地位低下，在“英国繁荣”中的得益微乎其微。现在，工人阶级比以前强大了，足以迫使国家放弃自由放任主义，实施“社会服务型国家”的政策。这实际上否定了利益自然和谐的观点，开始提出一种通过人为手段创建利益和谐的新的理论。

在国际关系中，这一分析同样是适用的。19 世纪，英国的政治家发现，自由贸易促进英国繁荣，因此便坚信自由贸易也会促进全世界的利益。当时，英国在世界贸易中的主导地位十分明显，所以，英国利益和世界利益之间确实存在一定程度的和谐。英国的繁荣惠及其他国家，英国经济的崩溃会导致世界经济的崩溃。英国的自由贸易主义者当然会认为，实施贸易保护主义的国家出于一己之利损害了整个世界的利益，实际上也是愚蠢地损害了自己的利益，所以，这些国家的行为既是不道德的，也是愚昧无知的。在英国人眼里，不争的事实是：国际
贸易是一个不可分割的整体，一荣俱荣，一损俱损。但是，这 82

种所谓的国际利益和谐理论，对于那些贫困国家来说，无疑是一种极大的讽刺。国际利益和谐论牺牲的是贫困国家的利益：贫困国家地位低下，贫困国家在国际贸易中的得益微乎其微。英国的主导地位是利益和谐论得以存在的基础，后来，反对利益和谐论的力量摧毁了英国的主导地位。我们可以看到，在经济上，19 世纪的英国十分强大，足以将自己的国际经济道德观念强加于整个世界。后来，出现了所有人反对所有人的竞争，代替了英国独自主导世界市场的局面，国际经济道德的概念自然也就变得纷繁多元了。

在政治上，有人认为存在维护和平的利益共同体。（我在前面已经讨论过这种共同体的模糊含义。）主导国家或国家集团同样利用这一所谓的利益共同体。在国内社会中，统治阶级希望维护国内和平、反对阶级之间的战争，因为和平可以保证它自身的安全和主导地位，战争则会危及这样的安全和地位。在国际上也是一样，国际和平成为主导大国的一种特殊的既得利益。过去，罗马帝国和英帝国以“罗马治下的和平”和“不列颠治下的和平”的名义，受到世界瞩目。如今，没有一个单一国家具有统治世界的实力，所以，主导地位便成为某些国家集团的利益。“集体安全”、“反对侵略”等口号的目的正是宣称主导国家集团和整个世界在维护和平方面的利益是和谐一致的。进而，正如我们刚刚举过的例子所表明的那样，只要主导集团的主导地位足够坚实，就会存在一种意识，认为利益的确是和谐的。20 世纪 20 年代，一位德国教授写道：“英国是一个独立的大国，有着自己的方略。虽然英国一直谋求自己的利益，但同时却可以向整个世界提供这个世界急切需要的东西：秩序、进步、永久和平。”[53]丘吉尔先生宣布：“英帝国的命运和荣耀与整个世界的命运密不可分。”[54]19世纪，人们也声称，英国制造业的繁荣与英国整个国家的繁荣密不可分。这两 83
种说法是基于同一种理论的。进而，两种说法的目的也是完全一样的，这就是确立一条原则：捍卫英帝国，或是保证英国制造业的繁荣——这就是整个社会的利益。谁反对这一原则，不是没有道德，就是愚昧无知。特权阶层惯用的手法是，将贫困阶层描绘为破坏和平的群体，使它们背上不道德的恶名。这一手法被用于国内社会，也同样被用于国际社会。汤因比教授在谈到最近的一次危机时说：“国际法则和秩序符合整个人类的真正利益……而那种希望国际社会永远充满暴力的想法则是反社会的理念。即便是对于那些公开接受这种愚昧落后理念的少数国家来说，这种理念也不符合其国民的最根本利益。”[55]英美工人运动初期，那些对罢工的攻击，恰恰也是这样的观点，内容半是落后的思想意识，半是虚伪的陈词滥调。例如，雇主在资产阶级新闻界的支持下，谴责工会领袖的“反社会”心态，批评他们挑战法律和秩序、实行“暴力统治”，宣称工人“真正”和“最高”的利益是与雇主的和平协作。[56]这就是雇主惯用的方法。在社会关系领域，这一观点的虚伪性早已被人们意识到了。“特权阶级反复强调不同阶级之间那些微乎其微的共同利益，以此掩盖阶级之间利益的冲突。无产阶级宣称要发动阶级之间的战争，正是对特权阶级这种狂热和虚伪做法的自然和大胆的反应”。[57]在国际领域也是一样。国际领域有对现状不满的

国家，也有满足于现状的国家。后者总是强调大家在维护和平
84 方面有着共同的利益。而前者声称要发动战争，则正是对后者狂热和虚伪说辞的一种“自然和大胆的反应”。希特勒拒绝相信这样一种理论，这就是：“上帝允许一些国家首先使用武力征服世界，之后，又用道德说教来维护自己的夺得的利益。”[58]在另外一种情景中，马克思主义者也拒绝承认“有产阶级”和“无产阶级”之间的利益和谐，揭露了“**资产阶级道德**”的利益内涵，并要求剥夺剥削者的权利。

1938 年 9 月的危机表明，关于各国在维护和平方面有着共同利益的假定是具有重大政治意义的。白里安声称，“和平高于一切”；艾登先生说，“没有不能用和平方式解决的争端”。[59]这些说法背后的理念是，只要和平得以维持，就不可能以法国或英国不喜欢的方式改变现状。到了 1938 年，法国和英国开始受制于自己过去用来贬低不满现状国家的那些口号，而德国却变得十分强大（像当年的法国和英国同样强大），足以利用和平口号为自己的利益服务了。也正是这个时候，德国和意大利的独裁者的态度发生了很大的变化。希特勒极力将德国描绘成和平的捍卫者，宣称民主国家是战争贩子，和平因之受到威胁。1939 年 4 月 28 日，希特勒在德国国会的讲演中声称，国际联盟是“麻烦制造者”，集体安全意味着“持续的战争威胁”。墨索里尼借用了英国关于一切国际争端均可以和平方式解决的观点，宣布“目前，在欧洲还没有如此严重、如此急迫的问题，需要使用战争的手段才能解决。欧洲冲突引起的战争会自然而然地扩展到整个世界”。[60]这些言论表明，德国和意

大利已在觊觎时机，一旦它们成为主导国家，就会像英、法一样，使和平包含着自己的既得利益，同时还可以将民主国家说成是和平的敌人，以便自己为所欲为。阿累维（Halévy）曾说："反战宣传本身就是一种战争宣传。"[61]上述事态发展使我们 85
更容易理解这一精辟论述了。

现实主义对国际主义的批判

国际主义的概念是利益和谐论的一种特殊形式，我们可以用同一方式对其进行分析。同样，我们也很难将国际主义视为一种绝对的标准，独立于那些倡导国际主义的人的利益和政策。孙中山写道："世界主义，就是中国二千多年以前所讲的天下主义……中国以前也想做全世界的主人翁，总想站在万国之上，故主张世界主义。"[62]根据弗洛伊德的说法，第 18 王朝时期的埃及，"宗教中的帝国主义是普世说和一神论"。[63]单一世界国家的理论先是罗马帝国提倡的，后来又成为天主教的主张。它也是普世统治的一种表现形式。现代国际主义起源于 17 世纪、18 世纪的法国。当时，法国在欧洲的霸权正值峰巅。这一时期，出现了苏利（Sully）的《大构想》（*Grand Dessin*）和圣皮埃尔神父的《永久和平的计划》（*Projet de Paix Perpétuelle*）等著作（这两本著作中的构想都是要使当时有利于法兰西王国的现状持久下去），见证了在启蒙运动中人文主义和世界主义的诞生，也将法语确立为文明阶层的流行语言。到了下一个世纪，英国取代法国，占据主导地位。于是，英国

成为国际主义的大本营。1851 年的世界博览会，在确立英国主导地位方面，比任何其他单一事件发挥的作用都要大。博览会前夕，英国女王的丈夫激动地说："全部历史……都朝向一个伟大的终极目标：实现全人类的融合。"[64]丁尼生（Tennyson）也赋诗盛赞"全人类的聚会，全世界的联邦"。法国在 20 世纪 20 年代的最辉煌时期宣布了建立"欧洲联盟"的计划；不久之后，日本也野心大起，称自己为联合的亚洲的领袖。20 世纪
86 20 年代，一个美国记者写了一本书，主张建立世界民主国家联盟，美国要在联盟中发挥主导作用。这本书之所以大受欢迎，是因为它标志着美国地位的上升。[65]

在国内政治中，"举国团结一致"的主张总是由主导集团提出来的，目的是利用团结加强自己对整个国家的统治。在国际政治领域也是一样，国际团结和世界联盟的主张总是由主导国家提出来的，目的或许是以此对一个联合的世界实施统治。力争进入主导国家行列的那些国家，自然会利用民族主义来对抗主导国家提倡的国际主义。16 世纪，英国以自己新生的民族主义对抗罗马教廷和罗马帝国的国际主义；在过去的 150 年里，德国以自己新生的民族主义对抗先是法国后是英国的国际主义。这样一来，德国就可以不受普世主义和人文主义的影响，而这些思想在 18 世纪的法国和 19 世纪的英国是十分流行的。1919 年之后，英国和法国致力于创造一个新的"国际秩序"，以维护自己的主导地位，于是，德国加大了反对国际主义的力度。当时，一名德国记者在《泰晤士报》发表文章。他说："思考'国际'这一说法，我们终于理解了一种思想，那

就是使其他国家处在优于我们德国的地位。”[66]无论怎样，有一点是毋庸置疑的：一旦德国占据了欧洲的主导地位，它也会接过国际主义的口号，建立某种国际组织来加强自己的权力。一位英国前工党部长曾一度主张删除《国际联盟盟约》第16条。他的理由有些出乎意料，因为他担心，一旦极权国家篡夺了国联大权，就会利用这一条款为自己使用武力正名。[67]比较可能发生的事情是，这些极权国家会将《反共产国际条约》发展成 87
为一个国际组织。希特勒于1939年1月30日在德国国会发表演说，称“《反共产国际条约》将来可能会成为一些国家的聚合所在，这些国家的最终目标就是彻底消除那些魑魅魍魉对世界和平与世界文化形成的威胁”。大约同一时间，一份意大利杂志说：“或是欧洲自行团结起来，或是由‘轴心国家’迫使欧洲团结起来。”[68]戈培尔（Goebbels）也说：“在民族社会主义德国和法西斯意大利明智的领导之下，整个欧洲正在接受一种新的秩序，走向一个新的目标”。[69]这些言辞并非说明德国和意大利在本质上发生了变化，而是表明，德国和意大利感觉到自己日益强大，足以提倡国际主义了。“国际秩序”和“国际团结”总是强国提出的口号，因为这些国家认为，凭借实力就可以迫使其他国家接受这样的口号。

国际政治中往往使用所谓的绝对原则。揭露这些绝对原则的真实基础是现实主义对乌托邦主义最有力、最令人信服的批判。那些试图反驳现实主义的人往往误解现实主义批判的实质。现实主义的批判不是说人们不能坚持原则。威尔逊认为正义高于和平，白里安认为和平甚至高于正义，艾登先生相信集体安全——他们自己也未能持之以恒地实施这些绝对原则，也未能说服各自的国人持之以恒地坚持这些原则。这一点并不重要。重要的是，这些所谓的绝对和普世原则根本就不是原则，它们只不过是在特定时期、根据对国家利益的特定解读而制定的国家政策的下意识反应而已。有一种观点认为虽然存在利益和政治冲突，但国家之间、阶级之间、个人之间的和平与合作是大家共同的普世性目标。有一种观点认为，在维持秩序方面是有着共同利益的，无论国际秩序还是国内的“法律和秩序”都是如此。但是，一旦人们要将这样的所谓绝对原则付诸具体的政治问题，这些原则就
88 明显地成为掩饰既得利益的伪装。乌托邦主义的破产，不是因为它未能实现乌托邦原则，而是它根本无法为处理国际事务提供任何绝对和公允的原则。所有标准都包含利益的成分，乌托邦主义者无法理解这一点。所以，当标准崩溃之时，他只能采取逃避的态度，抱怨那些不符合乌托邦原则的事实。德国历史学家迈内克（Meinecke）在第一次世界大战之后写过一段话，对当时国际政治中乌托邦主义的作用做出了精辟的前瞻性分析。他说：

> 西方自然法式的思维存在一个重大的缺陷，即：一旦付诸国家生活的现实，它就成为一纸空文，既不能深入政治家的思想，也不会抑制当今国家利益的迅速膨胀。所以，它只能导致无目标的抱怨、教条式的臆断，还有隐晦的虚假与伪善。[70]

有人研究过在两次世界大战之间英语国家中关于国际政治

的著述。对于他们来说，这种“毫无目标的抱怨”，“教条式的臆断”和“隐晦的虚假与伪善”必然会是司空见惯的事情。 89

注释：

① Machiavelli，*The Prince*，chs. 15 and 23（Engl. transl.，Everyman’s Library，pp. 121. 193）.

② 可以引用两个最近的十分有趣的例子。第一个例子是，汤因比教授在《国际事务概述》中讨论纳粹革命的一章中声称，国家社会主义“实现了……马基雅维利……提出的理想”；他在该书同一章的另外两节中也用相当大的篇幅重申了这一观点（*Survey of International Affairs*，*1934*，pp. III，117—119，126—128）。第二个例子是，1936 年 8 月在莫斯科审判季诺维也夫（Zinoviev）、加米涅夫（Kamenev）以及其他人的时候，公诉人维辛斯基（Vyshinsky）引用了加米涅夫文章中的一段话。在这段话中，加米涅夫将马基雅维利赞扬为“政治艺术大师和睿智的辩证学家”。公诉人指控加米涅夫“接受了马基雅维利的理论”，并“将其发展到恬不知耻和丧失道德的极致”（*The Case of the Troskyite Zinovievite Centre*，pp. 138—139）。

③ Bacon，*On the Advancement of Learning*，vii. ch. 2.

④ 根据霍布斯图式，“除了最初发现的动力定律，没有新的动力和原则在理论上能够占据一席之地。存在的只不过是机械因果关系的复杂案例而已”（Sabine，*History of Political Thought*，p. 458）。

⑤ Introduction to *A Defence of Liberty against Tyrants*（*Vindiciae contra Tyrannos*），ed. Laski，p. 45.

⑥ Hobbes，*Leviathan*，ch. xv.

⑦ Spinoza，*Tractatus Politicus*，i. pp. 2—3.

⑧ *Ibid.*，Introduction.

⑨ The concluding words of Buckle’s *History of Civilisation*.

⑩ Kjellen，*Der Staat als Lebensform*，p. 81. 可以比较一下克劳（Crowe）在著

名的英国对外政策备忘录开头写下的一句话，“英国对外政策的总体特征是由英国不可更变的地缘条件决定的”（*British Documents on the origin of the War*，ed. Gooch and Temperley，iii. p. 397）。

⑪ *International Conciliation*，*No. 194*，*January 1924*，p. 3.

⑫ Marx，*Capital*，Preface to 1st ed.（Engl. transl.，Everyman' s Library，p. 863）.

⑬ Lenin，*Works*（2nd Russian ed.），x. p. 207.

⑭ *Ibid*，xxii. p. 194.

⑮ Croce，*Storia della storiografia italiana*，i. p. 26.

⑯ Hegel，*Philosophie der Weltgeschichte*（Lasson' s ed.），p. 55.

⑰ *Conciliation Internationale*，No. 5—6，1937，p. 520.

⑱ Lukacs，*Geschichte und Klassenhewusstsein*，p. 215.

⑲ *Proceedings of the Aristotelian Society*，1915—1916，p. 302.

⑳ Burnet，*Essay upon Government*，p. 10.

㉑ Dicey，*Law and Opinion*（1905 ed.），p. 27.

㉒ J.A.Hobson，*Free Thought in the Social Sciences*，p. 190.

㉓ Halévy，*The Growth of Philosophic Radicalism*（Engl. transl.），p. 104.

㉔ M.Dobb，*Political Economy and Capitalism*，p. 188.

㉕ L.T.Hobhouse，*The Unity of Western Civilisation*，ed. F. S. Marvin（3rd ed.），pp. 177—178.

㉖ Bertrand Russell，*Which Way Peace*?，p. 158.

㉗ Acton，*History of Freedom*，p. 62.

㉘ Carl Becker，*Yale Review*，xxvii，p. 461.

㉙ *League of Nations*: *Official Journal*，November 1935，p. 1140.

㉚ *British Documents on the Origins of the War*，ed. Gooch and Temperley，vi. p. 131.

㉛ House of Commons，14 March 1938; *Official Report*，cols. 95—99.

㉜ *The Public Papers of Woodrow Wilson*: *War and Peace*, ed. R.S. baker, i. p. 16.

㉝ *League of Nations* : *Ninth Assembly*, p. 83.

㉞ R.S, Baker, *Woodrow Wilson and the World Settlement*, iii. p. 120. 19 世纪有一个有趣的类似现象。维多利亚女王在 1856 年巴黎会议时曾经写道："武装民船是一种玷污文明的海盗行为。在全世界铲除这一现象是一大进步。"不过，人们也说，"武装民船在当时就像如今的潜水艇一样，是海洋弱国的武器"。这也不足为怪（Sir William Malkin, *British Year Book of International Law*, viii. pp. 6, 30.）。

㉟ 该文件以 League of Nations Pamphlet No.76（p. 8）形式出版。"军国主义"这一字眼，对于大多数英国人来说，具有特别邪恶的军队的含义。后来，美国历史学家兰格（W.L.Langer）发明了"海军主义"一词，但是，极少有人接受"海军主义"的说法。

㊱ Dicey, *Law and Opinion in England*（2nd ed.）. pp. 14—15.

㊲ *The Times*, 27 August 1885.

㊳ Maurice and Arthur, *The Life of Lord Wolseley*, p. 314.

㊴ W.T.Stead, *The Last Will and Testament of Cecil J. Rhodes*, p. 58.

㊵ *Review of Reviews*, 15 January 1891.

㊶ Spencer Wilkinson, *Government and the War*, p. 116.

㊷ Quoted in Beard, *The Rise of American Civilisation*, ii. p. 646.

㊸ Quoted in *Manchester Guardian*, October 18, 1935.

㊹ Toynbee, *Survey of International Affairs*, 1935, ii. p. 46.

㊺ *Headway*, November 1937.

㊻ Carl Becker, *Yale Review*, xxvii. p. 452.

㊼ Count Sforza, *Foreign Affairs*, October 1927, p. 67.

㊽ Quoted in H.F.Pringle, *Theodore Roosevelt*, p. 318.

㊾ *Public Papers of Woodrow Wilson*: *The New Democracy*, ed. R. S. Baker, i. p. 104.

⑩ *Public Papers of Woodrow Wilson: The New Democracy*, ed. R. S. Baker, i. pp. 318—319.

⑪ *Ibid.*, ii. p. 414.

⑫ 引自 Toynbee, *Survey of International Affairs*, 1936, p. 319。

⑬ Dibelius, *England*, p. 109.

⑭ Winston Churchill, *Arms and the Covenant*, p. 272.

⑮ Toynbee, *Survey of International Affairs*, 1935, ii. p. 46.

⑯ 在联合矿业工会早期组织的一次罢工中，费城的煤矿雇主代表说，"我们诚心诚意地祈求上帝，让正义取得胜利吧！我们要记住，全能的上帝仍然统治着一切，上帝的统治造就了法律和秩序的世界，不是暴力与犯罪的世界"（H.F.Pringle, *Thoedore Roosevelt*, p. 267）。

⑰ R.Niebuhr, *Moral Man and Immoral Society*, p. 153.

⑱ Speech in the Reichstag, 30 January 1939.

⑲ *League of Nations*：*Eighteenth Assembly*, p. 63.

⑳ *The Times*, 15 May 1939.

㉑ Halévy, *A History of the English People in 1895—1905* (Engl. transl.), i. Introduction, p. xi.

㉒ Sun Yat-sen, *San Min Chu I* (Engl, transl.), pp. 68—69.

㉓ Sigmund Freud, *Moses and Monotheism*, p. 36.

㉔ T.Martin, *Life of the Prince Consort*, iii. p. 247.

㉕ Clarence Streit, *Union Now.*

㉖ *The Times*, November 5, 1938.

㉗ Lord Marley in the House of Lords, 30 November 1938：*Official Report*, col. 258.

㉘ *Relazioni Internazionali*, quoted in *The Times*, December 5, 1938.

㉙ *Völkischer Beobachter*, April 1, 1939.

㉚ Meinecke, *Staatsräson*, p. 533.

第六章　现实主义的局限性

通过现实主义的批判来揭示乌托邦主义大厦的虚无缥缈，这是政治思想家的首要任务。只有铲除了乌托邦主义的虚假基础，才有希望奠定一个比较坚实的架构。但是，在纯粹的现实主义之中，我们最终也不能发现一个立足之地。虽然现实主义在逻辑上占有优势，但是仍然不能为我们提供行动的动力。即使是进行思想探索，这样的动力也是必需的。如果我们用现实主义的逻辑对现实主义进行批判的话，就会看到，现实主义与其他任何思潮一样，在应用于现实的时候，同样具有很大的局限性。在政治领域，如果有些现状被认定是不可改变的，有些趋势被认定是不可逆转的，那就往往反映了一种情景，即：缺乏改变现状或扭转趋势的意愿或兴趣。彻底的现实主义者是不可能存在的，这是政治学中最为确定、最为奇妙的一个事实。彻底的现实主义排除了四种因素，而这四种因素恰恰是所有切实可行的政治思想中最具实质性的内容。它们是：终极目标、感召力、道德判断的权利和行动的依据。

如果将政治视为无限延绵的过程，那么，从长远来看，这种观点既很难令人接受，也无法使人理解。每个希望能够影响别人的政治思想家都会有意无意地设定一个终极目标。特赖齐克宣称，马基雅维利学说中“令人厌恶的内容”不是“他主张的那些不道德的手段，而是他的国家没有内容。这样的国家只是为生存而生存而已”。[①] 事实上，马基雅维利的观点也并非始终如一。他的现实主义在《君主论》(*The Prince*) 的最后一章中变了样子。这一章的标题是“应将意大利从野蛮民族手中解放出来”——这样一种“应然性”目标是无法从现实主义思想中推导出来的。马克思用辩证法的相对主义来解释人的思维和行动，然后设定了无阶级社会这样一个绝对的目标。然而，在这样的社会中，辩证法便不复存在。马克思以一种完全的维多
90 利亚精神，坚信整个人类会朝着无阶级社会这个遥远的目标前进。因此，现实主义者的马克思终于否定了自己的论断，假定在历史发展的过程之外存在一个终极的现实。恩格斯是第一个以此观点批判黑格尔的人。他说：“黑格尔体系中的所有教条主义内容被说成是绝对真理，这与他自己的辩证法是背道而驰的，因为黑格尔辩证法清除了一切教条主义。”[②] 可见，乌托邦主义渗透到了现实主义堡垒的内部。事实证明，设定一个持续的但却不是无限的、向着一个终极目标发展的过程——这是政治思想的一个必要条件。对情感压力越大，设定的目标就越要接近，也越要具体清晰。第一次世界大战之所以变得可以容忍，是因为人们相信这是最后的一次战争。伍德罗·威尔逊的道德威望之所以得以确立，是因为人们相信（他自己也相信）他掌握了公正、全面、彻底地解决人类政治痼疾的灵丹妙药。值得注意的是，几乎所有宗教都设定了一个完全幸福的终极状态。

终极目标具有启示未来的性质，所以需要诉诸人的情感和

非理性特征。这一点现实主义既无法阐明，也不能解释。每个人都知道马克思对未来无阶级乐园的著名预言：

> 当劳动不仅仅是谋生的手段，而且变成了生活的第一需要；在随着个人的全面发展，生产力也增长起来，而集体财富的一切源泉充分涌流之后——只有在那个时候，才能完全超出资产阶级法权的狭隘眼界，社会才能在自己的旗帜上写上：各尽所能，按需分配！[③]

索雷尔认为，需要有一种“神话”，才能使革命理论变得有效。苏维埃俄国为了这一目的，一直寻找这种神话，首先提出了世界革命的神话，后来又提出了“社会主义祖国”的神话。拉斯基教授提出一种颇有道理的观点。他说：“共产主义能够得到发展，依靠的是它的理想主义成分，不是它的现实主义色彩；凭借的是它的精神追求，不是它的物质许诺。”[④]一位现代神学家以近乎无情的敏锐分析了这种情景。他说： 91

> 如果没有宗教的超理性希望和激情，没有一个社会能够有勇气去克服绝望、去针对不能实现的事情做出尝试。建立公正社会的理想是无法实现的，但是，只有认为可以实现公正社会的人才能建立一个近于公正的社会。最真实的宗教思想都是虚幻的，但是，只有坚定地信仰这种虚幻，才能部分地实现宗教的思想。[⑤]

这一点在《我的奋斗》中也有所反映。其中，希特勒对“规划制定者”和政治家做了这样的比较：

> 他［规划制定者］的重要性几乎全部在于对未来的憧憬。他是一个人们常常称之为“weltfremd”［不切实际、乌托邦式］的人。如果说政治家的艺术就是图求可为的艺术，那么，规划制定者当属于另外一种人：他们企求上帝允许他们为不可为之事。只有如此，他们才能取悦于上帝。⑥

于是，“因其不可能反而笃信”（Credo quia impossible）就成为一种政治思想的形式。

正如我们已经注意到的那样，彻底的现实主义只承认历史的整个客观发展过程，拒绝接受对历史过程的道德评判。我们历来看到的情景是，人们往往会接受对历史的评判，成功会受到赞扬，失败则会遭到批评。这种评判也被广泛地用于当今的政治。像国联这样的国际组织，或是苏维埃或法西斯这样的政权，对它们的评判，在很大程度上取决于它们是否能够成功地实现自己声称要实现的目标。这些组织和政权的宣传也含蓄地承认了评判的合法性，因为它们的宣传一贯是夸大成功，掩饰失败。不过，人类作为一个整体却不会将这种纯粹理性的评判视为政治判断普遍有效的基础。如果一贯坚持一种观点，即，成功的就是正当的，成功的就应该予以承认、予以赞扬，那就会使思想空洞无物，因之也会使思想贫瘠荒芜，并会最终摧毁

思想。有些人的哲学似乎不承认做出道德判断的可能性，但他
们自己却难免也要做出道德判断。腓特烈大帝虽然没有为道德 92
做任何辩护，但他认为，条约应该得到遵守，因为“一个人只能欺骗一次”，所以，他将破坏条约的行为称为“不良的无赖政策”。[7]马克思的理论似乎表明，资本家只能依照某种规律行事。但是，马克思却花费了大量篇幅——在《资本论》中尤其明显，谴责资产阶级这种行为方式的不道德本质。无论是在国际还是在国内事务中，政治家都意识到，需要使用道德原则对其利益进行包装。这本身就说明仅凭现实主义还是不足以成事的。每个时代都声称有权创造自己的价值观念，并根据这样的价值观念对事物做出评判。即便同一个时代的人使用现实主义的武器批判其他价值观念，他们也同样认为自己的价值观念是绝对的评判标准。现实主义认为，“应然”这个字眼是没有意义的，但任何一个时代都不会接受现实主义的这种观点。

最重要的是，纯粹的现实主义无法为有目的、有意义的行动提供基础，因此，在这一点上它是失败的。如果因果关系链丝丝入扣，使人们可以对事物发展做出“科学的预测”，如果我们的思想只能由我们的地位和利益所决定，那么，行动和思想就会缺乏目的。叔本华说过：“真正的历史哲学包含了这样一种认识：事实纷乱，变化不断，但我们看到的生物却总是不变的。无论是昨天、今天、明天，还是永远，都沿着同样的轨道运动。”[8]如若事实果真如此，那么，个人所能做的事情就只能是被动的冥想而已。这样的结论当然与人对自己深刻的认识格格不入。人的行动和人的思想可以引导和改变人类事务。这

是一个根本命题，否定这一命题，无异于否定了人的存在。实际上，一些现实主义者对历史也产生了重大影响，他们也不会否定这一命题。马基雅维利在劝诫当时的民众做意大利良民的时候，他当然认为人们是可以自由选择的：或是听从自己的劝告，或是对其置之不理。马克思无论是论出身还是讲受到的教育，都在资产阶级之列，但他认为自己可以自由地选择像无产者一样思考和行动，认为自己有责任说服其他人像自己一样思考和行动。
93 他自然认为这些人同样可以自由地进行选择。列宁曾写道，根据“科学的预测”，世界革命即将到来。但他在其他地方也写道，“不存在绝对没有出路的困境”。[9] 在出现危机的时候，列宁告诫同事们：“在决定性的时刻和决定性的地点，你们必须证明自己是强者，你们必须是胜利者。”[10] 这些话，像墨索里尼这样坚信人的意志力量的政客和任何其他时代的政治领袖，都是可以使用的。任何一个现实主义者，无论他从事什么职业，最终都会相信，的确存在一些事物，对此人是应该进行思考和采取行动；而且的确也存在一些事物，人也是能够进行思考和采取行动的；进而，人的这种思考和行动既不是机械僵死的，也不是毫无意义的。

所以，我们可以回到已经得出的一个结论：任何合理的政治思想必须包含乌托邦和现实两个方面的因素。有的时候，乌托邦主义会成为空洞无物，不可容忍的虚伪，它的功能只是粉饰特权阶层的利益。这时，现实主义就肩负着揭开乌托邦主义伪装这一不可或缺的责任。但是，纯粹的现实主义关注的只是赤裸裸的权力斗争，这使任何形式的国际社会都无法实现。一旦使用现实主义的武器揭露了当今乌托邦主义的本质，我们就必须建立一种自己的新的乌托邦主义。不过，这种新乌托邦主义总有一天也会受到同样的批判。因为，在建立国际秩序方面，人的意志有着不断寻求一种从现实主义逻辑关系中解脱出来的愿望。但是，一旦一种秩序得以确立，成为某种具体的政治形式，就会再度披上利己和虚伪的面纱，也就需要再度用现实主义的武器予以批判。

于是，我们才有了政治生活的复杂性、诱惑力和悲剧性。政治活动包含了两种成分：乌托邦和现实，分别属于两个互不兼容的不同层面。要确立清晰的政治思想，最大的障碍是混淆理想与现实。理想属乌托邦范畴，体制属现实领域。坚持以共产主义反对民主的共产党人通常认为，共产主义是一种纯粹平等和博爱的理想；而民主则是英国、法国、美国等国家的具体

体制，反映了所有政治体制中固有的既得利益、不平等和压迫 94

特征。民主人士具有同样的思维模式。他们将虚构的理想民主形式与在苏维埃俄国存在的共产主义体制进行比较，看到的是苏维埃体制中的阶级对立、压制不同意见和集中营等现象。上面这两种比较，无论哪一种，都是将理想与体制相比较，因而都不能切中要害，也是没有意义的。一旦一种理想体现为一种体制，这种理想就不再是理想了。它成为某种私利的表现形式，因此必须用一种新的理想将其摧毁。理想和现实是两种不可调和的力量，它们之间的不断互动就是政治的内容。每一种政治形态都包含了乌托邦和现实、道德和权力这样两种互不相容的成分。

这一点在下文对政治本质的分析中会更加明显地表现出来。 95

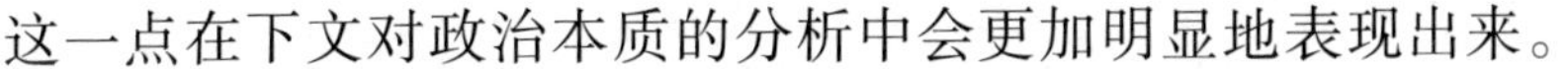

注释：

① Treitschke，*Aufsäize*，iv. p. 428.

② Engels，*Ludwig Feuerbach*（Engl.transl.），p. 23.

③ Marx and Engels，*Works*（Russian ed.），xv. p. 275.

④ Laski，*Communism*，p. 250.

⑤ R.Niebuhr，*Moral Man and Immoral Society*，p. 81.

⑥ Hitler，*Mein Kampf*，p. 231.

⑦ *Anti-Machiavel*，p. 248，

⑧ Schopenhauer，*Welt als Wille und Vorstellung*，ii. ch. 38.

⑨ Lenin，*Works*（2nd Russian ed.），xxv. p. 340.

⑩ Lenin，*Collected Works*（Engl.transl.），xxi. pt. i. p. 68.

第三部分

政治、权力与道德

第七章　政治的实质

人类是群居动物。人群的最小单位是家庭，显然也是维护人种的必要形式。但是，众所周知，从最原始的时代开始，人类总是组成比单个家庭更大的半永久群体形式。这种群体的一种功能就是调节群体成员的关系。政治就是要处理这类有组织的永久和半永久群体成员的行为。如果试图从假定的人在孤立状态下的行为中推导出社会的性质，那只能是纯理论研究，因为我们没有理由假定会存在这样的人。亚里士多德认为，人从本质上来说是政治动物。这一论断奠定了一切合理的政治思想的基础。

社会中的人对其他人做出的反应有着两种截然不同的方式。有时，他是利己的，也就是说，为了自己的利益牺牲别人的利益。有时，他又表现出社会性的一面，也就是与别人合作，与别人保持良好友善的互惠关系，甚至为别人的利益牺牲自己的利益。在每一个社会中，都会看到这两种品质的作用。如果多数社会成员不能在不同程度上表现出合作和互惠的意愿，社会就不复存在。但是，在任何一个社会中，又必须有一定的惩罚措施，以便保证维持社会的凝聚力。这类惩罚措施需要由一个统治集团或个人以社会的名义加以执行。大部分社会形式的成员资格是自愿性质的，所以，能够实施的最后惩罚就是取消成员资格。但是政治社会具有特殊性。在当今世界上，这种特殊性表现为国家这一形式，其成员资格是强制性的。国家像其他类型的社会一样，它的基础是成员具有某种共同利益
96 和共同义务的意识。不过，统治集团也往往使用强制手段，保证成员对国家的忠实和服从。这样的强制手段自然意味着统治者控制被统治者，并且会为了自身利益而“剥削”被统治者。[1]

因此，政治社会的双重特征是十分明显的。拉斯基教授告诉我们，“每个国家都是建立于国民的良知之上的”。[2]但是，从另一个角度来看，人类学和许多近代历史史实告诫我们，“战争似乎是造就国家的主要力量”。[3]拉斯基自己在其他论述中也曾说过，“将我们的文明维系在一起的与其说是良知，不如说是恐惧”。[4]这些似乎是相互对立的观点其实并不矛盾。托马斯·潘恩（Thomas Paine）在《人的权利》（*The Rights of Man*）中提出了“政府是来自民众，还是凌驾于民众之上”的悖论，试图以此反驳伯克的观点。但实际上，政府既来自民众，又凌驾于民众之上。强制和良知、仇视和亲善、利己和利他，这些是每个政治社会中都存在的东西。国家正是建立在这两种相互对立的人性特征之上的。乌托邦和现实、理想和体制、道德和权力，从一开始就是紧密地交织在一起，共存于国家之内的。美国一位当代学者说过，在美国建国的历程中，“汉密尔顿（Hamilton）代表着力量、财富和权势，杰斐逊（Jefferson）代表着美国梦”，权势和美国梦都是必不可少的东西。[5]

如果这种观点是正确的，我们就可以得出一个重要的结论。乌托邦主义者的梦想是，人们可以在政治中消除利己因素，政治体系可以完全建立于道德的基础之上。而现实主义者则认为，利他主义只不过是幻象，所有政治行动都是基于自我利益。这两种思想同样都是错误的。这些错误对于公众话语有着很大的影响。“权力政治”就常常被用于贬义，似乎权力或利己是反常现象，健康的政治生活不应该有其存在的余地。相反，即便是在那些并非十分坚定的现实主义者之中，也有一种倾向，认为政治就是研究权力和自我利益的学问，因此，从根本上说不能包容以道德意识为动机的行为。卡特林（Catlin）教授将政治人描述为“使别人的意愿与自己的意愿相一致，因之能够更好地实现自我目标”的人。[⑥] 这类话语的含义是具有误导性的。政治不能与权力分离。但是，说政治人只追求权力，就像说经济人只追求利润一样，只能是一种虚假的论断。政治行动的基础必须是道德和权力的协调平衡。 97

这一真实的事实既具有实践意义，也具有理论意义。在政治中，忽视权力与忽视道德都是致命的弱点。中国19世纪的命运就是一个例子，说明如果一个国家满足于自我文明的道德优势、鄙视权力的作用，这个国家会成为什么样子。英国自由党政府在1914年春季几乎垮台，因为它实施的是一种爱尔兰式的政策，即坚持道德基础，但却没有有效军事实力的支持（甚至受到军方的直接反对）。1848年，德国法兰克福议会就是一个典型实例，表明理想脱离了权力是多么疲软无力。魏玛共和国之所以垮台，是因为它的许多政策或是没有受到有效军

事力量的支持，或是受到这类力量的强烈反对。实际上，魏玛共和国的所有政策，除了反对共产主义一项之外，都是这样的
98 命运。⑦乌托邦主义者认为，民主的基石不是武力，因此拒绝正视这些令人不快的事实。

另一方面，现实主义者认为，如果你追求权力，道德的权威自会得以确立。这种观点同样是错误的。近期的现实主义形式体现在以下这段常被引用的话语之中：“实力的作用是使道德理念有充分的时间扎下根来。”在国际事务领域，这一观点在1919年被一些人借用。当时，这些人不能从道德角度捍卫《凡尔赛和约》，便坚持说，最初的权力行为可以为其后的道义和解奠定基础。事实并没有证明这一乐观的想法是正确的。还有一种一度十分流行的观点，认为英国政策的目标应该是“重建国际联盟，使其能够使用武力遏制政治侵略者，然后再努力消除那些理由正当、实实在在的不满情绪”。⑧但是，一旦敌人被消灭，“侵略者”受到武力的遏制，“然后”的事情却没有发生。所以，先追求权力，然后道德自会接踵而来——这只是一种幻想；先坚持道德，然后权力自会接踵而来——这同样是一种幻想。两种幻想同样是危险的。

不过，在开始讨论权力和道德各自的作用之前，我们必须注意到，有些人虽然远非现实主义者，但他们将政治等同于权力，认为必须把道德概念完全排除在政治范畴之外。根据这一观点，政治和道德之间有着根本的矛盾，因此，坚持道德的人本身就不能涉足政治。这种将政治与道德对立起来的思想很有市场，在历史上不同时期和不同环境中多次出现。它至少有着

三种形式：

（1）最简单的形式是不抵抗理论。坚持道德的人认为政治权力是一种邪恶的东西，但是认为使用权力去对抗权力是更大的邪恶。耶稣、甘地和当代和平主义者的不抵抗理念都是以这样的思想为基础的。简而言之，这实际上等于对政治的完全抵制。

（2）将政治和道德对立起来的第二种形式是无政府主义。国家是政治权力的主要机构，是“对人性最粗暴、最严重、最彻底的否定”。[9] 无政府主义者会使用权力推翻国家。不过，这 99
种革命的权力并不被认为是政治权力，而是愤怒的个人良知的自发反抗。这种权力的目的不是要建立一个新的政治社会，以取代旧的政治社会，而是要建立一个道德社会，将权力以及政治完全铲除出去。一位英国牧师最近写道：“[耶稣]山上宝训的原则”意味着“对文明社会的致命一击”。[10] 无政府主义者就是要以山上宝训的名义，摧毁“文明社会”。

（3）第三种形式的出发点同样是道德和政治之间的根本对立，但是得出的结论却截然相反。耶稣的训示是：“恺撒的物当归恺撒，上帝的物当归上帝。”这就意味着存在两个互相分离的领域：政治领域和道德领域。不过，坚持道德的人有义务帮助政治家行使政治家非道德的职责，至少不应该阻碍政治家行使这样的职责。“让每个人都受到更高权力的管辖。这样的权力必当属于上帝”。因此，需要承认政治是必要的，但同时也是不道德的。这种思想在整个中世纪并不明显，因为当时教会和世俗权威在理论上是合二而一的，所以没有必要区别政治和道德。但是后来路德复兴了这种思想，目的是在改革后的教会和国家之间达成一种妥协。“当时，农民试图将‘精神’王国改变为‘世俗’王国。于是，路德指出，福音的原则是具有社会意义的。这样一来，就使农民充满对宗教的敬畏”。[11] 认为恺撒和上帝具有不同作用的思想包含在任何一国“国教”的理念之中。但是，这一思想在奉行路德教的德国比在任何其他国家都更为牢固、更加有效。一位 19 世纪德国的自由派牧师写道：“在处理建设祖国和发展政治经济这类事务的时候，我们无需请示上帝。”[12] 贝恩哈迪（Bernhardi）也说，“基督教道德属于
100 个人和社会范畴，从根本上说，它不具政治性质”。[13] 卡尔·巴特（Karl Barth）的当代神学也包含了同样的理念，认为政治和社会的弊端是人的原罪的必然产物，因此，如果人们试图消灭这样的弊端，结果只能是徒劳无益的。纳粹德国政权同样坚持基督教道德与政治毫无关系的理论。从本质上说，这第三种形式与现实主义的观点是不同的，因为现实主义认为道德是政治的产物，而不是两者的对立。但是，在政治事务领域，这两者往往混淆起来，难以区分。

将政治和道德视为两个分立领域的理论表面上具有一定的吸引力，因为它毕竟逃避了一个无法解决的问题：如何为使用武力寻找道德上的理由。[14] 但是，这样做并不是完全令人满意的。无论是不抵抗理论，还是无政府主义，都是用来缓释绝望情绪的。只有当人们感到政治行动无法实现任何理想的时候，才会普遍地接受这类理论。将上帝和恺撒截然分开，置于两个互不相关的领域——这样做完全违背了人类思想深处的意愿。

人的意愿是将世界化约为某种道德秩序。从长远来看，人是不会满足于相信政治之善即道德之恶这样一种理念的。[15] 由于我们既不能使权力道德化，又不能将权力排除于政治之外，所以，我们面对的就是一个无法完全解决的两难问题。乌托邦和现实这两个层面永远不会融为一体。理想不能变成体制，体制也不能成为理想的化身。尼布尔（Niebuhr）博士写道：“直到历史的终结，政治将永远是良知遭遇权力的领域，是人类生活中的伦理和强权相互作用，达成暂时的、不稳固的妥协的地方。”[16] 这样的妥协，像人类其他问题的解决一样，将会是不稳固的、
暂时的。但是，对于任何一种妥协来说，一个必不可少的条件 101
就是将两种因素都考虑在内。

因此，我们必须开始分析两种至关重要的因素在国际政治
中起到的作用，这两种因素就是权力和道德。 102

注释：

① “在每一个地方，我都看到富人的阴谋，他们以共同利益联邦的名义和借口，牟取自己的利益”（More，*Utopia*）。“社会的一部分人剥削另一部分人是所有历史时期的共同现象”（*Communist Manifesto*）。

② *A Defence of Liberty against Tyrants*（*Vindiciae contra Tyrannos*），ed. Laski，Introd.，p. 55.

③ Linton，*The Study of Man*，p. 240.

④ Laski，*A Grammar of Politics*，p. 20.

⑤ J.Truslow Adams，*The Epic of America*，p. 112. 国家得到国民的赞同，就有了道德的基础，同时也就有了权力的基础。这种观点是洛克和罗素提出来的，并由于美国和法国的革命得以普及。这里可以提一下这一观点最近的两

种表现。第一个是捷克斯洛伐克 1918 年 10 月 8 日的独立宣言，其中将奥匈帝国称为“根本没有理由存在的国家。由于它拒绝接受现代世界组织的根本基础［即自决原则］，所以，它只不过是一个人为的、不道德的建构物”。第二个是希特勒于 1938 年 2 月对时任奥地利总理的舒施尼格（Schuschnigg）说的一段话，“缺乏任何合法性、实际上仅凭暴力进行统治的政权，终将会与舆论发生不断的冲突”（Speech in the Reichstag of 17 March 1938）。希特勒坚持认为，国家的两个支柱是“实力”和“民心”（*Mein Kampf*，p. 579）。

⑥ Catlin，*The Science and Method of Politics*，p. 309.

⑦ 权力政治这个词是冯·罗豪（von Rochau）在其撰写的曾经十分著名的论文里首先创造的。这一论文名为 *Grundsätze der Realpolitik*，发表于 1853 年。他在很大程度上受到了法兰克福教训的启发。希特勒的权力政治思想产生于魏玛共和国的教训，这一点是很明显的。

⑧ Winston Churchill，*Arms and the Covenant*，p. 368. 权力是满足“正当”要求的必要力量这一观点在该书第 209—216 页上得到了进一步的阐述。

⑨ Bakunin，*Oeuvres*，i. p. 150; cf. vi. p. 17：“如果全部人类历史中存在魔鬼的话，那就是强制和权威的原则。”

⑩ The Dean of St. Paul’s，quoted in a leading article in *The Times*，August 2，1937.

⑪ R. Niebuhr，*Moral Man and Immoral Society*，p. 77.

⑫ 引自 W.F.Bruck，*Social and Economic History of Germany*，p. 65。

⑬ Bernhardi，*Germany and the Next War*（Engl.transl.），p. 29.

⑭ 正如马克斯顿（Maxton）先生曾经在下院发言中所说的那样，“使用武力的正当场合”是一个毫无意义的概念，“因为所谓正当的场合也就是我需要使用武力的地方，对别人来说也是一样。每个人都是如此”（House of Commons，7 November 1933：*Official Record*，col. 130）。政治中的武力一贯都是某种利益集团的工具。

⑮ 阿克顿喜欢说，“伟人几乎总是坏人”。引用沃波尔（Walpole）的名言，就

是“从来没有一个伟大的国家是被好人所拯救的”（*History of Freedom*，p. 219）。罗斯伯里（Rosebery）更为尖锐，他说：“英国人会提出这样一个关于伟人的问题：‘伟人是好人吗？’”（*Napoleon*：*The Last Phase*，p. 364）。

⑯ R. Niebuhr，*Moral Man and Immoral Society*，p. 4.

第八章　国际政治中的权力

在某种意义上，政治总是权力政治。通常，人们使用“政治”的时候，并不是指国家所有的活动，而是指那些涉及权力冲突的问题。一旦这样的冲突得以化解，它也就不再是“政治”问题，而成为日常的行政事务。国家之间的交往也并非全是“政治”交往。国家相互合作，比如维持邮政或交通业务，或是防止流行病的传播，或是禁止贩毒活动。这些活动被称为“非政治”活动，或是“技术性”合作。但是，一旦涉及一个国家与另外一个国家的权力关系，或是人们认为涉及权力关系，这样的事务便立即成为“政治性”问题。虽然政治不能完全以权力加以定义，但权力是政治的核心因素这一说法总是没有错误的。为了理解一个政治问题，仅仅知晓这个问题的内容还是不够的（而对于技术性和法律性问题，这已经足够了）。我们还要知道这一问题是在什么人之间发生的。一个问题，若是由一小部分互不相干的人提出来的，是一回事情。但是，如果问题是一个有势力、有组织的工会提出来的，那就要另当别论了。在形式上完全相同的政治问题，如果发生在英国和日本之间就完全不同于发生在英国和尼加拉瓜之间。列宁说过：“有群众的地方，就有政治。这里所说的群众，不是数以千计，而

是数以百万计。有数以百万计的群众的地方，就是政治开始的地方。”[①]

对于历史有些时期，我们没有必要赘述这一明显的事实。恩格斯的名言是：“没有暴力和冷酷无情，历史也就不会取得任何成就。”[②]有人认为恩格斯的话是众所周知的事实。但是，在19世纪自由主义构想的秩序井然的世界中，强权以微妙的形式出现，有效地掩饰了政治权力持续不断但又悄无声息的作用，使那些不谙世事的人无法予以辨认。至少是在民主国家，这种掩饰至今仍然有着一定的效力。[③]第一次世界大战之后，自
由主义思想被传播到国际政治领域。英语国家的乌托邦学者坚 103
信，国际联盟的成立意味着在国际政治中消除了权力因素，于是，人们不再建设陆军和海军，而是开始磋商谈判。“权力政治”被视为邪恶的旧时代的标志，成为一个贬义十足的词语。这一现象持续了十多年，原因是当时的大国都希望维持现状，实际上，它们在整个这段时间内垄断了权力。如果一个世界象棋冠军和一个小学生下棋，世界冠军就会迅速获胜，也毫不费力。不知内情的旁观者只看到胜利唾手可得，自然以为下棋不需要什么技巧，这也不足为怪。同理，1920年到1931年之间，不知内情的旁观者会认为，权力在国际政治游戏中没有什么作用。1931年，出现了众所周知的“回归权力政治”现象，实际上这只不过是**维持现状**国家垄断权力时代的终结。斯大林叹息道：“**在我们的时代**，人们没有与弱者打交道的习惯。”内维尔·张伯伦也说过：“**在我们当今生活的世界上**，一个没有武装力量的国家是没有什么发言权的。”[④]他们的话颇有几分奇怪之

处，因为这些言论暗含着一种假设，即：历史上，弱者和没有武装力量的国家也曾经在国际政治中发挥了有效的作用。这纯属虚幻。当然，自称为马克思主义者的斯大林说出这样的话，比一个继承英国 19 世纪自由主义传统的张伯伦发表类似言论，会更加令人感到吃惊。

104 只有对政治问题持完全不加分析批判的态度，才会假定可以从政治中消除了权力因素。在国联事务中，名义上的各国平等和所有国家参与协商的机制并没有削弱权力因素的决定性作用。国联的缔造者自己也没有这样的奢望。豪斯（House）原先认为，只有大国才有权加入国联。[5] 英国和美国最初提交的盟约草案中，曾设想只有大国才能够成为国联行政院的成员。塞西尔勋爵曾就一份草案做过解释。他说："小国在任何情况下都不会发挥重大的作用。"[6] 国联接受了这一条款。一位意大利代表作证说，长期以来，他经常参加在日内瓦召开的国联会议。但是，他"从来没有看见过任何一个重大争端不是由大国达成一致之后解决的"；国联的程序是"绕圈子，绕来绕去，只有两种出路：或是英国、意大利、法国、德国之间达成一致，或是这四个大国分道扬镳"。[7] 稍后，德·瓦勒拉（De Valera）说："虽然我们在法律意义上是平等的，但是，在欧洲和平这类问题上，小国是无能为力的。"[8]1935—1936 年冬季，通过了对意大利实施制裁的决定。实际上，这一决定完全是英国和法国的行为，因为只有这两个国家在地中海具有有效的军事和经济实力。小国只是追随英法而已。实际上有一个小国还因为支持制裁受到英法两国的"补偿"。

弱国追随强国的政策路线不仅仅表现在日内瓦的国联会议上。1931 年 9 月，英国将英镑与金本位制脱钩，几个小国只能追随其后。1936 年 9 月，法国也放弃了金本位制，瑞士和荷兰这两个最后的自由黄金兑换国也只好照样行事，其他几个小国
不得不改变本国货币的币值。20 世纪 20 年代，法国在军事上 105
是欧洲霸主，许多小国便聚集在法国周围。后来德国的军事实力超过法国，这些小国中的大部分或是宣布中立，或是转向德国。所谓“大国独裁”的说法，虽然有时受到乌托邦主义者的谴责，认为它是一些国家有意采取的邪恶政策，但它确实反映了一种现实，构成了国际政治中类似“自然法”的东西。

至此，我们需要澄清当前存在的一种幻觉。有人认为，那些广义上属于满足现状的国家所关心的是“安全”。与对现状不满的国家的政策相比，维护现状国家的政策较少地关注权力。所以，“权力政治”这个常用的术语只能用于对现状不满的国家，而不适用于满足现状的国家。这样一种幻觉，对于满足现状国家的宣传人士来说是再好不过的事情，自然也导致了国际政治方面诸多思维混乱的现象。满足现状国家追求“安全”，往往是权力政治使然，一些典型的实例说明了这一点。过去，战胜国为了保证战败国无力报复，使用扣押人质、使适龄参军的男性致残或变为奴隶等方法；现在，则使用了肢解或占领战败国领土、强迫战败国裁军等手段。所以，如果将满足现状国家和不满现状国家之间的斗争视为道德和权力之间的斗争，那就极具误导性。在这样的斗争中，无论涉及什么道德问题，对于满足现状国家和不满现状国家来说，权力政治同样都

是占据主导地位的。

《洛迦诺公约》的历史就是一个简单而富有启示的例子，说明权力政治是如何运作的。德国首先在 1922 年 12 月提出签订条约的建议，目的是要求就德国的西部边界做出保证。但是德国人的建议被普恩加来（Poincaré）断然拒绝。这一时期（也就是入侵鲁尔地区的前夕），德国最害怕的就是法国，而法国则根本不害怕实力不强的德国。所以，条约对法国人来说没有什么吸引力。两年之后，德法两国的实力地位发生了变化。入侵鲁尔没有给法国人带来利益，反而使法国对下一步行动举棋不定。德国也很可能再度强大起来。另一方面，德国仍然害怕法国的军事优势，极力寻

106 求条约保障。这时，从心理上说，法国对德国的害怕程度与德国对法国的害怕程度几近持平。两年之前或是五年之后都不可能签订的条约，此时却成为德法双方都欢迎的东西了。进而，英国的权力利益此时开始与德国的利益趋于一致。德国放弃了修改其西部边界的要求，但对于其他地域的边界仍然坚持原来的立场。英国已经准备对德国西部边界做出保证，但是不希望对德国其他地域的边界做出任何许诺。德国虽然急于促成协约国军队撤出莱茵兰地区，但当时仍无望打破《凡尔赛和约》中的非军事化条款对德国的限制。所以，德国非常希望做的事情是，重申接受这些条款的要求，并将其置于一种保证之下，目的是以此换取新的安排。

这就是著名的《洛迦诺公约》产生的背景。条约的成功签订是一件令人瞩目的事情。多少年之后，人们仍然希望在其他领域重复这样的成功。有人极力主张签订地中海和东欧的《洛迦诺公约》，但是没有成功。这使一些人感到失望和困惑，因

为他们认为，任何地方出现的国际问题，都可以通过同样的标准模式加以解决。他们没有领悟的是，《洛迦诺公约》是权力政治在一个特定时间和特定地点的具体表现。缔约之后十年，条约赖以成立的基础，亦即当时那种脆弱的权力平衡，就已经不复存在。法国比以往任何时候都害怕德国，但是德国却不再害怕法国。对于德国来说，《洛迦诺公约》只剩下一种意义，那就是它仍然迫使德国服从凡尔赛和约中非军事化的条款，而当时的德国正是要推翻这一条款。《洛迦诺公约》中与权力政治唯一相关的条款是英国对法国和比利时做出的保证，因为在德国宣布《洛迦诺公约》其他部分无效之后，英国重申了这一保证的有效性。《洛迦诺公约》的历史是权力政治的典型案例。有人相信可以找到一个解决安全问题的灵丹妙药，认为权力政治是只有在危机时期才会出现的反常现象。对于这些人来说，《洛迦诺公约》至今仍然是一个不解之谜。

由于不承认权力是政治的核心内容，所以，迄今为止，虽然人们做出过种种努力，试图建立某种形式的国际政府，但都没有成功，并且使几乎所有对这一问题的讨论陷于困惑。权 107
力是政府不可或缺的工具。真正意义上的国际政府意味着权力的国际化。实际上，国际政府就是提供行使政府权力的国家所支配的政府。《凡尔赛和约》在欧洲各地确立的国际性管理机构只是临时性安排，这类形式的政府并没有制定和实施长期政策的问题。但是即使是这类政府形式，也反映了统治与权力之间的密切关系。协约国高级委员会（Inter-Allied High Commission）在被占领的莱茵兰地区行使政府职能，以保证

协约国部队的安全。只要英国和法国的政策协调一致，这种职能就可以得到顺利的实施。鲁尔危机导致了英法两国政府的重大政策分歧。于是，在法国和比利时军队占领的地区实施的是法国的政策，而在英国军队占领的地区实施的则是英国的政策。所以，政府的政策取决于这些政策赖以为基础的国家所具有的实力。协约国高级委员会受权在上西里西亚进行全民公决。由于该委员会依赖的是协约国军队的力量，而当时占领上西里西亚的协约国军队几乎全是法国军队，所以，委员会实施的政策也就是法国赞成的支持波兰的政策。后来，英国派遣军队进驻该地区，委员会的政策才得以纠正。所以，任何政府的有效统治都依赖于它的权力基础。

国际性政府和权力的问题在托管体制以及相关建议方面表现得尤为尖锐。在这方面人们常常提出的建议是，使一些或所有殖民地政府变为“国际化”。在这一领域，我们面临的是建立永久性政府的问题，涉及确定长期的政策，因此从根本上不同于协约国之间在战争状态下为执行共同条约而做出的临时性国际合作安排。这一问题的实质可以通过巴勒斯坦的实例得到说明。在巴勒斯坦实施的政策取决于在巴勒斯坦地区的有效军事力量。托管委员会（Mandates Commission）手中没有军事
108 实力，自然无法左右政策；英国政府具有这样的实力，因此可以决定政策。无论托管委员会的观点如何，人们都无法想像，英国军队可以被用来执行英国政府和选民均不赞成的政策。[9]无论采取什么样国际政府体系，在任何关键时刻，决定政策的是为国际政府权威提供权力基础的那个国家。我们可以看到一

种几乎是必然发生的现象：假如几个国家的军队分别控制了某一国际领土的不同部分，当这几个国家的政策产生分歧的时候，不同国家占据的地区势必实施不同的政策，旧的国际竞争也就会以同样危险的新形式再度出现。经济发展问题同样令人困惑。卢加德（Lugard）是一位经验丰富、思想开明的行政官员。他写道，殖民地的国际行政当局“是一个没有国家意识、无视民族情感的超级官僚机构，它僵死的管理会扼杀一切创新建议，因此，对相关的国家来说是十分不利的”。[10] 权力是政府的根本条件。只要权力是国家的专利，任何真正意义上的国际性政府就不可能得以确立。国际联盟秘书处之所以能够运转，正是因为它属于非政治性的行政机构，没有制定政策的责任，因此也就可以独立于权力而存在了。

为了分析的方便，国际领域的政治权力可以分为三类：（1）军事力量；（2）经济力量；（3）支配舆论的力量。但是，这些不同类型的权力是高度相互依赖的。虽然在理论上可以这样分类，但是，我们很难想像，无论在什么历史时期，一个国家能够具有一种权力而不具有其他权力。就本质而言，权力是一个不可分割的整体。最近，一位评论家说道：“社会动力学的法则只能是以权力定义的法则，不是以这种或那种形式的权力定义的法则。”[11] 109

军事力量

军事力量之所以具有极其重大的意义，是因为国际关系中权力的最终手段是战争。从权力角度来看，国家的每一个行为都是为了战争。战争不是理想的行为，战争是作为最后手段使用的武器。克劳塞维茨（Clausewitz）的名言是："战争只不过是政治关系通过其他手段的继续。"这一名言被列宁和共产国际以赞许的口吻多次加以重复。[12]希特勒表达过同样的意思。他说："如若一个结盟在其目标中不包含战斗的意志，它就是毫无意义和毫无用处的。"[13]同样，霍特里（Hawtrey）先生将外交定义为"潜在的战争"。[14]虽然这些话都不是完全正确，但重要的是要承认这些观点也是有道理的。正如国内政治中潜伏着革命一样，国际政治中潜伏着战争的危险。在过去 30 年里，欧洲几乎所有的国家都曾有过一段时间，潜在革命是其政治中的重大问题。[15]在有些国家里，革命的可能性最频繁、最明显地显现出来。国际社会与这些国家的情景十分相似。

因此，潜在战争是国际政治中的主导因素，军事力量也就因之成为公认的政治价值标准。历史上每一个伟大的文明在鼎盛时期都享有军事实力方面的优势。波斯的游牧部落无法抵挡希腊城邦国家的重甲步兵，于是，希腊城邦国家兴盛崛起。在当代世界，衡量大国（大国和权力在英文中是同一个单词，这就足以说明问题了）的标准是其可以使用的军力（包括兵员）的质量和预设效率。一个国家之所以被承认为大国，往往是因为它是一场大规模战争的战胜国。普法战争之后的德国、美西
110 战争之后的美国、俄日战争之后的日本——这些都是我们熟悉的近代国际关系中的例子。对于给予意大利大国的地位，人们往往持有一定的保留态度，部分原因就是意大利从来没有在大

型战争中证明自己的实力。如果一个大国表现出军事软弱或军事准备不充分的征兆，就会立即在它的政治地位上反映出来。1931年9月英国海军在因弗戈登的哗变对于英国的威望是一个决定性的打击，迫使英国货币贬值。1937年6月苏联以叛国罪处决了军队的主要将领。这一事件被认为是暴露了苏联军事机器的重大缺陷，致使苏联的政治影响骤然大跌。所有大国的政治家都会定期发表演讲，赞颂陆海空三军的实力。除此之外还会组织军队游行和军事演习，向世界展示自己的军事力量和国家因之而享有的政治地位。在国际危机发生的时候，海军舰队、陆军阵列和空军编队会在重要的地点、为同样的目的，炫耀自己的实力。

这些事实说明了一个道理：对外政策从来不能，也从来不应该与战略分离开来。一个国家的对外政策不仅受到所设定的目标的限制，也受到其军事实力的限制，更准确地说，是受到这个国家军事实力与其他国家军事实力之比的限制。对外交政策实施民主控制所遇到的最严重问题是，没有一个政府敢于将关于本国军队的全部真实情况大白于天下，也没有一个政府敢于将自己掌握的关于其他国家军事实力的情况广而告之。因此，公众在对外交政策进行讨论的时候，可能并不完全知道，或是完全不知道某个重要因素，而正是这个因素决定了外交政策。长期以来一直有一条宪法规定，就是议员不得以个人身份提出需要公共开支的动议。如果提出的政策可能包含战争的风险，议员也会受到同样的限制。因为只有政府行政官员及其顾问掌握相关事实的全部信息，所以，也只有他们才能对情况做

出评估。现在有许多关于国际政治的著作和讲演，使人们产生的联想是那些精心设计出来的数学难题，学生可以在毫无实践
111 经历的情况下解题。这样提出的解题方法，在抽象层面上自然是简洁精确，但却没有将重要的战略因素考虑在内。《国际事务概览》是一本重要的年鉴，在许多方面都很有价值。即便如此，这部年鉴在批评政策的时候，也常常跃入不切实际的幻觉世界。原因恰恰是它忽视了军事方面的制约因素。相比之下，那些需要解决实际对外政策事务问题的人却是时时牢记这些限制因素的。在过去的 20 年里，如果每个可能成为国际事务学者的人上过一门初级的战略必修课，他们也许就不会写出如此之多的废语空言。

军事力量是国家生活中的核心因素。它不仅仅是一种手段，而且本身就是一种目的。人们说战争刻意寻求的目的是扩大贸易和扩张领土。但在过去 100 年里，几乎没有什么重大战争是因为这类目的而爆发的。最重大的战争为的是加强本国的军事实力，在更多的情况下，是为了防止另外一个国家加强军事实力。因此，“战争的主要原因就是战争本身”这句格言是很有道理的。[16] 拿破仑战争的每一阶段都是为下一阶段铺平道路。拿破仑入侵俄国是为了使自己更加强大，以便打败英国。英国和法国发动的克里米亚战争是为了遏制俄国的发展壮大，防止俄国强大之后进攻英法在近东的领地和夺取它们的利益。1924 年，苏联政府在给国联的照会中谈到了 1904—1905 年间俄日战争的原因。苏联的照会说：“1904 年，日本的鱼雷艇袭击了大连港的俄国舰队。从技术角度来看，这显然

是一种侵略行为。但是，从政治角度来看，这一行为的起因是沙皇俄国政府对日本实施的侵略政策。日本为了防止沙皇的侵略，采取了先发制人的行动。”[17]1914 年，奥地利向塞尔维亚发出最后通牒，原因是奥地利认为塞尔维亚正在策划推翻奥匈帝国。俄国担心的是，一旦奥匈帝国打败了塞尔维亚，就会强大起来，威胁自己的安全。德国担心的是，一旦俄国打败了奥匈帝国，也会强大起来，威胁德国的安全。法国长期以来一直
认为，一旦德国打败俄国，会强大到足以威胁法国的地步，所 112
以缔结了法俄联盟。英国担心的是，一旦德国打败了法国并占领了比利时，就会强大到足以威胁英国的地步。最后还有美国。美国担心的是，一旦德国赢得了战争，就会成为足以威胁美国的强国。所以，所有参战的主要国家，都认为自己进行的是一场防御性战争，或者说是一场预防性战争。这些国家参战，是为了不使自己在未来的战争中处于相对不利的地位。即便是对殖民地的占领，也往往是出于同样的动机。英国巩固和正式兼并原先在澳大利亚的殖民地，是因为拿破仑声称要在澳大利亚建立法国殖民地的做法使英国感到担心。1914 年战争期间德国的殖民地被占领，后来又拒绝将这些殖民地归还给德国，原因也是军事方面的考虑，而不是经济方面的考虑。

也许正因为如此，行使权力会使人们渴望得到更大的权力。正如尼布尔博士所言，“在生存意愿与权力意愿之间是不可能划出一条明显的界线的”。[18]民族主义的初始目标是民族统一和国家独立。一旦达到了这个目标，民族主义几乎自然而然

地就会变成帝国主义。国际政治充分证明了马基雅维利的一句名言：“人们总是担心自己是否确实占有自己已有的东西，除非他们从别人那里得到更多的东西。”[19]霍布斯也说过，人们“不能保证是否可以牢固地掌握现有的、确保自己安全生存的权力和手段，除非他们能够得到更多的权力和手段”。[20]战争的初始动机是保护自我安全，但很快就会成为侵略战争和获取自我利益的战争。麦金利总统要求美国干预古巴事务，抗击西班牙，目的是“完全、彻底地终止西班牙政府和古巴人民之间的敌对行为，确保在古巴岛上建立一个稳定的政府”。[21]但是，在战争
113 结束的时候，吞并菲律宾、扩大美国版图已经成为不可抗拒的诱惑。几乎所有参加第一次世界大战的国家开始都认为一战是一场自我防御性的战争，这种意识在协约国方面尤其强烈。但是，在战争过程中，每一个欧洲协约国家的政府所宣布的战争目标都包含了兼并敌国领土的内容。在现代条件下，有限目标的战争，就像有限责任的战争一样，实际上是不可能的事情。集体安全理论的一个谬误就是认为战争可以有着具体的、公正的目的，即“反击侵略”。1935 年秋天，如果国联能在英国的领导之下，对意大利实施了“军事制裁”的话，它就不可能将战争目标设定在把意大利军队逐出阿比西尼亚的责任界限之内。战争势必发展到更大的范围：由英国和法国占领意大利在东非的殖民地，由南斯拉夫占领的里亚斯特、阜姆和阿尔巴尼亚，由希腊或土耳其分别或共同占领多德卡尼斯群岛。战争目的会被公开宣布，提出各种冠冕堂皇的理由，排除将这些领土归还意大利的可能。因此，领土扩张的野心既是战争的原因，

也是战争的结果。

经济力量

经济力量，只要与军事力量结合起来，总会成为政治权力的工具。只有最原始的战争才会与经济因素完全无关。最富有的君主或最富有的城邦国家才能够雇佣最大规模和最有实力的雇佣军。所以，每个政府都会实施不断寻求财富的政策。文明的整个发展历程与经济发展密切联系在一起，所以，我们不难发现，在整个近代历史上，军事权力和经济权力之间的关系越来越密切。欧洲中世纪的终结时期充满了漫长的冲突和争斗，城镇的商人依靠有组织的经济实力，打败了依赖个人军事实力的封建贵族。无论在什么地方，现代国家兴起的标志是以工业和贸易为经济基础的新兴中产阶级的诞生。文艺复兴时期的意大利城市以及后来荷兰的城市曾经享有短暂的政治主导地位，基础就是贸易与金融的发展。从 114
文艺复兴到 18 世纪中期，主要的国际战争都是为贸易而进行的战争（其中有些就被称为贸易战争）。这一时期，人们普遍认为，财富是政治权力之源，所以，国家应当积极扩充财富。人们相信，使国家富强的正确方法是刺激国内生产，尽量减少进口，并且以贵重金属作为积累财富的手段。持这类观点的人后来被称为重商主义者。重商主义是一种经济政策体系，依据是一种迄今为止未曾受到质疑的命题：扩充财富是国家正常职能的一个组成部分。

经济与政治的分离

经典经济学的自由放任理论直接抨击了重商主义的命题。我们已经讨论了自由放任理论的主要内容。在我们现在的讨论范畴之内，这一理论的重要内涵在于，它使经济学与政治学在理论上完全分离开来。经典经济学家设想的经济秩序是有着自己的规律的。经济独立于政治。只要政治当局尽量少干预经济的自我运行，有关各方就会获得最大的经济利益。19 世纪，这种理论主导了经济学思想，在某种程度上也主导了经济实践活动（在英国的影响力远远大于其他国家）。19 世纪自由国家的理论假定政治和经济两个体系是并立共存的。政治体系属政府管辖范畴，职责是维持法律与秩序、提供某些基本服务。政治体系被人们普遍视为“必要之恶”。经济体系属私人企业的领地，目的是满足物质需求，以此组织广大市民群众的日常生活。[22] 在当今英国的理论中，将政治和经济分离开来的观点有时
115 发展到令人吃惊的极端地步。诺曼·安吉尔爵士在一战之前不久曾提出过这样的问题：“财富、繁荣和生活水平是否真是依赖于国家的政治权力？还是两者之间根本没有什么关系？”[23] 他提出这样的问题，是因为他坚信，每个理智的人都会认为两者之间没有关系。直到 1915 年，一位英国哲学家还发现，“一个不可更变的事实是：生产者掌握财富、控制财富、享受财富；而专业人员掌握、控制和享受的是权力和威望”。他认为，经济权力和政治权力的这种分离不仅是不可更变的事实，而且

是“良好社会之根本”。[24]

早在1900年之前，如果人们进行深入的分析，就可以发现政治和经济分离的谬论当时就在迅速破灭。19世纪后期的帝国主义是以政治为手段的经济活动，还是以经济为手段的政治活动——对于这个问题，至今仍有争议。但是有一点是十分清楚的：经济和政治为了同一目标联手共进。希特勒曾经说过：“依赖政治实力获得经济利益，然后再将所获得的每一分经济利益转化为政治权力——这难道不是英国政治家的行为特征吗？”[25]第一次世界大战明确地将政治与经济联系在一起，无论在国内事务还是对外政策方面都是如此，这就加速了已经出现的一种趋势。在19世纪，人们声称将经济从政治领域完全分离出去，实际上却打造了极其强大的经济武器为国家的政策服务。这一点现在已经十分清楚。19世纪80年代，一个德国参谋人员对恩格斯说：“战争的基础主要是人民的总体经济生活状况。”[26]1914—1918年间的历史充分证明了这种说法。一战期间，相互敌对国家里的政治权威机构极其彻底、极端苛刻地组织了各自的经济生活，这在以前的战争中是从来没有过的事 116
情。在军事和经济的长期联盟关系中，一战使得经济因素第一次成为即便不是占据优势地位，至少也是与军事因素平起平坐的伙伴。摧毁敌对国家的经济体系，像摧毁敌对国家的军队和舰队一样，都是战争的目的。“计划经济”指的是国家为政治目的对本国经济生活的控制，它是第一次世界大战的产物。[27]“战争潜力”因此也就成为经济实力的同义词。

19世纪出现了自由放任主义，它是一个重要但又反常的插

曲。现在，我们重新回归原本：经济可以被公开地视为政治的一个组成部分。以经济为视角解释历史，在很大程度上是19世纪思想和话语的产物，现在我们可以解决关于这一理论的争议了。马克思坚持认为经济力量在政治中的作用越来越大，这一观点是十分正确的。自马克思以来，历史就无法完全按照从前的方式加以书写了。但是，马克思认为存在一个经济体系，这一体系有着自己的规律，它的运转独立于国家，国家只是经济体系的附庸和工具。马克思相信这种理论，就像自由放任主义者相信自由放任理论一样坚定。马克思在其著作中将经济和政治视为两个分立的领域，两者之间的关系是主导和从属的关系。马克思之所以持这一观点，是因为深受19世纪思想的影响。近来，一些批评马克思的人坚持认为，“历史最重要的规律是政治规律，经济规律是次要规律”。[28] 其实，他们也像马克思一样，受到19世纪思想的影响，将政治与经济割裂开来。经济力量实际上就是政治力量。我们既不能把经济学视为历史的无足轻重的附属物，也不能将经济学视为独立的科学，在其框架中历史就可以得到解释。如果我们回到“政治经济学”这个术语，许多杂乱不清的问题都可以得到澄清。亚当·斯密用这一术语为
117 一门新的科学定名，虽然后来人们喜欢使用“经济学”这个更加抽象的名称，但是并没有抛弃亚当·斯密所用的政治经济学一词。即便是在英国，直到19世纪结束的时候，人们仍然使用政治经济学这个术语。[29] 经济学以存在一个政治秩序为前提预设，因此，如果将经济与政治割裂开来，孤立地研究经济，自然会是徒劳无功的。

经济政治分离说的几点谬误

关于政治与经济分离的问题，如果其重要性纯属历史性的，或是纯属理论性的，那就没有必要详尽讨论了。政治与经济分离的幻觉是19世纪自由放任传统的遗产，已经全然不能适应当今的现实。但是，在国际政治中，这种思想仍然流行。也正是在这一领域，它导致的极大的思想混乱。对于政治问题是否具有经济原因（这是1927年的经济大会提出来的[30]）、经济问题是否具有政治原因（这是范泽兰报告提出来的[31]）、原料问题属政治范畴还是经济范畴这些不言自明的事情，人们竟然也投入大量时间予以讨论。与此类似的是英国政府的一些说法。比如，英国政府在1922年发表宣言，称犹太人移居巴勒斯坦的数量应当根据“该国的经济条件”予以规定。1931年，英国政府再度发表声明，认为“与接受移民能力相关的考虑纯属经济问题”。直到1937年，一个皇家委员会还声称：“由于阿拉伯人敌视犹太移民，‘两个民族之间的敌对现象’自然具有紧迫的经济意义。”[32] 有一种观点认为，对于移民接受能力，
存在一个客观的经济标准。实际上，这种观点使得移民和难民 118
的每一个问题都变得更加复杂。还有一个例子，也说明如果我们不是审慎地使用“经济”这个词，也会引起很大的歧义。这个例子就是《纳伊条约》。条约规定，“确保保加利亚到爱琴海的经济通道”，其中的“经济”有着两种完全不同，但又同样颇有道理的解释。所以，使用与政治脱节的经济原则来解决政治问题只能是徒劳无益的。

在国际政治实践领域，19 世纪这种政治经济分离思想所导致的最明显的失败是 1936 年国联制裁行动的失败。如果我们仔细阅读国联《盟约》第 16 条，就会发现盟约制定者无须对此负责。第 16 条第 1 款规定了对违反盟约国家的经济制裁，第 2 款规定了对违约国家的军事制裁。第 2 款是对第 1 款的明确补充，该款理所当然地认为，在实施制裁的时候，可能需要动用“军事力量捍卫国联《盟约》”。这两款的唯一区别在于，虽然所有缔约国都要参与经济制裁，但对于军事制裁来说，自然是从那些与违约国邻近的、有足够军事力量的成员国召集军队，采取行动。[33] 后来，有些人相信经济和政治是分离的、也是可以分离的两个领域，因此提出了一种观点，即：第 16 条第 2、3 款不是相互补充，而是规定了两种不同的方式。两种方式的不同在于，“经济制裁”是成员国必须参与的行动，而“军事制裁”则是成员国可以自由选择的行动。这种观点立即被一些人采纳，因为这些人认为，似乎可以牺牲数百万英镑的贸易来捍卫国联，但是不能为此牺牲数百万的生命。在 1934 年著名的英国和平投票中，约 200 万选民受到这种观点的误导，一方面投票赞成经济制裁，同时又投票反对军事制裁。鲍德温
119 勋爵当时说过：“我从中得出了许多结论，其中的一个是：没有战争威胁作支撑的制裁根本不可能发挥作用。”[34]不过，1935—1936 年间的教训应该使人们清醒地认识到这样一个真理：制裁就像战争，它只接受一个原则，即“要么全有，要么全无”。如果没有军事力量作为后盾，经济力量只能是软弱无力的。权力是不可分割的，军事手段和经济手段只不过是权力的不同形

式而已。[35]

将政治与经济分离开来的谬误还有另外一种同样严重的表现形式，这在人们普遍使用的话语中反映出来。人们往往将“权力”和“财富”、“枪炮”与“黄油”等区别开来。一位美国作家说，“福利问题是‘经济’问题，权力问题是政治问题”。[36] 这种谬误的说法很难被认为是错误的，因为它似乎来自一个大家都十分熟悉的事实。当今，每一个政府和每一个议会不断遇到的两难选择就是，增加军备还是增加社会福利。这就助长了可以在“权力”和“财富”之间、在“政治枪炮”和“经济黄油”之间进行选择的谬误。但是，如果认真想一想，就会发现事情全非如此。人们提出的问题从来都不是：你选择黄油还是枪炮？大家（长期独享和平的英美两国中那些和平主义者不在此列）都会认为，在必要的情况下，枪炮必然比黄油更加重要。人们提出的问题总是：你是否有着足够的枪炮来保证自己获得黄油？或是：假如我们需要若干件枪炮，我们是否能够增加收入，以便得到更多的黄油？对这种谬误最深刻的批判出自齐默恩教授的笔下。虽然齐默恩教授的批判实属无 120
意，但深刻程度却丝毫未减。他将现有的国家根据流行的说法分为追求“财富”的国家和追求“权力”的国家两种类型，然后做出了这样的评论：“总的来说，追求财富的国家，与追求权力的国家相比，在权力和资源方面占有绝对的优势。”[37]这样就会使我们得出一个正确的结论，即：“追求财富的国家”已经享有权力优势，所以不会专注于增加权力，因此，会有余力增加黄油；而“追求权力的国家”在权力方面处于劣势，自然首先

关注增加权力，所以，会将大部分资源用于追求权力。根据这种推理，“追求财富的国家”是已经享有权力优势的国家，而“追求权力的国家”则不具备这样的优势。这种分类的方法似乎不合逻辑，但实际上颇有道理。每个大国都认为，要保证国家的权力地位，至少需要一定数量的枪炮。这些枪炮比黄油更加重要。国家具有了这些枪炮，然后才可以追求“财富”。在1933年之前的许多年里，英国满足于自己享有的权力，所以是一个追求财富的国家。1935年之后，英国意识到自己的权力不足且受到挑战，所以变成一个“追求权力的国家”。甚至连反对党也不再坚持要求增加社会服务的一贯立场。因此，问题的根本不是“权力”与“财富”之间的区别，更不是“政治”与“经济”之间的区别，而是不同程度的权力。为了追求权力，军事手段和经济手段是会兼而用之的。

自给自足

经济必须被视为政治的一个方面。明确了这一点之后，我们就可以把经济实力为国家政策服务的方法大致分为两类。第一类方法的目的是为通称为自给自足的模式服务的；第二类方法则是要直接加强国家对其他国家施加影响力的那些经济手段。

121 自给自足是重商主义政策的目标之一。很早以前，国家就开始实施这种政策了。但是，自给自足的问题却是近代才凸现出来的。中世纪的时候，自给自足是经济生活的自然和必要条件，因为除了体积很小而价值很高的货物以外，其他货物的远距离运输都是得不偿失的。自中世纪结束以来，运输逐渐变得更加安全、更加廉价、更加迅速。国家也不可能完全自给自足了。生活水平的提高部分地是由于各国之间不同商品的交换。不过，只是在过去100年的时间里，蒸汽机的出现才使得陆地和海洋运输如此迅速、如此廉价，大部分商品的运输成本，较之生产成本来说，已经是微不足道了。因此，在许多情况下，一件商品的消费或使用地点与商品产地之间相隔500英里还是5000英里已经不是什么重要的因素了。大规模生产的方式意味着在同一地点生产的同一种产品越多，成本就越低。这种方式进一步促进了在同一地点集中生产的做法。今天，我们的需求比以往任何时候都更加趋于专门化。同时，我们生活的世界也有史以来第一次出现了一种可能，即：考虑到成本因素，可以建立高度集中的生产方式——在加拿大生产全人类所需要的粮食，在澳大利亚生产所有的羊毛，在底特律生产所有的汽车，在英国或日本生产所有的服装。这也许是一种理想的方式。在一个国家之内，绝对自由放任主义的结果既不切合实际，也无法使人接受。在国际上同样如此。在现代条件下，人为地维持一定程度上的自给自足是保证社会秩序的必要条件。

自给自足不仅是社会秩序的必要条件，也是政治权力的工具。它首先是战争准备的一种方式。在重商主义时代，无论是在英国还是其他国家，人们普遍认为，国家的军事实力取决于国家制造业的生产能力。亚当·斯密赞同英国的《航海法》（Navigation Acts），支持对英国帆布及英国军火实行补贴。所以，他本人在这一点上也放弃了自由放任主义。这是众所周知的一件事情。但自给自足原则的经典定义却是出自亚历山大·汉密尔顿的笔下。1791 年，汉密尔顿担任美国财政部长。
122 他向国会众议院提交了一份报告，报告中对当代自给自足原则做出了定义。他使用的语言即使在今天也不过时。当时，“有些产业可能使美国在军事和其他关键产品的供应方面不必求助其他国家”，众议院要求汉密尔顿就“促进这些产业”事宜提出建议。我们从报告中摘录下面的一小段：

> 与制造业的繁荣密切相关的不仅是国家的财富，还有国家的安全和独立。每个希望实现这些伟大目标的国家，必当努力自行掌握国民供给的必需品……在上一次战争中，美国最大的困难是无法做到自给自足。至今，这仍然是一个值得深刻反思的问题。如若不采取及时积极的行动改变这种状况，如若在未来的战争中仍然在很大程度上出现供给不足的情景，上次战争的失误和危险就会变得更加严重。[38]

接下来，汉密尔顿一一说明了可以取得理想结果的所有方法，包括征税、禁运、补贴和优惠等。[39] 50 年之后，德国的李斯特说：“德国保护主义体系的发展是德国民族生存、独立和未来的基石。”[40] 19 世纪后半叶，普鲁士取得了一个又一个的胜利，充分显示了高度发达的工业体系与军事实力之间的密切关系。

在这一时期，英国依赖工业优势，在所有工业领域都享有实际上的自给自足。当然，在生产这些工业产品的原料方面却并非如此。1830年左右，英国的粮食供应不再自给自足。但是，这一缺陷在很大程度上被英国强大的海军所弥补，所以，保持强大的海军成为英国的重要任务。皇家战时粮食和原料供给委员会在1905年提交了一份报告，讨论了英国预防性物资储备计划，但报告是反对这一计划的。对于鼓励国内生产的问题，报告则根本没有予以讨论。英国完全依靠海军的实力，来保护自己日常贸易的通畅，以此弥补必然产生的国内供应不足状况。[41]最近有人认为，19世纪政治家没有充分注意到自给自 123
足在政治上带来的好处，也没有认真考虑什么样的替代政策可以具有同样的效力。上面的论述说明，这种观点是没有事实根据的。

我们已经讨论过第一次世界大战对整个经济学产生的影响。就促使国家实施自给自足的政策而言，一战产生了直接的和重大的影响。战争期间，国家采取了封锁行动，世界上大部分船只也用来运送军队和军火，致使交战国和中立国都实行了比较严格的自给自足政策。在四年的时间里，同盟国被迫完全依靠自己的资源，在迫不得已的情况下，成为费歇尔所说的“封闭的商业国家”。对协约国来说，它们一直认为可以依赖海上运输弥补缺乏自给自足的能力，但由于出现了潜水艇这一新型武器，海上运输变得更加不可靠。不过，协约国政府似乎也不认为自给自足是差强人意的权宜之计。1916年6月，协约国代表在巴黎召开会议，讨论战后的经济政策，决定“立即采取必要行动，使自己在正常的经济生活领域不再依赖敌方国家的原料和制成品”。[42]翌年，一个英国皇家委员会列出了一份货物清单，因为涉及这些货物，“其他控制原料供应的国家就可能会对英国施加经济压力，英国必须特别提防这类国家。同时，迫切需要英国政府采取行动，提高英国在经济上不依赖他国的能力”。1912 年，英国通过《工业保护法》(The Safeguarding of Industries Act)，这一政策开始生效。对于国内无法供应的物品，最大限度地控制海外供应就成为主要的政策目标。英国希望控制充足的石油供应，于是便在不止一个产油国积极推行英国的政策。

124 在国际上，封锁对赢得战争起到了重要的作用，所以，国联机制中必然将“经济制裁”作为重要的方法。显然，下一次战争很可能比以往任何时候都更加积极地采取封锁的手段。反封锁的自我保护性手段自然是自给自足。1935 年对意大利实行了经济制裁，使人们更加重视自给自足的作用。墨索里尼于 1936 年 3 月 23 日在全国行业大会上发表讲演。他说：“1935 年 11 月 18 日标志着意大利历史上进入了新的阶段……决定意大利历史新阶段的关键是：用最短的时间取得最大程度的经济独立。”实际上，墨索里尼的这番话并没有什么新意，只不过是重复以前汉密尔顿、李斯特以及 1917 年英国皇家委员会的观点而已。但是，随着国际紧张形势的加剧，这个问题变得极为突出。一位著名的美国公众人物力促英美两国共同购买“具有战略意义的金属”，目的是“大量减少市场上的这类金属，使独裁国家和‘不具有这类金属的国家’无法购买之”。[43] 一位英国学者也指出，“削弱德国重整军备的最佳方法莫过于英国购买瑞典生产的全部矿石”。[44] 其实，倒是没有必要提出这样的

建议，因为政府已经充分意识到自给自足政策在军事方面的意义。德国开发了合成材料，英国大量储存了粮食和关键原料——这就是诸多重要实例中的两个。自给自足像其他权力的成分一样，是十分昂贵的。一个国家若要自行生产某些重要物品，可能要付出建造一艘战列舰的花销。进而，这样的花销很可能是白白浪费、得不偿失。但是，如果否认自给自足不仅是一种权力元素，而且是一种有用的权力元素，那就是无视事实了。

作为政策工具的经济力量

第二种把经济武器作为政策工具的方法是使用经济手段在国外获取权力和影响力。这种方法已经得到了普遍的认可和广泛的讨论，所以，这里只需要做一个简短的总结。这种方法有两种主要形式:（1）资本出口;（2）控制国外市场。 125

（1）近年来，资本出口已经成为强国经常使用的方法。英国在整个 19 世纪占据政治主导地位，这与伦敦作为世界金融中心的地位是密不可分的。只有在欧洲大陆这个英国无意追求政治影响力的地方，英国的投资是微不足道的，只占整个英国海外投资的 5% 不到。本世纪美国的政治权力大增，主要原因是美国成为国际市场上的主要资本放贷国家，其资本先是向拉丁美洲出口，自 1914 年之后又流向欧洲。政府通过直接投资的方式达到政治目的，这方面的例子有：英国政府购买苏伊士运河公司和英国—伊朗石油公司的股票，俄国政府出资建设中国东部的铁路等。政府还往往使用手中的权力，促使银行和私人为实现国家利益而投资。法国投资商向俄国政府提供 4 亿英镑的贷款，巩固了法俄联盟。在德国，“股份银行不仅仅是借贷机构，而且是一种政治经济工具，是德国实力政策的工具”。[45] 19世纪全部帝国主义政策的根基就是通过欧洲资本的投资开发世界上的落后地区。私人投资者，像19世纪的特许公司一样，受到政府的保护，通常的方式是得到外交的支持，他们的投资促进了国家的政治利益。[46] 马克思说，这种政策是“以商业的方式……代替了封建时期发动战争的政策，以资本代替了大炮”。[47]人们还发明了一个新的术语，形象地称美国的外交为

126 “金圆外交”。

> [塔夫脱在1912年说]，本届政府的外交政策是，采纳商业交往的现代观念。这一政策的特点是以金圆代替枪弹。它顺应理想的人道主义情感，有助于制定合理的政策和战略，也符合合法的商业目标。[48]

美国军舰时常游弋于拉丁美洲水域（正如英国军舰时常出没于世界其他水域一样）。这表明，如果以美元替代炮弹是人道主义之举，在政治需要的时候，枪弹也可以用来加强美元的效力。

1919年之后，以资本出口作为政策工具的做法较前减少，原因是世界上的剩余资本储备大跌，许多潜在的借贷国也没有偿付能力。但我们仍然可以看到许多资本出口的实例。法国对波兰和小协约国国家投入大量私人和国家的信贷和借贷，以此加强了对这些国家的影响。好几个国家的政府或是向奥地利提

供贷款，或是保证向其提供贷款，为的是达到维持奥地利独立的政治目的。1931 年，法国施加财政压力，迫使奥地利放弃了奥地利和德国共建关税同盟的计划。1931 年之后，法国在中欧的势力迅速减弱，重要原因是法国自危机发生之后无力继续向该地区的国家提供财政援助。1938 年 12 月，法国的施奈德—克勒索集团将其斯柯达公司的股份转卖给一个代表捷克斯洛伐克政府的捷克斯洛伐克集团公司。对此，一位《泰晤士报》的记者是这样评论的："这笔交易再次表明，法国要从中欧撤走了。这就为法国的政治扩张政策画上了句号。"[49]1932 年之后，在英国市场上非正式地禁止了发放外国贷款业务，此事说明，英国的外国借贷事务是受政治因素支配的。1938 年和 1939 年，127
英国和德国向土耳其、美国和英国向中国发放"商业性"信贷，其政治动机都是相当明显的。

（2）竞相控制外国市场是国际政治与经济相互作用的又一个例证。我们往往无法确定，到底是用政治权力来占领具有经济价值的市场，还是占领市场只是为了确立和加强政治权力。两次世界大战之间的岁月，经济战的最明显特征就是对市场的争夺。当时，世界各地的出口压力都在加大，如果把这种现象完全归咎于政治竞争也是不正确的。在现代工业结构中，许多商品的生产规模超出了大多数国内市场的消费能力。从纯粹商业角度来看，一面在受到保护的国内市场上高价出售商品，同时也在自由的国外市场上低价销售商品（也就是"倾销"）——这也许是一项高明的政策。将倾销作为政策工具自然是无可争议的事情，不过，大国都在自己具有的政治利益和自己最有能力施加政治影响的地方找到了“天然”的市场。中部和东南部欧洲之所以成为德国的“天然”市场，主要是因为它们是德国的军事力量可及之处。德国的重新武装和德国对这些地区的经济渗透是同时进行的。但是，这并不是新出现的现象。英国对埃及的政策就是一个突出的实例，充分说明了政治与经济密不可分的关系。在 19 世纪最后的 20 年里，英国对埃及的经济渗透是英国军队占领埃及的结果。英国的军事占领为的是保护英国在苏伊士运河的利益，而保护苏伊士运河又是为了保护英国的贸易通道和战略交通要道。

用来促进贸易和占领国外市场的方法人人皆知，在这里就不必讨论了。最简单的方法是通过提供贷款和信贷来资助出口。1914 年之前，对于英国来说，市场根本不是什么问题，所以，外国借贷人从伦敦得到的贷款可以不受限制地在任何地方
128 使用。但在除英国之外的其他地方，贷款往往是有条件的：所贷款项的全部或一部分必须由借贷国在债权国家使用。[50]自从 1919 年以来，这样的条件几乎在全世界各地都实行起来。英国成立了两个政府机构，即殖民地开发基金和出口信贷担保部，专门资助英国的出口。前者负责对英帝国领地的出口，后者负责对外国的出口。1939 年之前，官方对出口信贷担保部职责的界定完全是商业性质的。但是，1939 年通过一个法案，提高了担保部的担保限额。“如果他们［贸易委员会］认为，为了国家利益应当对相关交易提供担保，那么，担保部就可以为该交易提供高达 1000 万英镑的专项保证金”。[51] 贸易委员会主席在将这一措施提交下院的时候，否认这是英国对“德国发动贸易

战的宣战书”的说法，而是将其称为“经济上的重新武装”措施。他还说：“我们正在实施经济上的重新武装措施，这与其他领域重新武装的措施是同样重要的。”[52]1939年6月，又将1000亿英镑的数额提高到6000亿英镑。至于出口补贴和货币运作，也只不过是变相的出口信贷形式而已。

但在当代，要占领市场和获取因之而产生的权力，最典型的方式是互惠性贸易协定。这就回归到一种近于以货易货的体系中去了。因此，英国在阿根廷购买肉类和谷物，在丹麦和波罗的海国家购买熏肉和黄油，同时也就在这些国家获得了英国煤炭和制成品的市场。《渥太华协定》表达了同样的理念，只不过稍稍复杂了一些。在中欧和巴尔干国家，德国购买当地的产品（主要是谷物和烟草），而这些产品除德国之外没有更好的销路，所以，德国在这些地区不仅为德国产品开辟了市场，而且建立了自己的政治势力范围。法国在这一地区施加政治影
响力的策略就显得相当牵强，原因是法国未能在该地区的贸易 129
中占有足够的份额。购买力成为一种国际资源，价格已经不再是决定性的因素（德国在东南欧购买货物的价格高于世界市场的价格），这就使得购买者而不是生产者成为大权在握的一方。因此，人口众多、生活水平很高的国家掌握了一种新型权力。但是，如果过度使用购买力这一工具，则会造成资源浪费，最终还会使购买力本身也丧失殆尽。

经济力量与国际道德

我们简单扼要地讨论了使用经济工具为政治权力服务的问

题。最后还想提出一点思考，作为小结。以经济手段替代军事手段，亦即马克思称为以资本代替大炮的方式，并非道德优势的象征，而是权力优势的表现。几个简单的例子就可以说明这个问题。英国维克斯地铁公司的几名工程师在莫斯科受到审判，英国对此忿忿不平。于是，英国可以对苏联产品实行禁运。有一个意大利军官在希腊被杀，意大利同样感到忿忿不平。但是，意大利却不能采用这种经济手段（因为即使意大利对希腊产品实行禁运，作用也是微不足道的）。所以，意大利要想报复，只能使用野蛮的军事手段，轰炸希腊城市科孚。1931 年，英国建立了后来众所周知的“英镑集团”，方法是非政治的，看上去也不是刻意的行为。而德国为了在中部和东南部欧洲建立一个相似的“马克集团”，却不得不采取赤裸裸的政治方式，包括使用和威胁使用武力。英国的经济和金融实力使它免于干预西班牙内战。无论战争形势如何，英国政府毕竟能够依靠“英镑枪弹”，防止德国和意大利在西班牙长期占据主导地位的态势。关于远东局势，英国首相在同一时期说过：“战争结束之后，中国的重建就会开始。没有英国的帮助，中国是无法完成重建任务的。”[53] 美国没有必要继续遵循传统做
130 法，派遣海军陆战队弹压心存不满的拉丁美洲国家。它转而使用“睦邻”政策，原因之一就是美国在国际贸易和金融领域的实力日益增长，完全有能力采取这样的政策。

不过，这一理论更加广泛的适用领域是涉及“侵略”和领土兼并的所有问题。对于权力的这一元素，最说明问题的一份文件应该是 1910 年俄国驻华代办发给俄国政府的电报。

电报说：

> ［这位坦率的外交官写道］，如果我们有足够的经济实力，竭尽全力签署一个经济条约也就可以大功告成了。但是，我担心的是，如果这样做，我们自己从中却无利可图，反而成全了其他外国人。（例如，1891年签订的商业条约中包含了大量的利益，但实际上我们却什么也得不到。）所以，我认为，我们没有理由放弃迄今为止所实施的政策，亦即获取领土。[54]

最近，一位英国学者在讨论远东问题时发表了类似的看法：

> 19世纪，英国高举自由贸易的大旗。自由贸易是强者在纯粹商业性竞争中的选择。而对于那些试图直接使用政治权力弥补商业竞争不足的国家来说，其政策目标则是寻求建立包含特殊权益内容的“势力范围”。[55]

在整个19世纪，英国具有无以匹敌的海军和经济实力，使它能够以最小的军事力量和最低程度的经济歧视政策，在中国确立自己的主导地位。像俄罗斯这样相对较弱的国家，如果想要获得相似的利益，则必须使用赤裸裸的侵略和吞并领土的方法。后来，日本也明白了这个道理。克劳在其1907年的著名备忘录中说，英国是“弱小国家的天然保护者”。英国通过实施开放市场的自由贸易政策，“无疑会加强与其他国家之间的

131 友好关系”。[56]如果稍加补充，克劳的这一观点则会更加深入一步。我们可做如下补充：英国自身具有强大的经济实力，所以能够实施自由贸易的政策。经济实力与自由贸易就可以使英国在许多国家具有间接的影响力和控制力，这是其他任何一个大国都无法做到的。如果其他大国想要获取同样的利益，只能干预别国的政治独立。正因为英国具有这种优势，所以，英国很容易以弱小国家政治独立捍卫者的身份出现，而其他大国要做到这一点则十分困难。在埃及，英国的军事和经济支配地位与埃及的正式独立成为相辅相成的事情，而比英国弱小的大国只能通过吞并领土的方式，才能得到同样的利益。英国可以放弃以前对伊朗的正式控制权力，同时又保住自己在伊朗的利益，而法国在叙利亚则不敢采取同样的政策。所以，经济武器主要是强国的武器。1931 年苏联政府提出了缔结“经济互不侵略”条约的建议，受到英国、法国和美国这三个当时最强大的国家的坚决反对。这件事本身是极具意义的。

现在有一种普遍的观点，认为使用经济武器比使用军事武器要道德一些。要将这样的观点说成毫无根据似乎也不容易，但是，这一观点并非总是正确的。战争期间的封锁可能与空袭一样造成严重的灾难。但一般来说，金圆比枪弹要人道一些。虽然两者可能具有同样的目的，但这种说法毕竟不无道理。对苏联实施货物禁运比轰炸希腊城市要人道一些。毋庸置疑，实施经济控制（比如美国在拉美的政策）、但同时保持了弱小国家一定程度的政治独立，对于这些弱小国家来说，是比较容易接受的。因此，它比直接的政治控制（比如德国于 1939 年在波希米亚和摩拉维亚确立的政治控制）要道德一些。可以想像，如果美国的经济实力像德国一样并不强大，那么，美国也可能采取德国实施的政策。但是，这并不能完全抹杀经济武器和军事武器之间的差异。诚然，穷人比富人更可能做出偷窃之 132
举，这自然会影响到我们对具体案件做出的道德判断。但是，偷窃行为本身就被普遍视为不道德行为。当然，这只说明了道德本身与权力问题是密切相关的。

我们将在下文中讨论道德问题。这里只谈一下我们需要从这一问题中吸取的最重要的道理：人们普遍认为经济和军事权力之间有着实质性的差别，这实际上是一种错觉。权力是一切政治行动的要素，它是一个整体，不可分割。使用军事手段和经济手段都是为了实现同样的目的。强国愿意使用不太野蛮、较为“文明”的手段，因为这样的手段一般来说已经足以实现目标。只要这样的手段足以实现目标，它也就没有必要使用更加野蛮的军事武器。但是经济力量不能与军事力量分割开来，反之亦然。两者都是政治权力的组成部分。从长远观点来看，两者的关系是共荣共损的。

支配舆论的力量

支配舆论的力量是权力的第三种形式。“好战分子”叫嚣：“我们有了船，我们有了人，我们有了钱。”这倒是准确地指出了政治权力的三个要素：军火装备、人力资源和经济实力。但是，人力资源不是简单地数一下人头就可以确定的。休谟说过："埃及的苏丹，或是罗马的皇帝，可以像对待牲畜那样任意驱使自己驯服的子民，全然无视他们的情感和意愿。但是，对于他的近卫军团队，他至少要听取他们的意见，像人一样对待他们。"[57] 因此，要实现政治目标，支配舆论的力量与军事方量和经济力量同样重要，并且，这些不同形式的权力也是密切相关的。说服的艺术一直都是政治领袖素质中不可缺少的成分。在政治家治国的历史中，演说口才也是长期以来受人敬仰的一种才智。不过，宣传只是在现代才成为政策的工具——这种流行的观点基本上是正确的。

当代世界中的宣传

133 支配舆论的力量之所以在当代日趋重要，最明显的原因是政治活动的基础扩大了。这就使更多的人的意见具有重要的政治意义。直到进入近代社会之后，仍然只有少数人的意见具有影响力。这些人由于共同利益团结在一起，一般来说也受到过良好的教育。因此，说服手段相对来说也是有限的。用希特勒的话来说，"科学阐释"是知识界的事情；对于广大群众来说，现代工具就是宣传。[58] 基督教似乎是历史上第一个对大众有吸引力的大型运动。正是天主教会首先理解并开发了控制广大民众舆论的潜力，这也是理所当然的事情。中世纪的天主教会是传播基督观念、破除异端邪说的组织。它是第一个建立了审查制度和宣传机构的组织。至今，它在其权力允许的范围之内仍然是这样的一个组织。最近，有一位历史学家说，中世纪教会是第一个极权国家。[59]这是有道理的。宗教改革运动在欧洲不同的地方同时剥夺了天主教会在几个领域的权力，包括支配舆论的权力、经济权力以及罗马帝国的军事实力赋予教会的权威势力。

在当今时代，控制广大群众的舆论的力量，由于出现了新的经济和军事技术而遇到了问题。大规模生产代替了个体手工业生产，义务兵役制代替了自愿职业军队的制度。当代政治实际上依赖于具有一定政治意识的广大民众的舆论。民众中最能发表见解、最具影响力、最可以使用宣传工具的是那些生活在大城市以及周边的人们。这个问题是任何当代政府都不能忽视的。从表面上看，民主国家和极权国家对待舆论的态度大相径庭。民主国家趋于遵循舆论，极权国家则设定标准，强迫人们服从这样的标准。实际上，事情并非这样一清二楚。极权国家在制定政策的时候，宣称其政策表达了广大群众的意愿；这并

非全是谎言。民主国家，或者说控制民主国家的集团，也不是 134
完全摒弃了制造和引导舆论的手段。极权主义宣传家，不断强调民主国家享有的舆论自由是虚伪的幻象。民主国家和极权国家对舆论的态度有着本质的差别，并且，在危机时期这种差别会成为决定性的因素。但是，民主国家和极权国家都承认舆论是极其重要的。

有些经济和社会条件使舆论成为政治中极其重要的因素，但同时，这些条件也为制造和引导舆论打造了前所未有的诸多有效工具。这些工具中最古老的、但也许仍然是最有效的工具就是普及大众教育。国家提供教育，自然也就规定了教育的内容。没有一个国家允许自己未来的公民在学校里学习如何颠覆

国家的根本原则。在民主国家，会教育儿童珍视民主带来的自由；在极权国家，会教育儿童崇尚极权的威力和纪律。在这两种制度中，都会教育儿童尊重自己国家的传统、信仰和制度，使儿童相信自己的国家比任何一个其他国家都要好。这种早期的自然而然的教育会起到十分重要的作用。马克思有一句名言："工人阶级无国家。"现在这句话似乎不再适用了，因为工人上的都是自己国家的学校。

但是，如果我们讨论今天的宣传，主要是指电台、电影、大众报刊这类方式。正是大众教育使得这些方式可以用于宣传。电台、电影和大众报刊与现代工业的基本特征完全一样，它们同样采取大规模生产、准垄断和标准化等方式，以便实现低成本、高效率的生产。这些行业的经营自然而然地集中到越来越少的人的手中，因而促成了对舆论的集中控制，并使之成为一种必然的发展结果。舆论的大规模生产是商品大规模生产的连带效应。19 世纪，由于经济权力的不断集中，政治自由的理念对于广大群众来说就成了虚假的东西。同样，由于出现了
135 这些极其强大的新型工具，为支配舆论的力量服务，19 世纪思想自由的理念也在根本上受到了削弱。今天，许多人对宣传一词没有好感，[60]这与人们对国家控制工业和贸易的做法没有好感是一样的。根据古典的自由主义理念，舆论应该像商贸与工业一样，依照自己的意愿自由传播，不应受到人为的控制和操纵。但是，在当代情景之中，舆论像商贸一样，不能也不可能免于人为的控制。古典自由主义的理念在严酷的现实面前破灭了。现在的问题已经不再是人们是否享有表达意见的政治自

由。对于广大民众来说，现在的问题是，面对由各种既得利益集团控制的宣传工具，除了屈从于这类势力的影响之外，舆论是否还有任何真正的意义。在极权国家，电台、报刊和电影是国家企业，受到政府的绝对控制。在民主国家，情况则有所不同，但普遍的趋势是朝着集中的方向发展。大型公司诞生了，这些公司极具势力，对社会来说也是极端重要，所以不能完全独立于政府机器而存在。这些公司自己也发现，与其受国家的直接控制，还不如自愿与政府合作。因此，在所有的地方，舆论的国家化与工业的国家化是同步发展的。

作为政策工具的宣传

有组织地使用支配舆论的力量，使其成为对外政策的常用手段——这是当代的新事物。1914 年之前，政府在国际关系中将宣传作为工具的做法也曾经出现过。俾斯麦和其他政治家都会任意使用报纸杂志，不过，他们主要是将其作为向外国政府发表声明的地方，而不是用来影响广大群众的舆论。传教士和商人相互配合，军队也予以支持——这是 19 世纪宣传、经济
和军事三种权力非正式结盟的典型方式，其目的是实现国家的 136
扩张利益。但是，当时的宣传仍很有限，只有革命者才会大量使用这一方式。如果政府有组织地使用宣传工具，则会被视为不光彩和令人不齿的行为。

1914—1918 年间，交战各方很快意识到，“心理战争必须与经济战争和军事战争同步进行”。[61]在经济和军事战线，要想成功就需要有一个条件：必须长自己的威风，灭对方的士气。

宣传正是实现这类目标的手段。比如，向敌方阵营散发传单，激发敌人内部发生兵变。这种做法像所有新型武器一样，在开始的时候被人们指责为违反国际法的行为。[62]进而，战争也出现了新的情况，在许多方面，战斗人员和平民之间的区别不复存在，打击民众的士气也开始成为军事行动的目标。

> ［英军参谋长在1918年1月写道］，远程轰炸只有在短时间内重复进行，才能最大程度地造就预期的心理效果。因为这样做会使被轰炸地区的人们始终处于焦虑状态。不断的轰炸与间歇性的零星轰炸完全不同，它不仅可以中断对方的工业生产，还可以摧毁民众的信心。[63]

其他交战国家的军事指挥官无疑以同样的方式思考这一问题。摧毁民众的士气不仅是许多空袭的目的，也是德国用“贝尔莎”大炮对巴黎实施远程轰炸的目的。同时，所印发的大量
137 宣传品进一步加强了轰炸的效果。一战最后的几个月里尤其如此。在整个一战期间，三种不同形式的权力密切配合，这一点不断地显现出来。交战双方的宣传成功与否，无论是在国内还是在中立国家和敌对国家里，都是随着军事和经济争斗的变化而变化的。最后，协约国的经济封锁和在战场上的胜利使德国的资源消耗殆尽，这时，协约国的宣传也极其有效，有力地促成了德国的最终崩溃。所以，1918年的胜利是军事力量、经济力量和支配舆论的力量这三种因素成功结合的结果。

虽然人们普遍承认宣传在战争最后阶段所起到的重要作

用，但几乎每个人都仍然认为，宣传的武器只适用于某种敌对的时期。德国的一位将军曾经把列宁及其同事们装进闷罐车遣送回俄国。他写道：“我用炮弹轰炸敌人的战壕，我把毒气喷向敌人的军队。同样，因为他们是敌人，所以，我有权利使用宣传的武器对付他们。”[64] 战争结束的时候，宣传部门被撤销，这自然是遣散兵员的一种措施。但是，在20年的战争间歇期间，名义上这是一段和平时期，然而许多政府却在开展宣传活动，力度比战争期间还要大。旨在影响国内外舆论的官方和半官方机构，如雨后春笋一般在每个国家建立起来。这样的新现象之所以出现，而且必然会出现，是因为国际政治越来越普及，宣传方式越来越高效。这两种趋势都会进一步发展，所以，持久的宣传也就是一种必然的现象了。

把宣传作为国际关系的常用武器是苏联政府首先开始的。苏联这样做部分地是出于偶然的原因。布尔什维克在苏联夺取政权之后，发现自己在国际冲突中可以使用的常规军事力量和经济力量都十分薄弱。就他们当时的处境来说，手中最主要的
力量就是影响其他国家的舆论。所以，他们将这一武器使用到 138
极致也是很自然的事情。最初，他们坚信，通过散发传单和传递友情就可以瓦解德国军队。后来，他们又在协约国内进行宣传攻势，以制止协约国在俄国内战中进行反对布尔什维克的干预行动。当然，如果没有创建强大的苏维埃红军，单凭宣传是没有用处的。但是，多年之后，许多人仍然对布尔什维克的宣传心存余悸，至今这种恐惧在许多欧洲和亚洲国家内也没有消失。这充分说明宣传起到的重大作用。苏维埃俄国是第一个创

建永久性大型国际宣传组织的国家，这个组织就是共产国际。

但是，使用支配舆论的力量在苏联的政策中首开先河，这是有着深刻的原因的。中世纪结束之后，没有一个政治组织宣称自己是普世真理的圣地和普世福音的使徒。苏联是第一个传播国际真理和创建世界性宣传组织的国家。这种做法看上去是非常革命的，所以，一开始共产国际声称与苏维埃政府的权力没有任何关系。虽说这种分离在具体的行政事务上还可能行得通，但在重大政策问题上却全非如此。苏维埃国家在斯大林时期得到了巩固，这种分离就更加成为名不副实的东西了。这一发展的意义远远超出了具体的地域，它使我们开始思考如今所说的“意识形态”在国际政治中到底占有什么地位这一问题。支配舆论的力量与其他形式的力量不可分割。如果这是一个事实，假如权力不能国际化，政治领域也就不可能存在什么国际舆论了。据此，国际宣传像国际军队一样，只能是自相矛盾的东西。这种观点看上去似乎不甚合理，但是可以得到极其有力的论证。所以，这一观点本身以及它所包含的意义是值得认真研究的。

国家宣传还是国际宣传?

139 大多数影响人类的政治思想都是基于所谓的普世原则，因此，至少从理论角度来说就有了国际性。法国大革命的思想、自由贸易、1848 年原初形式的共产主义或是 1917 年后再现的共产主义、犹太复国主义、建立国联的主张等，初看上去都是国际舆论的实例，似乎与权力毫无关系，而是国际宣传的产物。(从人们的本意上说，也许的确如此。）但是，如果仔细思考一下，这第一印象就不是那么准确了。如果这些思想没有国家色彩、没有国家权力作为支撑，它们在政治上又能有多大的作为呢？对这个问题很难做出回答。阿尔伯特·索雷尔在评论法国革命者的狂热时说过一段名言：

> 他们混淆了……新思想的宣传和法国权力的延展，混淆了人类的解放和法兰西共和国的辉煌，混淆了理性的统治和法国的统治，混淆了人民的解放和国家的征服，混淆了欧洲革命和法国革命对欧洲产生的主导性作用。[65]

很显然，拿破仑的军事实力是1798年思想在欧洲传播的最主要载体。英国率先将自由贸易作为基本国策，这样自由贸易的思想才产生了政治影响。1848年的革命未能在任何地方赢得权力，所以，1848年革命的思想枯萎败落。第一和第二共产国际都没有能够建立真正的权威。1914年的事态发展表明，只有各国的工人运动，没有什么国际工人运动。第三国际又称共产国际，在受到苏联国家权力的支持之后，才表现出它的影响力。拿破仑歪曲了1789年的思想，并将歪曲之后的思想传播开来；同样，斯大林歪曲了1917年的思想，并将歪曲之后的思想传播开来。托洛茨基主义没有得到任何国家权力的支持，至今也没任何的影响力。犹太复国主义在单单依靠国际宣传的年代里毫无政治作为可言，但在得到大国的政治支持之后，就发挥了作用。由此可见，宣传只有在得到国家支持并与国家的军事经济实力结合起来的时候，才能够成为有效的政治力量。

140 也许，国际联盟以及为国际联盟所做的宣传遭遇的命运，正是这一趋势的最佳现实例证。如前所示，伍德罗·威尔逊和塞西尔勋爵认为国联表达了“人类有组织的舆论”，可以控制各国政府的军事和经济力量。国际舆论是至高无上的权力工具（“是我们最强大的武器”）；这样的舆论必须通过超越国家边界的国际宣传建立起来。[66]在整个20世纪20年代，对国际舆论力量的这种认识的谬误逐渐暴露出来。但是，它却没有消失，主要是热衷于国联的人士一直坚持使用诸如和平和裁军等口号。正是因为这些口号对于不同的人来说具有不同的甚至是相互矛盾的意义，所以才得到了普遍的认同。每个国家都希望不用战争就可以实现自己的政策目标，所以它们主张和平。每个国家都希望其他国家裁军，都希望裁掉那些对自己不是至关重要的武器。裁军大会失败之后，大家都清楚地看到，国际联盟只有在被最强大的成员国当做工具的时候，才能发挥作用。支持国联的舆论全然不再具有国际性质，而是成为某些国家的舆论，因为这些国家可以利用国联实现国家的政策。在英国，国际联盟第一次受到所谓的保守党民族主义派别的欢迎。

其他地方的一些事件也可以证明，国际舆论在没有国家权力支持的情况下就可以发挥作用的观点是错误的。有些运动很容易被划归为法西斯主义的运动，其基础就是一些所谓的普世原则，比如反对民主和阶级斗争、捍卫领袖等。开始的时候，法西斯主义被正式界定为“非出口产品”。在以后的许多年里，坚持法西斯主义的国家也是这样对待它的。后来，这一限制被
141 公开取消了。[67]在世界的许多地方，法西斯主义成为活跃的国际

宣传主题。有人说，国际联盟和共产国际开始的时候是国际舆论的工具，但后来成为国家政策的工具；而法西斯主义开始的时候是国家政策的工具，后来却成为国际舆论的工具。这种说法未免过于肤浅。无论前者还是后者，国际化的阶段都是人们虚幻的想像（当然，这并不意味着许多人不是虔诚地相信这样的幻象）。法西斯主义在国际范围内的宣传是一些国家政策的工具，随着这些国家军事和经济力量的增长而加剧。我们可以使用“归谬”的方法说明，在国际范围内进行意识形态宣传只不过是实施国家政策的一面幌子而已。与之并行不悖的一种做法是，对于那些与自己在意识形态方面毫无共同之处的国家来说，国家可以采用与自己的信仰相反的口号，以期与之结为同盟。例如，虽然德国签署了反共产国际条约，但德国在国家政策需要的时候仍然与最大的共产党国家缔结盟约。民主国家虽然反对法西斯主义，但这些民主国家仍然寻求与那些同法西斯主义毫无区别的政权结盟。如果这些口号脱离了使用它们的那些国家的政策，就会变得毫无意义，也失去了任何实质性的内容。所以，支配舆论的力量是无法与军事力量和经济力量分离开来的。

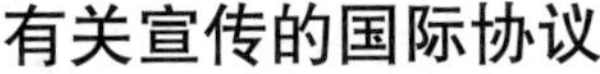

有关宣传的国际协议

现在，人们普遍意识到宣传是国家的政治工具。因此，对如何使用这一工具做出规定也就是国际协议中常见的内容了。这类规定首先出现在与苏联政府签署的协议中，目的是限制共产国际的活动范围。这也是很自然的事情。不过，这仍然可以

被视为特例。除了苏联，第一个有记载的禁止敌对宣传的协议
是德国和波兰广播公司之间签订的协议。协议规定，“广播内
142 容不应以任何形式伤害另一签约方国民的民族情感”。[68]波兰政
府建议裁军大会缔结“道德裁军”公约，第一次将宣传问题提
升到具有普遍正义内容的地位。实际上，通过一个普遍的公约
来限制对宣传工具的使用，就像限制军事武器的使用一样，实
属徒劳无功。[69]但是，德国和波兰、德国和奥地利分别于 1934
年和 1936 年签订了双边协议，终止敌意宣传。[70]英国和意大利
于 1938 年 4 月 16 日签订协议，双方“将其协议记录在案，任
何一方如若利用宣传手段，伤害对方利益，则与本协议确立的
友好关系之目标相违背”。

这类协议在民主国家里显然引起了很大的麻烦，因为民主
国家不能限制自由表达和发表关于国际事务的观点，因此也不
能在自己的领土上正式禁止反对其他国家的宣传。《英意协定》
中别别扭扭的措辞反映出这种尴尬境地。但实际上，舆论领域
像经济领域一样，19 世纪的自由放任原则已经不再适用了，即
便在民主国家也是如此。民主国家政府必须控制和组织本国的
经济活动，以便与极权国家竞争。同样，民主国家发现，如果
它们不去控制和组织舆论，就会在与极权国家的竞争中处于劣
势地位。即便是英国也迅速意识到这一事实。在涉及国际关系
的问题上，对广播、电影和报刊施加了不加张扬的影响；到了
危机时期，还会采取虽然不算官方但却是直接的审查措施。这
种政策甚至在第二次世界大战爆发之前就开始实行了。虽然在
143 一些特例中，这种影响不断受到批评，但是，有一点已经十分

清楚：无论什么政府执政，在类似的情况下，都会采取类似的限制政策。[71]同时，英国的宣传活动迅速扩大，目的是使外国公众熟悉英国的观点。自从1935年以来，一个叫作“英国文化委员会”的机构履行的使命是“使英国人民的生活和思想在国外得到广泛的传播”。1938年，英国广播公司开始用各种外语定时播放新闻。1939年6月，英国首相宣布英国外交部成立一个新的对外宣传司。战争爆发之后，英国立即以对外宣传司为核心建立了英国情报部。

宣传中的事实与道德

我们已经讨论了支配舆论的力量，并且是将其置于同军事和经济力量等量齐观的地位加以讨论的。至关重要的一点是，这三种不同形式的权力之间存在密切的关系，而在国际关系理论的讨论中却被人们忽视了。所以，对于当今时代的问题，最有成效的讨论方式就是考虑这种密切关系。有些人确实认为这是唯一正确的方式。首先，舆论是由地位和利益决定的。其次，正如我们在上一章里说明的那样，统治阶级和主导国家，或者说主导国家集团，不但可以制造有利于维护自己优势地位的舆论，而且可以依赖强大的军事和经济实力，轻而易举地将自己的观点强加于别人。1918年，民主国家获得了胜利，因而创造了一个几近普世的观念：民主体制是最好的政府形式。在20世纪30年代，世界上许多地方都在讨论法西斯主义作为一种统治形式是好是坏的问题。不夸张地说，人们对此问题的观点是随着德意两国军事和经济实力相对于其他大国实力的变化

而变化的：当两国的军事和经济实力强的时候，称好的声音加
144 强；当两国的军事和经济实力弱的时候，称坏的声音便加强。有无数实例可以说明这些假设是正确的。如果这些假设是绝对正确的，那么，支配舆论的力量与军事和经济力量在实质上就没有什么区别。如果有足够的权力和技术手段，就能使人们相信任何事情。有人确实已经提出过这种说法。希特勒说："只要坚持不断地进行精明的宣传，就可以将天堂说成地狱，将苦难生活说成幸福乐园。"[72]据说，美国的广告专家也认为："在任何问题上，都可以将舆论导向某种轨道，关键是看你有没有经费了。"[73]不过，这些都是宣传行家的夸大之辞。我们将会看到，即便是希特勒也不是真正相信宣传在制造舆论方面有着无限的权力。在这一点上，还有在其他一些方面，极端现实主义的观点是站不住脚的。当我们将支配舆论的力量与军事和经济力量等量齐观的时候，我们还必须记住，在讨论支配舆论的力量的时候，我们研究的已经不是纯物质性的力量，而是人的思想和人的情感。

支配舆论的绝对权力在两个方面受到制约。首先，人们必然要在一定程度上尊重事实，这就制约了支配舆论的力量。有些事实是客观存在的，对舆论形成也并非全然无关。精明的广告可以说服公众相信一种用劣质材料制造的润肤霜是最好的润肤霜，但是，最精明的广告商也无法使人相信润肤霜是用硫酸做成的。希特勒批评德国在第一次世界大战中的宣传是毫无用处的，因为当时德国的宣传将敌方描绘成愚蠢可笑、令人不屑一顾的货色。这样的宣传当然不会有效。道理很简单，在战壕

里作战的德国士兵发现事实并非如此。“真相终将大白”的情景对支配舆论的权力是一个极大的制约因素，在宣传活动竞争如此激烈的时代尤其如此。教育是支配舆论力量最重要的工具之一，但同时也会激发自由探索的精神。这种精神恰恰也是制约支配舆论权力的最重要工具之一。宣传会为了一种特定的目的而控制和解释事实，正因为如此，宣传本身就包含了自我摧毁的成分。

其次，支配舆论的权力受到人性中固有的乌托邦思想的制 145
约。这种制约可能比第一种更加有效。宣传与军事和经济力量是密切相关的，但宣传往往又会激发人们的思想，使之反抗军事和经济权势。这样一来，宣传就摧毁了自己的目标。从长远来看，人性中的一个基本特点就是，人是反对“强权即公理”这一理念的。有的时候，压迫反而会强化被压迫者的意志、提高他们的觉悟。因此，有人认为，权势集团可以支配舆论，而对社会底层的利益置之不顾。这种观点不是完全正确的，也不完全符合事实。希特勒自己就曾经写道：“任何缺乏精神力量支撑的统治，在试图使用暴力摧毁某种观念的时候，必当遭遇反抗。”[74]这一根本事实也向我们显示了一个真理：政治不完全取决于权力。支配舆论的力量是一切权力不可或缺的组成部分，但它同样不是绝对的权力。国际政治永远是权力政治，因为我们无法将权力从国际政治中剥离开来。但是，这只是国际政治的一部分。各国的宣传都极力将自己包装起来，披上所谓的国际原则的外衣。这的确证明了一些国际共同理念是存在的。虽然这类理念相当有限，人们对它们的信仰可能也不是很强，但

它们是有感召力的。人们也相信，这样的理念在某种程度上是
146 超越国家利益的价值观念。这些共同理念就是我们所说的国际
道德。

注释：

① Lenin，*Selected Works*（Engl.transl.），vii. p. 295.

② Marx and Engels，*Works*（Russian ed.），vii. p. 212.

③ 甚至连鲍德温勋爵在 1925 年都相信了这样一个危险的半真半假的观点，即“民主是通过协商和对话进行治理”（*On England*，p. 95）。在最近一封给《泰晤士报》的信中，弗雷德里克·哈里森（Frederic Harrison）先生谈到了英联邦。他说，英联邦“不是建立在征服的基础之上的，不是被武力捏合在一起的。它不是英国海军和陆军建立的，而是由意志的力量结合在一起的。联结英联邦的纽带是同情，是共同利益，是共同的语言和共同的历史”（*The Times*，30 June 1938）。这也是一种半真半假的危险认识。它掩盖了另外一半同样重要的真实事实，即，英联邦的确也是被英国的强大军事和经济力量结合在一起的。如果英国失去了这种力量，英联邦就会即刻解体。

④ Report to the Sixteenth Congress of the Russian Communist Party reprinted in *L'Union Soviétique et la Cause de la Paix*，p. 25；*The Times*，26 June 1939. 两处斜体都是笔者加上的。

⑤ *Intimate Papers of Colonel House*，ed. C.Seymour，iv. p. 24.

⑥ Miller，*The Drafting of the Convenant*，ii. p. 61. 后来行政院扩大后的结果已经在上文中提到了（见第三章注释 12）。

⑦ *The Foreign Policy of the Powers*（1935: reprinted from *Foreign Affairs*），pp. 86—87.

⑧ *League of Nations*：*Sixteenth Assembly*，Part II. p. 49.

⑨ 1926 年，在托管委员会讨论巴勒斯坦问题时，拉帕德（M.Rappard）认为，

如果受委任统治国有一天发现，自己由于没有充足的军队而无法制止某种行动的话，那就会引发重大的责任问题。如果托管委员会没有指明这一危险的话，那么委员会就要分担这样的责任（*Permanent Mandates Commission*，*Minutes of Ninth Session*，p. 184）。这样一来，委员会的责任就被限制在“指明危险”的范畴之内了。

⑩ Lugard，*The Dual Mandate in Tropical Africa*，p. 53.

⑪ B.Russell，*Power*，p. 11. 该书有力地分析了作为“社会科学基本概念”的权力，富有启发意义。我这里把权力分为三类，就是借鉴了该书的做法。

⑫ Lenin，*Collected Works*（Engl. transl.），xviii. P. 97；关于共产国际第六次大会的议题，引自 Taracouzio，*The Soviet Union and International Law*，p. 436.

⑬ Hitler，*Mein Kampf*，p. 749.

⑭ R.G.Hawtrey，*Economic Aspects of Sovereignty*，p. 107.

⑮ 可能需要提及一件事情：1914 年，保守党扬言要支持北爱尔兰革命行动的做法在英国政治中起到了作用。

⑯ R.G.Hawtrey，*Economic Aspects of Sovereignty*，p. 105.

⑰ *League of Nations*: *Official Journal*，May 1924，p. 578.

⑱ R.Niebuhr，*Moral Man and Immoral Society*，p. 42.

⑲ Machiavelli，*Discorsi*，I. i. ch. v.

⑳ Hobbes，*Leviathan*，ch. xi.

㉑ *British and Foreign State Papers*，ed. Hertslet，xc. p. 811.

㉒ 圣西门曾经预言，“工业政权”会代替“军事政权”，“行政管理”会代替“政府治理”（大家更熟悉恩格斯的话，他说“对事物的管理”将代替“对人的治理”）。圣西门的预言含蓄地指出了两种体制之间的区别（引语出自 Halévy，*Ère des Tyrannies*，p. 224）。

㉓ Angell，*The Great Illusion*，ch. ii.

㉔ B.Bosanquet，*Social and International Ideals*，pp. 234—235.

㉕ Hitler，*Mein Kampf*，p. 158.

㉖ Engels，*Anti-Dühring*（Engl.transl.），p. 195.

㉗ 计划经济的实施不仅是因为国际斗争，而且也是因为国内的斗争。所以，可以将其合理地视为既是国家政策（“经济民族主义”），也是社会主义的政策。我的讨论与后一种政策特点没有关系，故在文中略去。根据Burk（*Social and Economic History of Germany*，p. 157）的说法，“计划经济”一词本身就是德国在第一次世界大战期间创造的。但是，der staatliche Wirtschaftsplan这个词组则出现在Grundriss der Sozialökonomik战前在蒂宾根出版的文集之中，泛指“国家经济计划”。

㉘ Moeller van den Bruck，*Germany's Third Empire*，p. 50. 这种观点在纳粹和法西斯学者中十分普遍。

㉙ 在德国，“政治经济”最初被译为Nationalökonomie，在本世纪，曾一度被Sozialökonomie代替。

㉚ “经济冲突和经济利益的不同也许是可能危及世界和平的所有危险中最严重、最持久的一种”（*League of Nations*：C. E. I. 44. p. 7）。

㉛ “我有意避免触及全然属于政治的问题……但是，不容忽视的事实是，我们总是在政治事务的阴影中活动”（*Report ... on the Possibility of Obtaining a General Reduction of the Obstacles to International Trade*，Cmd 5648）。

㉜ 所有这些引文均来自1937年巴勒斯坦事务皇家委员会的报告，Cmd 5479，pp. 298—300。

㉝ 菲利莫尔（Phillimore）委员会的报告证实了这种解释。正是根据该委员会的建议，第16条的措辞得以确定。该委员会“认为，财政和经济制裁能够有助于防止侵略。有些国家实际上无法提供军事援助，所以采取制裁的方式是恰当的”（*International Sanctions : Report by a Group of Members of the Royal Institute of International Affairs*，p. 115，这份报告审查了相关的文本）。

㉞ House of Commons，18 May 1934：*Official Report*，col. 2139.

㉟ 当然，这并不意味着总是会使用军事工具。在第一次世界大战中，英国几乎没有使用它的主力舰队。但是，如果说即便英国政府根本不准备使用这一舰队，

结果也会完全一样，那就未免过于草率了。1935—1936 年的制裁之所以失败，就是因为所有的人都知道大国根本不准备使用军事工具。

㊱ 值得注意的是，当德国加入国联的时候，斯特莱斯曼完全清楚这一点。秘书长说，即便德国撤出军事制裁行动，它仍然可以参与经济制裁。斯特莱斯曼回答说："我们也不能参与经济制裁。如果我们参与了对强大邻国的经济抵制活动，结果很可能是它会对德国宣战，因为剥夺一个国家与有着 6000 万人口的德国进行经济交往的权利，必然意味着敌对行为"［*Stresemann's Diaries and Papers*（英译本），ii. p. 69］。

㊲ F.L.Schuman，*International Politics*，p. 356.

㊳ Zimmern，*Quo Vadimus*?，p.41.

㊴ *Works of Alexander Hamilton*，iv. pp. 69 sqq.

㊵ List，*The National System of Political Economy*（Engl，transl），p. 425.

㊶ *Supply of Food and Raw Materials in Time of War*，Cmd 2644.

㊷ 这一决议载于 *History of the Peace Conference*，ed. Temperley，v. pp. 368—369。

㊸ W. Y. Elliott in *Political Quarterly*，April-June 1938，p. 181.

㊹ G. D. H. Cole in *Political Quarterly*，January-March 1939，p. 65.

㊺ W. F. Bruck，*Social and Economic History of Germany*，p. 80.

㊻ 在尤金・斯坦利（Eugene Staley）的 *War and the Private Investor* 一书中，对整个事件做了彻底的研究，并引用了无数实例。斯坦利先生的主要结论是，私人投资很少能够对官方政策产生重大的影响，但是私人投资被视为政策的工具，不断地受到官方的引导和鼓励。

㊼ Marx，*Gesammelte Schriften*，i. p. 84.

㊽ Annual Presidential Message to Congress，3 December 1912.

㊾ *The Times*，29 December 1938.

㊿ 霍布森（C.K.Hobson）在 *The Export of Capital* 一书中引用了法国和奥地利的例子。俄国和比利时也是提供借贷的国家，同样附加了这类条件。

⑤¹ 1938 年，外交部的一个官员被调到出口信贷担保部工作。这件事可能是颇有含意的。

⑤² House of Commons，15 December 1938：*Official Report*，col. 2319.

⑤³ House of Commons，1 November 1938，reprinted in N. Chamberlain，*The Struggle for Peace*，p. 340.

⑤⁴ B. de Siebert，*Entente Diplomacy of the World War*，p. 20.

⑤⁵ G. F. Hudson，*The Far East in World Politics*，p. 54.

⑤⁶ *British Documents on the Origins of the War*，ed. Gooch and Temperley，iii. p. 403.

⑤⁷ *The Philosophical Works of David Hume*，iv. p. 31.

⑤⁸ Hitler，*Mein Kampf*，p. 196.

⑤⁹ G. G. Coulton，*Mediceval Panoramo*，p. 458 *et al.*

⑥⁰ 1939 年 7 月 28 日，英国内政大臣在下院说，"我希望，在世界上任何地方，政府都没有必要进行宣传。我期待着自己能够多活一些时日，亲眼看到这种战争年代遗留下来的不良做法寿终正寝"（*Official Report*，col. 1834）。

⑥¹ H.D.Lasswell in the Foreword to G.G.Bruntz，*Allied Propaganda and the Collapse of the German Empire*. 该书是目前对这一问题最全面的论述。

⑥² 1917 年，德国抓获了两名英国飞行员，并判他们十年苦役，罪名是他们从飞机上散发这类传单，因而违犯了战争法。英国声称要进行报复，结果德国减轻了判决。1923 年的海牙公约明确禁止在空战中采取这种做法（Bruntz，*op. cit.*，pp. 142—144）。

⑥³ *The War in the Air*（British Official History of the War），by H.A.Jones vi. Appendix VI，p. 26.

⑥⁴ Hoffmann，*War Diaries*（Engl. transl.），ii. p. 176.

⑥⁵ A.Sorel，*L'Europe et la Révolution Française*，pp. 541—542.

⑥⁶ 参见 pp. 31—36。

⑥⁷ Mussolini，*Scritti e Discorsi*，vi. 151; vii. 230.

⑱ *League of Nations*，C. 602，M. 240，1931，ix. p. 4.

⑲ 1936 年 9 月，当时仍为国联成员的大部分国家签订了一个国际公约。据此，各缔约国承诺，在它们的领土上不进行针对其他缔约国的“战争煽动性”广播或是一般意义上的敌意宣传［*League of Nations*，C.399（1），M.252（1），1936，xii］。

⑳ 在这两个案例中，关于宣传问题达成的协议并没有反映在官方发表的文本之中。但是，在公告中说明了协议的存在。1936 年 7 月 11 日，奥地利外交部就德奥协议发表公告，称“两国停止对无线电台、电影、新闻报道和剧院的一切敌意性使用”（*Documents on International Affairs*，*1936*，p. 324）。

㉑ 1938 年 12 月 7 日，自由党反对派就新闻问题在下院发起了发人深省的辩论。自由党发言人声明支持人们熟悉的 19 世纪新闻自由的原则，而反对派工党发言人则认为，19 世纪新闻自由的原则已经成为空中楼阁，所以提出，“要使英国的每家报纸对自己登载的每一条新闻负责，并对下院和某种公众权威负责”（*Official Report*，col. 1293）。

㉒ Hitler，*Mein Kampf*，p. 302.

㉓ J.Truslow Adams，*The Epic of America*，p. 360.

㉔ Hitler，*Mein Kampf*，p. 187.

第九章　国际政治中的道德

道德在国际政治中的地位是整个国际研究范畴内最难捉摸、最难确定的问题。之所以如此，可能有一般和特殊两个方面的原因。

首先，大多数关于道德的讨论都难以得出明确的结论，因为使用道德这个词的时候，至少可以包含以下三种不同的意义：

（1）理论家的道德准则。这是讨论最多、但很少付诸实践的一种意义。

（2）普通人的道德准则。这是有时付诸实践、但很少得到讨论的一种意义（因为普通人很少思考自己的行动和判断背后的道德原则。即便他会思考这样的问题，也往往是自欺欺人）。

（3）普通人的道德行为。这与第二条有着比较密切的关系，但与第一条没有什么关系。可以看出，第二、三条之间存在相互关系。普通人的行为受到他的道德准则的影响，同时，他的道德准则又受到包括他自己在内的普通人行为方式的影响。对于普通人的政治道德观来说，这一点尤其明显。政治道德观，较之个人道德观，更是基于对现有实践活动的总结，因此，对等性期望也总是起到很大的作用。

乌托邦主义在两次世界大战之间的岁月里主导了国际问题

的研究，结果是将大家的研究兴趣集中在一个问题上面，即：什么才算是理想的国际道德？对于国家的道德行为，除了有时会根据这种理想的国际道德做出草率和大而化之的评判之外，几乎没有什么其他的分析。根本没有人讨论普通人对于国际道德的认识。这实在是一大遗憾，因为在这一时期，政治的普及 147
第一次使普通人的政治观成为极其重要的因素。国际乌托邦主义和国际关系现实之间的距离越来越大，这一点明显地表现在理论和实践的脱节上面，即：一方面是理论家的理论，另一方面是基于普通人未曾言明和无所意识的观念之上的实践，两者之间存在巨大的鸿沟。进而，乌托邦主义也必然在不知不觉的情况下成为既得利益的工具。大多数英美学者认定的国际道德实际上已经成为对不满现状者发起攻击的武器。当然，无论何时何地，国际政治学者都不可能完全摆脱乌托邦主义。但是，他起码需要脚踏实地，努力使自己未来的理想与眼前的现实结合起来。这应当不是极端困难的事情。研究食人部落的道德准则和行为的人类学家，最初的想法可能是食人行为是不可取的习惯。他也有着自己的理想：这种习惯应该废除。但他不会认为仅仅谴责食人行为就会产生科学价值，也不会将这样的谴责等同于对食人行为的科学研究。不过，国际道德学者并非总是具有这种清晰的科学思维方式的。一般来说，国际道德学者更乐于承担传教士的任务，因之也就放弃了科学家的使命。

其次，道德的不明确性还是国际领域特有的问题。研究国际道德的学者，对于他们所研究的对象是国家道德还是个人道德这一问题，从来就没有一致的意见，就连他们自己对此也不

清楚。这一点看上去很奇怪，但实际情况就是如此。因为这是一个十分重要的问题，所以，我们在开始分析之前，必须首先澄清这个问题。

国际道德的性质

现代国家产生于绝对的个人统治时期。当时，个人道德和国家道德之间的区别并不是十分重要的事情。君主个人对国家的行为负责，人们也会这样看待问题，所以，不存在歪曲事实

148 的问题。查理一世可能既是一个善良的父亲，同时又是一个昏庸的君主。但是，无论是父亲还是君主，他的行为都会被视为个人行为。[①] 后来，国家机器日趋复杂，宪政体制日益发展，使君主的职责成为明显的摆设，个性（这似乎是道德责任的必要条件）也从君主转向了国家。霍布斯说，利维坦是一个“人造之人”。这是一个重大的进步。它对国家实行了拟人化的处理，因此我们才得以在自然法的基础上建立国际法。只有将国家假定为个人，国家之间才有相互义务可言。但是，国家拟人化的做法不仅很容易使国家具有义务，也可以使国家具有权利。19世纪和20世纪，随着国家权力的增强，国家的权利欲显然也超过了国家的义务感。所以，国家的拟人化在开始的时候是一种自由和进步的做法，后来却导致了不加限制且无视个人的国家权利，这种做法现在受到了广泛的谴责，被认为是反动的、极权主义的东西。当代乌托邦主义思想家强烈反对这种做法，[②] 于是导致了这样一种观点：道德是不能归之于国家的。根据这

种观点，国际道德只能是个人道德。

关于道德是否可以归之于国家的争论不仅具有误导性，而且是毫无意义的。否认国家具有人性，与坚持国家必有人性一样，都是荒谬的观点，国家的人性化不是一个需要通过争论甄别真伪的事情，而是一个国际法专家称之为国家的“假定性质”的事情。[3] 国家的人性化是一个必要的虚构，是一种假设，是人们发明的必不可少的工具，以便用来分析发达社会的 149
结构。[4] 在理论上可以假定一个原始的政治秩序，其中，个人就是个人，而非其他超出个人的单位。这就像可以假定一个经济秩序一样，其中所有生产者和贸易商都是个人。但是，随着经济的发展，必须使用假定的法人责任的概念，比如股份公司。同理，随着政治的发展，也必须假定国家有着法人责任。这些假定的实体所具有的权利和义务并不仅仅具有法律性质。一家银行因为对其雇员慷慨宽厚受到称赞，一个军火公司因其不爱国的行为受到谴责，铁路公司负有“对公众的义务”，也会要求受到“公正的对待”——这一切都说明，与假定的法人有关的不仅仅是法律问题，而且还有道德准则。团体人的假定认为，团体人具有道德权利和义务，因此也就可以表现出合乎道德规范的行为。这一假定是当代社会中不可或缺的工具。团体人的假定中最不可缺少的内容是国家。因为，除了使用国家的概念，似乎没有什么其他方法可以用来研究国际政治了。“英国人与意大利人之间的关系”不代表“英国和意大利两国之间的关系”。讨论国际事务的乌托邦学者极力反对将国家拟人化，认为这样做不仅荒唐而且有害。但是，正是这些学者长期以来

在大力颂扬或强烈反对“英国”“法国”“意大利”这些虚拟实体的道德行为（往往是贬多褒少）。这实在是既可笑却又极具启发意义的事情，因为这些学者根本不承认国家作为假定实体的存在。

社会中的另外一个因素就是延续性，这也使得团体人的假定不可或缺。即便是强烈反对将国家拟人化的人，也不会反对庆祝《泰晤士报》创刊150周年或庆祝“剑桥队”第三十八次赛艇胜利的活动。他们同样坚信，“伦敦郡政务委员会”将在50年之后偿还“它”现在借用的款项。拟人化是一种思维分
150 类的方式，反映的是一种制度的延续。在所有制度中，国家的延续性是最需要得到反映的事情。1893年的《比利时保证公约》是否使英国承担了在1914年支持比利时的义务，这不仅是一个法律问题，也是一个道义问题。但是，如果我们不能假定谁来承担义务，也就无法对此问题做出有意义的讨论。我们必须假定，需要承担义务的既不是1893年签订条约的帕默斯顿（Palmerston），也不是在1914年必须对此事做出决定的阿斯奎斯（Asquith）和格雷；不是所有生活在1893年的英国人，也不是所有生活在1914年的英国人；需要承担义务的是英国这个假定的“团体人”。英国被视为具有采取符合或违反道德规范的行为的能力，可以履行或拒绝履行条约义务。[⑤]简言之，国际道德就是国家的道德。国家拟人化和国家责任人性化的假定既不是真实的，也不是虚假的。实际上，它根本不属于事实的范畴。它只是一种思维类别，是清晰地思考国际关系不可缺少的工具。诚然，1914年还提出了一个道德问题，即英

国人作为个人的义务。但是，这是英国人对于“英国”所负有的义务，它的提出恰恰是因为“英国”对于“比利时”负有义务。这两种义务是不同的。如果将两者混为一谈，则势必导致思想的混乱。

十分奇怪的是，对于这两者之间的不同，理论家比普通人更加难以理解。普通人很清楚，个人对国家的义务和一个国家对另一个国家的义务是不同的。1935 年，（英国）下院反对党谴责霍尔—赖伐尔计划是“可怕的罪行”。但是，反对党并没有说霍尔爵士是罪犯，也没有这样思考问题，而只是说爵士做出了错误的判断。1938 年，一些英国人对《慕尼黑协定》感到“耻辱”。但是他们并没有为自己感到“耻辱”，因为如果 151
可能，他们当时会竭尽全力防止这一协定的签署。他们也不是为张伯伦先生感到“耻辱”，因为他们中大多数人认为张伯伦虽然犯了错误，但行为诚实，人们是不会为一个因诚实而犯错误的人感到“耻辱”的。他们为“英国”感到“耻辱”，认为英国因为怯懦卑劣的行动而声望大跌。在这两个案例中，（批评者认为）对于当事个人来说，同样都是理智判断的失败；而对于“英国”来说，则是道德方面的失败。现在有一种绝妙的说法，称英国向捷克斯洛伐克提供的 1000 万英镑贷款是“良心钱”。“良心钱”的根本含义是，付钱的人在道德方面犯了错误。支付 1000 万英镑的道德过失者不是张伯伦，不是赞成《慕尼黑协定》的那些英国人，而是“英国”。国家的义务不能等同于任何一个或诸多个人的义务。国家的义务才是国际道德的内容。

对于这种观点，通常来说有两种反对意见。

第一种反对意见是，国家的拟人化张扬了国家，压抑了个人。这种意见反映了自由派思想家对国家拟人化做法的不满，但毕竟没有涉及实质性问题。国家的拟人化只是一种工具。因为它有时被人利用而对其进行谴责是毫无道理的。这样做与因为一件武器被用来杀过人就谴责这件武器的做法一般无二。这一工具完全可以被自由派使用，用来强调国家对个人和对其他国家应负的义务。民主国家也不可能完全摈弃国家拟人化的做法，因为民主国家也需要将其作为强调个人对国家应负义务的工具。我们之中那些精明的人可能不会愿意向某种个人群体缴税，但是，我们都相对自愿地向拟人化的国家缴税。在要求人们做出更大的牺牲时，这个道理具有更大的说服力。巴涅尔（Parnell）说：“如若不将爱尔兰描绘成美丽的女性，谁都无法使年轻人为这个不幸的国家献身。”[6] 如果将“只要英国得

152 以生存，谁又会在乎自己的生死”解释为“只要其他英国人得以生存，谁又会在乎自己的生死”，那就没有充分表达原来的意义。除非英国人、法国人、德国人相信（无论这种信念是多么荒唐），“英国”、“法国”和“德国”相互之间负有道德义务，履行这些义务会加强国家的声望，否则，正常的国际关系就难以进行。似乎只有加强而不是摈弃这种信念，才能促进国际关系的精神。无论怎样，人类社会只有经历了实质性变迁之后，才能够发现另外一个同样方便的假定来取代政治单位拟人化的做法。

第二种反对意见比较涉及实质性问题。如若国际道德是虚构实体的道德，那么，国际道德本身岂不是虚构和虚假的吗？

我们可以很容易地接受道德行为只能来自个人这一观点。但是，否认“英国和意大利之间的关系”等同于“英国人和意大利人之间的关系”，并不等于否认“英国和意大利之间的关系”取决于英国人和意大利人的个人行为。国家的道德行为是一个假定，这一假定在某些条件下得到接受，指导并实实在在地影响了个人的行为。对于这样一个假定，不必将其视为“不真实”的东西。只要政治家和其他一些影响国际事务发展的人一致认为国家具有义务，并且以此观念指导自己的行动，这个假定就会具有效力。与国际道德相关的行动是个人采取的行动，但他采取行动的时候，代表的不是个人，而是“英国”、“意大利”这些虚构的团体人。因此，所涉及的道德问题也就是这些“团体人”的道德问题。要想对国际道德做出有意义的分析，只能从承认这个事实开始。

国际道德理论

在我们思考支撑当前国际事务思想的道德假定之前，必须分析一下目前关于国际道德的一些理论。虽然是普通人而不是理论家的认识决定了现行的国际道德准则并指导着人们的道德行为，但理论家的理论也对普通人的思想产生了影响（并对他们的行动产生了影响，虽然不如对思想的影响大），所以，不 153
能完全不予讨论。国际道德理论有两个流派。一是现实主义。现实主义者认为，影响国家之间关系的因素只有一个，那就是权力，道德是起不到任何作用的。（正如我们看到的那样，即使有些不是现实主义者的人也这样认为。）二是乌托邦主义。大多数乌托邦主义者的观点与现实主义针锋相对，他们认为同样的道德准则既适用于个人，也适用于国家。

国家之间无道德准则可言的现实主义观点可以追溯到马基雅维利、斯宾诺莎、霍布斯，并一直到黑格尔。在黑格尔那里，现实主义得到了最完整、最彻底的表述。黑格尔认为，国家是完全的、道德上自我圆满的实体，国家之间的关系表达的只是尚未被相互义务统一起来的独立意愿之间的和谐与冲突。与之相反的理论认为，同样的道德标准既适用于国家也适用于个人。这一观点包含在国家拟人化的原始理念之中，不仅在理论家的著作里时有反映，而且在具有乌托邦意识的政治家的演讲中也时而出现。1858 年，布赖特在一次关于对外政策的讲演中说："制定道德法则不仅仅是为了指导人的个人行为……同时也是为了指导国家的行为。"[7] 伍德罗·威尔逊 1917 年就宣战事宜在国会发表的讲演中说："我们正面对一个新时代的开始。在这个时代，我们必须坚持的原则是，对于文明国家的公民恪守的那些行为准则和他们对遭受屈辱的人们所承担的责任，国家和政府同样应当予以恪守。"[8]1918 年 6 月，忠于祖国的豪斯参与了《国联盟约》的起草工作。草案中的第二条是这样写的：

> 同样的荣誉和道德标准应适用于国际事务和国家事务，如在其他事务中一样。国家的认可和承诺不可侵犯。[9]

在正式的盟约文本中没有收入类似的条款。但是，贝奈斯博士

在国联成立初期的一次大会上说，国联“本身就说明，人们试
图将……适用于个人之间相互关系的原则和方式引入国际关系
之中”。[⑩]1937年10月5日，罗斯福总统在著名的芝加哥讲演 154
中宣布：“国家道德像个人道德一样，都是至关重要的。”[⑪]但
是，他并没有明确指出道德的具体内容。

现实主义者认为，没有任何道德标准对国家具有约束力；乌托邦主义者认为，国家与个人需要遵循同样的道德义务。这两种观点与普通人对国际道德的认识是不相吻合的。我们现在要做的事情就是梳理一下普通人对国际道德的认识。

普通人对国际道德的认识

值得注意的是，否认道德标准与国际关系密切相关的人几乎全是理论家，政治家和普通人则不是如此。在我们对文明的理解中就有着承认我们对其他人负有某些义务的内涵。文明人天生就有着某种义务，这种观念导致了另外一种类似（虽然并非完全相同）的观念：国家也天生具有某些义务。如果一个国家在对待自己的国民，尤其是对待外国公民的时候，不能遵循某些行为准则的话，这个国家就会被视为“野蛮”的国家。就连希特勒在一次讲演中也拒绝与立陶宛签订协议，“因为我们不能与一个无视人类社会最基本准则的国家缔结政治条约”。[⑫]他还不断声称，之所以将苏联排除于国际大家庭之外，原因之一就是布尔什维克是不道德的。因此，所有的人都承认，存在对国家有约束作用的国际道德准则。这种道德准则中最重要的、也是受到最明确认可的一条

就是，不得造成其他人不必要的死亡和痛苦。也就是说，有时候，人们认为（无论他们的认识正确与否）为了达到某种更高的目标，必须导致死亡和痛苦。为了实现这样的目标，是有必要背离总的义务原则的。但除此之外，不得造成不必要的死亡和痛苦。这一道德原则是大部分战争法则的基石，而战争法又是国际法中最早
155 出现、最臻成熟的一部分。战争法则在不影响开展有效军事行动的情况下，基本上得到了大家的遵守。[13] 同样的人道主义动机促成了保护“落后民族”或少数民族以及救济难民的国际公约。

以上讨论的义务都是国家对个人的义务。国家对国家的义务同样受到明确的承认。在现行国际实践活动中，表现出许多与过去被称为“国家大家庭”（comity of nations）[14] 相似的现象，反映了长期以来存在的一种观点：国家是国际大家庭的成员，因此负有成员的义务。一个新成立的国家受到其他国家的承认，就成为国际大家庭的一员。尽管没有任何明确的条文规定，但它认为自己自动地受到国际法的公认规则和国际道德规范的约束。正如我们看到的那样，国际主义的概念在两次世界大战期间被随意使用，目的是为满足现状的国家发展提供理由。正因为如此，那些不满现状的大国就对这个词产生了反感。但这只不过是一种自然反应，它不是要否认存在一个国际社会，而是被剥夺成员资格的国家提出的抗议。戈培尔博士写道，《凡尔赛和约》的后果是“将德国排斥于强大政治国家组成的大家庭之外”，所以，国家社会党的职责便是“团结德国人民，使德国重新享有它在国际大家庭中的合法地位”。[15]1938 年 5 月，希特勒访问罗马，墨索里尼宣布，意大利和德国的共

同目标是“寻求在两国之间以及与其他国家一起建立一种国际大家庭机制，以期恢复对所有国家公正、安全与和平的平等和有效的保障”。[16] 德意两国不断控诉过去对它们实施的不公正待 156

遇，宣称它们提出的要求是合理的。毫无疑问，这两个国家的许多人也是真诚、热情地希望根据国际道德的普遍标准来判定他们国家的政策是合理的。

有些理论认为，国家之间相互不负有道德义务，条约也没有约束力。但是，尤其值得注意的是，即使是那些对国际合作毫无兴趣的政治家，也不会接受这样的理论。每个国家签署条约的时候，当然期望条约可以得到遵守。违反条约的国家不是否认它们有违反条约的行为，就是提出理由，说明自己违反条约是有道德和合法性依据的。苏联政府刚刚成立之后的几年里，公然违反了许多条约，不仅包括以前沙俄政府签订的条约，也违反了苏联政府自己签订的《布列斯特－立托夫斯克条约》。苏联政府提出了一种理论，似乎要否定国际义务和国际道德。但同时，苏联政府又缔结或建议缔结另外一些条约，明确表示要遵守条约，并希望其他国家也遵守条约。1936 年，德国政府在违反《洛迦诺公约》的同时，提出要缔结一个新的条约。在这两个案例中，都没有必要怀疑相关政府的诚意。违反条约的事情常常出现，但总是被视为不正常的事情，因此也就需要违约者提出特别的理由。这说明，普遍的义务感依然存在。

一种观点认为，同样的道德标准既适用于个人也适用于国家；另一种观点认为，根本没有适用于国家的道德标准。这两种观点都与现在普遍的认识相去甚远。事实上，大多数人一方面认为国家的行为应该符合道德规范，另一方面又不期望国家采取的道德行为等同于他们自己或相互之间作为个人采取的道德行为。

许多乌托邦主义思想家对这一现象深感困惑，所以便拒绝承认它的存在。还有一些人坦诚地说出了自己的困惑。杜威
157 （Dewey）教授说："人的道德一到国际行为领域就瘫痪了。"[17] 齐默恩教授发现，"在国际领域，存在一种根深蒂固的反法律、反秩序的偏见"。[18] 但是，这种国内国际的差异并不像初看上去那样严重。诡辩家一直都熟知，个人道德、职业道德和商业道德是不同的道德类别，它们之间是有差别的。国际道德也属于一种类别，它的标准部分地只适用于国际道德自身。国家道德的一些问题属于团体人道德领域的共性问题，另外一些问题则是国家作为政治权力的最高持有者所特有的。所以，国家和其他团体人之间的类比是有意义的，但却不是决定性的。

个人道德和国家道德之间的差异

现在，我们可以转而考虑另外一个问题：为什么人们一般不期望国家遵守与个人道德相同的标准？

（1）国家以及其他团体人，是很难具有像爱、恨、妒忌以及其他一些在个人道德方面起到重要作用的细腻情感。这个问题从一开始就会出现。18 世纪有位学者曾说："国家要像爱自己一样去爱别的国家。"[19] 这种说法显然难以兑现。正因为如此，有时人们会说，国家的道德必须限于正式道德的形式范畴

之内。这样的道德可以通过准则的形式表现出来，也近似于法律，但不能包括利他、慷慨和同情这类重要的个人道德因素，因为对后面这些因素是很难做出精确和严格的界定的。人们往往说，国家就像国营公司，可以公正，但不能慷慨。这一观点并非完全正确。我们已经注意到，团体人通常被认为应该具有合法的权利和义务，也应该具有道德。一家银行或公营公司向梅厄勋爵基金捐款，救助大灾难中的受害者。这一慷慨行为不应归功于银行或公司的董事，因为他们的钱包并没有受到影响；也不应该归功于银行或公司的股东，因为根本没有咨询他们的意见，也没有告知他们这件事情。慷慨行为应该归功于银行或公司这个团体人本身。财政部在艰难时期会提供“救济性拨款”，这种具有同情性质的行动不是做出决定的财政部官员
个人的行动，也不是财政大臣的个人行为，而是国家行为。一 158
些人希望，美国在第一次世界大战后免除欧洲国家欠美国的债款，并从道义角度批评美国对这种要求的拒绝。换言之，我们在有的情况下的确希望国家和其他团体人不仅履行它们的正式义务，也表现出慷慨和同情的举动。这种期望似乎不合逻辑，但确实存在。正是这种期望，导致了像银行和国家这类虚拟实体的道德行为。银行向慈善机构捐款，国家提供救济性拨款，都是由于舆论期望它们这样做。这种道德意识或许来源于个人，但是，道德行为的实施者却是团体人。

虽然大多数人接受这样一种假设，即：团体人在某些情况下具有道德义务，需要采取利他和公正的行动，但是，大家也一致认为，与个体人的义务相比较，团体人的义务更多地受到

自我利益的限制。在理论上，如果一个人为他人的福祉牺牲了自己的利益甚至生命，这种行为在道德上会大受称赞。当然，一个人若要履行这种义务，也会由于自己有家有小而不无顾忌。人们往往不会期望团体人为了他人的利益而牺牲自己的重大利益。一家银行或公营公司如果因为向慈善机构的慷慨捐助而不能支付红利，它不但不会受到赞扬，而且还会受到质询。1932 年，富兰克林·罗斯福在总统竞选活动中嘲讽胡佛总统因在欧洲开展人道主义活动而得到的名声，希望胡佛总统“将自己的注意力从那些所谓的‘贫困落后的国家’转向美国国内，转向堪萨斯、内布拉斯加、艾奥瓦、威斯康星以及其他农业州里巨大但又遭受打击的市场”。[20] 对于一个国家来说，有义务在不损害国民利益的前提下，适当接受外国难民。但是，如果一个国家敞开国门，让难民大量涌入，因此降低了本国百姓的生活水平，这就不是人们普遍接受的道德义务。支持国联的英国人敦促英国对受到“侵略”的人们提供援助，但是他们不会要求英国在损害自
159 我重大利益的情况下也必须这样做。他们只是说，英国应在力所能及的范围内提供援助，[21] 正如一家银行在力所能及的条件下向地震灾民提供 500 基尼的资助一样。在利他行为方面，普遍接受的国际道德标准似乎是，一个国家在不损害自己更加重要的利益的情况下，应尽力参与利他活动。据此，安定富裕的国家，较之于被自身安全和贫穷问题缠身的国家，更能够采取利他主义的行动。正是由于这种情况，英国人和美国人才可能普遍认为，他们国家的政策比其他国家的政策更具道德意识。

（2）普通人不会要求团体人表现出某些道德行为，因为这

些道德行为只是对个体人的要求。而且，他还会要求团体人采取某些行动，对于个体人来说，这些行动显然是不道德的。团体人不但不必承担某些个体人的道德义务，而且一些骁勇好战和独断专行的国家行为也被视为团体人的优秀品质。个人通过与团体中其他人的联合而增强实力；个人“对团体的忠实既是利他主义的表现，也是利己主义的转移”。[22]如果个人强大无比，就会将团体转化为实现自我利益的工具。如果个人弱小乏力，则会转而置身于强大的团体之中，以弥补自己实力的不足。如果我们自己不能取胜，则会希望我们一方能够取胜。于是，对团体的忠诚被视为个体的最高道德，这种忠诚要求个体人赞成团体人的行为，而这种行为如若是他个人的行为，则势必受到谴责。因此，促进整个团体的福祉和利益就成为一种道德义务。当然，这种义务往往遮蔽了对更大的团体所负有的义务。一种行为，如果表现在个人身上，就是不道德的；但如果表现在团体人身上，就是符合道德标准的。加富尔（Cavour）对阿泽利奥（D' Azeglio）说：“如若我们为了自己去做我们正 160
在为意大利所做的事情，那么，我们都会成为大恶人。”[23]这句话同样适用于许多公营公司的董事和公益事业的倡导者。尼布尔博士写道：“当代人越来越趋于将自己视为道德的典范，因为他们将不仁不义推给了日益加大的团体。”[24]同理，我们也将我们的敌意交付出去。“英国”仇恨“德国”比英国人仇恨德国人要容易；反犹太主义比反对犹太人更加容易。作为个人，我们谴责自己身上的这类情绪，但是，作为一个团体的成员，我们则可以毫不犹豫地发泄这样的情绪。

（3）这些观点在某种程度上适用于任何团体人，但尤其适用于国家。不过，我们一般不要求国家服从某些其他团体人需要服从的道德标准。国家对国民的感召力完全不同于其他团体人。国家涵盖了更加广泛的人的活动，要求国民具有更高的忠诚度和更大的牺牲精神。国家利益本身很容易被视为道德目的。如果要求我们为国家牺牲，至少，我们必须相信一点：天地之间，国家的利益高于一切。因此，国家被认为是有权实施保护自我生存的实体，国家的自我生存超越道德义务。在第一次世界大战之后出版的《剑桥英国外交史》（*Cambridge History of British Foreign Policy*）中，霍兰·罗斯（Holland Rose）教授认可了1807年英国在哥本哈根截获丹麦舰队的“不光彩事件”，理由是当时坎宁（Canning）认为，“英国处于生死存亡的关键时刻”。[25]就此持不同观点的人一般认为，问题的关键在于坎宁做出了错误的判断，而不在于如果坎宁判断正确，他应该采取什么其他行动。

161 还有一个事实，也通常使人们对于国家和其他团体人提出不同的道德要求。这个事实是：国家掌握政治权力；国家之上，不存在任何权威可以强制国家采取道德行动。而其他团体人则可以在国家的强制下采取道德行动。与之相关的一个推论就是，我们必须承认国家在合理纠正自己受到的不公正待遇时，有自助的权利。另外一个推论是，保证所有国家遵循一个统一的道德标准是极其困难的。虽然有些道德义务总被视为绝对义务，但一种强大的趋势是，一国是否承担道德义务，取决于它是否认为其他人会承担同样的道德义务。惯例在所有道德中都起到了重要的作用，而惯例的实质就是，如果其他人都实实在在地遵守一种惯例，这一惯例就具有约束力。巴克利银行或是帝国化工有限公司如果雇佣商业特工，从同行对手的保险箱里盗窃秘密文件，必然受到道义谴责，因为公营公司通常是不能使用这样的方法对付对手的。但是，如果“英国”或“德国”采用同样的方法，就不会受到道德谴责。因为人们通常认为，所有大国都会采用这样的方法，如果一个国家不采用，反倒处于不利的地位。斯宾诺莎认为，国家不能因为失信而受到指责，因为每个人都知道，其他国家在符合国家利益的情况之下也会这样做。[26]对于国家，人们之所以并不实施更高的道德标准，原因之一就是国家往往不遵守道德行为规范，同时，也没有办法强制国家遵守道德规范。

（4）正因为如此，我们在分析当前国家应该承担的道德义务时，就遇到了最实质性的困难。人们往往认为，团体人的道德只能是社会道德（国家和有限公司都不可能是圣人或上帝）。社会道德指的是对同一社区成员所负有的义务，社区可以是家庭、教会、俱乐部、国家或是人类本身。T. H. 格林写道：“个人是无法自我产生良心的。他需要社会为他造就良心。”[27]所以，我们需要设定一个国家组成的社会，并据此来确立国际道德的基础。怎样才能做到这一点呢？ 162

是否存在一个国际社会

那些否认存在国际道德的人自然也不承认存在一个国际社

会。英国黑格尔学派的鲍桑葵也许是这一观点的代表人物。他认为，“民族国家是最广泛的组织，具有确立共同生活所必需的共同经验。”[28]对于“全人类是一个真正的法人，是奉献的对象，是道德义务的向导”这一观点，他持强烈的反对态度。[29]对于鲍桑葵的观点，似乎可以这样回答：法人从来都不是“真实的”，它只是一个用来分析问题的假定；某个法人是否是奉献的对象和道德义务的向导，则是一个经验问题，必须通过观察，而不是通过理论加以回答；而且，在不同的时间和不同的地点，回答也是不一样的。我们已经表明，事实上，一种普遍的观点认为，存在一个世界范围内的社会，国家是它的成员。国家道德义务的概念正是与这种观点密切相关的。人们的言谈和在一定限度之内的行为，似乎确有一个世界共同体的存在。这是世界社会存在的唯一理由（没有任何其他的理由）。正如马达里亚加（Madariaga）指出的那样，我们有着一个世界共同体，因为“我们未曾思考辩论，就将这个真理悄悄地移入我们精神思维的宝库之中去了”。[30]

另一方面，如果认为这个假定的世界共同体具有与其他规模较小的共同体（小于并包含国家）同样的团结和紧密程度，那也是一种危险的错觉。如果我们审视世界共同体为什么没有达到其他共同体的紧密程度，就会得到启发，进而探讨国际道德不充分性的深层原因。国际道德的不充分性主要是两个原因造成的：（1）共同体成员之间的平等原则在世界共同体中没有得到实施，实际上也很难实施这样的原则；（2）整体利益高于局部利益，这是任何一个完全的共同体必须遵循的原则，但在

世界共同体中，这一原则并没有得到普遍的认可。 163

平等原则

（1）一个共同体中的平等原则很难界定。平等从来就不是绝对的，它可以被定义为：在无适当理由的情况下不施以歧视。在英国，有些人比其他人收入高或是纳税多（无论应该还是不应该），这种现象的理由即便是那些不享受如此待遇的人也会认为是适当的，所以，平等原则就没有受到破坏。但是，如果蓝眼睛的人得不到棕眼睛的人享受的待遇、萨里郡的人得不到汉普郡人享受的待遇，那就破坏了平等原则，共同体也会瓦解。在许多国家，少数民族受到歧视，而他们认为自己受歧视的原因又是毫无道理的。于是，这些少数民族就不再认为自己是共同体成员，别人也不会认为他们属于这个共同体。[31]

对于国际共同体来说，此类歧视却成为一个明显的特征。这首先来自个人的态度。据说，格莱斯顿有一次告诫国人：“你们要记住，在上帝的眼里，阿富汗大雪漫漫的山村里人的生命，与你们自己的生命，是同样神圣的。”[32]但是，可以比较确定地说，在这个问题上，上帝的眼睛与大多数英国人的眼睛所关注的并不是同样的事情。在共同利益和共同义务感方面，大多数人首先考虑的是家人和朋友，其次是本国同胞，再次才是其他国家的国民。家庭和朋友构成了“面对面”的团体，这些人之间的道德义务感自然是最强的。现代国家的国民，接受基本统一的教育，有着大众性的国家媒体、广播和交通设施，熟

164 练地使用各种符号标志，[33]因此，也就产生了某种“面对面”团体的特征。普通的英国人，对于其他英国人的行为、日常生活、思想和利益，在脑海里大体上会有一个轮廓，但对希腊人或立陶宛人则完全没有概念。进而，英国人对“外国人”了解的清晰程度会随着地理、种族和语言的远近程度而发生变化。因此，普通的英国人可能感到，不论怎样，他与德国人或奥地利人会有一些共同之处，但与中国人或是土耳其人则是截然不同的。[34]据说，美国一家报社在欧洲的记者设定了一条规则，如果一个事件涉及的死亡人数中有一个美国人，或是五个英国人，或是十个欧洲其他国家的人，这一事件就值得报道。我们所有的人有意无意地都在使用这类相对的价值判断标准。内维尔·张伯伦就日本轰炸中国城市问题在下院发表讲演时说：“所幸中国距离我们如此遥远，所幸那里发生的事情对我们的意识来说是如此陌生。如果我们亲眼目睹在中国发生的事件，就会激发我们同情、恐惧和愤怒的情感，就会促使我国人民采取他们从来也没有想过的行动。”[35] 1938 年 9 月 27 日爆发了捷克斯洛伐克危机。在张伯伦对全国的广播讲话中，我们又一次听到这种声音：“如果在一个遥远的国度里、在我们一无所知的人们之间发生了争吵，我们就要在这里挖掘战壕、试戴防毒面具——这是多么恐怖、多么荒唐、多么不可思议的事情。”[36]他的这些话在许多地方都受到了批评。但是，毫无疑问，这些话恰恰表达了普通英国人的第一反应。一般来说，我们对外国人的态度完全否认了在无适当理由情况下不施以歧视的原则，而
165 该原则恰恰是我们认可的平等原则。

个体人的这种态度也反映在国家相互之间的态度上面，并且，国际共同体的结构使这个问题更加难以解决。即使不同国家的公民之间的平等得以承认，国家之间的不平等仍然是十分明显的。国家的民众人数众多，至少在名义上都受到同样的法律的约束。而现有国家的数目比起民众数目来是很小的，而且国家不受外来力量的控制。因此，它们之间的不平等现象，较之于民众之间的不平等现象，更加引人注目、更加持久，也更加难以解决。许多强烈的要求都反映了国际政治中平等理念的重要性。比如，“最惠国待遇”、“门户开放”、“航海自由”、日本提出的在《国联盟约》中承认种族平等的要求、德国过去提出的“阳光下立足之地”的要求、德国最近提出的“地位平等”的要求等，都在呼吁实施平等原则。国联大会和委员会中不断传来赞美平等的声音，这些声音虽然不是全部来自小国，但大多数是小国代表的呼吁。[37]但是，人们很少强调将这个词的意义统一起来。有时，平等只是意味着国家在法律面前形式上的平等。在另外一些时候，则可能意味着权利平等、机会平等或是产权平等。有时，它又意味着大国之间的平等。希特勒说：“根据所有常识、逻辑和崇高的人类正义的普遍原则……所有国家的人民应该平等地享有世界的福祉。”[38]他在说这句话的时候，丝毫不意味着立陶宛应当与德国平等地分享“世界的福祉”。166
不过，如若我们假定，权利或是特权平等意味着相对平等，而不是绝对平等，那么，只要我们没有对“相对平等”的标准做出明确的界定，我们也只能是原地徘徊，无所进步。即便是界定了相对平等的标准，也没有很大的帮助。因为问题的关键不

在于危地马拉的权利和特权在多大程度上才算达到与美国的相对平等，而在于只有在美国的认可之下，危地马拉才能享有它的权利和特权。国家不断使用权力，而且总是有使用权力的可能，这就使得国际共同体成员之间相互平等的理念变得几乎毫无意义。

整体利益与局部利益

（2）国际共同体的另外一个主要缺点是它不能使人们普遍接受这样一个理念：整体利益高于局部利益。英国具有一种共同的民族意识，因为萨里郡的人一般都会认为英国的利益高于萨里郡的利益。德国共同民族意识发展中的一个主要障碍是很难说服普鲁士人、萨克森人和巴伐利亚人相信德国的利益高于普鲁士、萨克森和巴伐利亚的利益。所以，十分清楚的一点是，虽然人们有着热切的意愿，但在采取行动的时候，仍不会将世界的整体利益置于本国利益之上。对世界共同体忠诚感并不是很强，所以也难以建立超越国家根本利益的国际道德。但是，共同体的概念意味着其成员有义务促进共同体利益，道德的概念意味着承认存在具有普遍约束力的原则。如果我们完全否认整体利益高于局部利益，那么，哪里还会存在世界共同体和国际道德呢？

这就是国际道德的核心悖论。一方面，我们发现，人们几乎普遍承认存在国际道德，其中包含了对国际共同体和对整个人类的义务感。另一方面，我们也发现，同样普遍存在的一种

现象是，人们不愿意承认，在这个国际共同体中局部利益（即 167
国家的自我利益）低于整体利益。在实践中，这一悖论是以两种不同的方式解决的。第一是将整体利益与强者利益等同起来的方法，这是希特勒从达尔文主义那里学来的东西。强者被假定为“更高道德的代表”；[39]所以，只要在行动中证明自己的国家是强者，就可以将它的利益等同于整体的利益。第二种方法是新自由主义的利益和谐论。伍德罗·威尔逊、塞西尔勋爵和汤因比教授被认为是这一派的代表人物。利益和谐论，像一切利益的自然和谐理论一样，将整体的利益与主要国家的安全等同起来。伍德罗·威尔逊宣称，美国的原则就是人类的原则，汤因比教授认为，英帝国的安全就是“全世界的最高利益”。[40]实际上，他们两人的说法与希特勒“德国人是‘更高道德的代表’”的说法没有什么不同，都是将国际共同体的整体利益与涉及我们自己的局部利益等同起来，这样做也产生了同样的结果。对于确立有效国际道德的概念，以上这两种方法都是极其有害的。

我们无法逃脱的根本悖论是：每个共同体，每一项道德准则，都设定了一条原则：为了整体利益，可能会牺牲局部利益。我们越是勇于正视国际共同体中的这一问题，我们也就越是接近解决问题的办法。将国际社会比为国内社会的做法虽然不甚确切，但却很有帮助。霍布豪斯在临近 1914 年的时候写道，当代自由主义“并不认为存在一种只要小心谨慎和理智判断就可以使其发挥效用的客观存在的和谐。自由主义的观点是，存在可能的道德和谐……人们可以争取实现这种和谐。实现了这种利益和谐，也就实现了社会的理想”。[41]这段话中的“道德”一词暴露了霍布豪斯论断的错误。19世纪的“和谐只要求人们的小心谨慎和理智判断，就可以使其发挥效用”，这样的和谐是利益和谐。“道德和谐”则不同，它是通过牺牲利
168 益而取得的。之所以必须要求人们牺牲利益，正是因为不存在自然的利益和谐。国内社会不断要求人们做出自我牺牲，这样的要求也会得到响应。即便是要求人们牺牲生命，也是如此。但是，即便是在国内社会，如果认为所谓的“和谐”完全是通过甘心情愿的自我牺牲建立起来的，这种认识也是错误的。呼吁大家做出牺牲的要求往往是强制性要求。所谓的“和谐”是基于这样一种现实考虑的：自愿做出个人牺牲是符合自己的“利益”的，因为即便不是自愿，个人也要被强迫做出这样的牺牲。所以，道德和权力的结合建立了国内社会的秩序。

在国际秩序中，权力的作用加大，道德的作用减弱。如果要求个人做出牺牲，这种牺牲可能是完全自愿的，也可能不是完全自愿。但是，如果要求国家做出牺牲，认真观察一下，就会发现，这种牺牲很可能是被迫的，是屈从于更加强大的国家。不过，即便是在国际关系中，自我牺牲也不是从来没有的事情。英国对其自治领地做过许多让步，很难将这样的行为解释为出于英国利益或被迫屈从强国的结果。20世纪20年代，英国对德国让步，虽然很不成功，但却不是完全出于英国利益的考虑或是对德国实力的恐惧，而是出于某种对国际道德的信念，这种信念与英国国家利益没有关系。国际道德秩序必须建立在某种霸权之上。但是，这种霸权，就像国内统治阶级的最

高权威一样，本身就是对那些不享有霸权的国家的挑战。如果这种霸权要延续下去，则必须包含给予和索取两个方面，也就是说，掌握权力的一方要做出自我牺牲，这样才能为世界社会中没有掌握权力的一方所容忍。只有通过这种给予和索取的过程，通过表示不会强行坚持所有特权，才会使道德在国际政治中找到最稳固的立足之地（在国内社会大概也是如此）。一开始就要求人们做出巨大的牺牲，这显然是毫无用处的。我们可以合理实施的标准决不能太高。有些人自认为德国人是更高道德的代表、美国的原则就是人类的原则、英国的安全就是世界 169
的安全，因此，自己的国家完全不必做出任何牺牲。这种观点才是建立国际道德的最大障碍。齐默恩教授鼓励“普通人**开拓**自己的视野，牢记 20 世纪的**公共事务就是世界事务**”。[42]这一段话的最具体意义在于承认自我牺牲的原则。大家普遍认为，自我牺牲是国内的事情，国境线就是它的界限。但齐默恩告诫大家要使这一原则超越国界。我们不知道普通人是否仍然对此置若罔闻。如果财政大臣以提高大家的生活水平为借口增加收入税，我们一定认为他在撒谎。这类借口也往往一成不变地用在对外政策上面，为的是说明有些明显涉及牺牲自我利益的政策是正确的。实际上，不妨直接告诉大家，我们需要为了更高的利益牺牲自我利益。有的时候，这样做反倒是更为有效的方法。

我们还需要澄清很容易导致错觉的一点。在国内社会，我们认定，在自我牺牲和给予—索取的过程中，给予的一方主要是从现有秩序得益最大的人。在国际社会，满足现状国家的政治家和学者却做出这样一种假定：给予—索取的过程只能在现有秩序的框架之内运行，所有成员都要做出牺牲，以便维持现有秩序。艾登先生曾经说过，国际和平必须“建立在国际秩序的基础之上，而国际秩序需要所有国家联合起来共同维护”。为了维护国际和平，“每个国家都要做出自己的贡献，因为国家意识到这样做符合自己的长远利益”。[43] 这种观点以及其他类似观点所包含的谬误，对于任何行之有效的国际道德观来说，都是极其有害的。给予—索取过程必须考虑到对现行秩序的挑战问题。从长远观点来看，国际秩序的最大获益者必须做出足够的牺牲，使获益最少的国家容忍这种秩序，这样才有希望维持秩序的延续。要保证国际秩序的变革达到最大程度的平稳有序，不仅取决于现行秩序的挑战者，也取决于现行秩序的维护者。因
170 此，我们在下一章里会讨论国际政治中的法律和变革问题。

注释：

① 协约国政府在《凡尔赛和约》中认定前德国皇帝对国家行为负有个人责任，试图以此恢复这种历史上的假定。但是，当人们冷静下来之后，这一做法便受到几乎是普遍的反对。不过，现代独裁制度使这一假定重新复活。因此，汤因比教授将入侵阿比西尼亚的行为称为“墨索里尼先生有预谋的个人罪行”（*Survey of International Affairs*. 1935，ii. P.3）。当然，汤因比教授可能也会认为，将霍尔—赖伐尔计划视为 S. 霍尔爵士或赖伐尔“个人的罪行”是不妥当的。

② 比如，狄骥称其为“毫无价值、毫无意义的拟人化”（*Traité de droit consitutionnel*，i. ch. v.）。

③ Hall，*International law*（8th ed.），p. 50；Pearce Higgins，*International Law and Relations*，p. 38.

④ 当然，这并不意味着国家是政治组织的必然形式。它的意思只是，既然国家

是大家接受的政治组织形式，国家的拟人化也就是一种必要的虚拟做法。同样的道理可以适用于任何其他组织形式（比如阶级）。在苏联，无产阶级的拟人化程度已经很高（比如，无产阶级“拥有”生产资料的假定）。

⑤ 关于对这个问题的混乱思想，有一个十分典型的例子。这就是最近寄给《泰晤士报》的一封信。在这封信中，一位著名的历史学教授在评论 1914 年所谓英国对法国承担的义务的时候写道：“格雷可能考虑到，支持法国问题会关系到他个人的声誉，但是，他显然没有认为这会关系到内阁的声誉”（*The Times*，28 February 1939）。实际上，如果确有任何支持法国的承诺，那也不会是格雷代表自己做出的，而必然是代表英国做出的。除非格雷认为整个内阁像他自己一样认为英国必须履行自己的承诺，否则，他是根本不会做出这样的承诺的。

⑥ 引自 *Democracy and War*，ed. G. E. C. Catlin，p. 128。

⑦ John Bright，*Speeches on Questions of Public Policy*，p. 479.

⑧ *Public Papers of Woodrow Wilson*：*War and Peace*，i. p. 11.

⑨ *Intimate Papers of Colonel House*，ed. C. Seymour，iv p. 28.

⑩ *League of Nations*：*Fourth Assembly*，i. p. 144.

⑪ *International Conciliation*，No.334，p. 713.

⑫ Speech in the Reichstag，21 May 1935.

⑬ 自 1914 年以来，战争的规则受到了一次严格的检验。战斗和非战斗人员之间的区别变得越来越模糊。对所谓非战斗人员的蓄意攻击可能在实际上有利于实现重要的军事目标。根据规则，如若不是对其军事目标至关重要，交战国家不得造成不必要的痛苦。但是，不必要的痛苦这一概念越来越受到限制，也越来越难以维系。简言之，现代战争的条件在很大程度上并在一个重要的方面破除了原有的关于普遍义务的有效意义。

⑭ G. 施瓦曾伯格博士从最近的文献中列举了六个同义词，人们使用的时候也没有加以区别（*American Journal of International Law*，xxxiii. p. 59）。1939 年日本天皇诏书中也使用“国家的大家庭”，没有理由怀疑天皇使用该词是含

有讽刺意味的。

⑮ *Völkischer Beobachter*，1 April 1939.

⑯ *The Times*，9 May 1938.

⑰ *Foreign Affairs*，15 March 1923，p. 95.

⑱ Zimmern，*Towards a National Policy*，p. 137.

⑲ Christian Wolff，quoted in H. Kraus，*Staatsethos*，p. 187.

⑳ Speech at the Metropolitan Opera House，New York，reported in the *New York Times*，November 4，1932.

㉑ 国际联盟“只有在以下情况才提倡使用制裁，即，有足够的国家以充足的资源代表国联进行合作、实施制裁，基本保证潜在的侵略者放弃其侵略意图，从而避免战争的爆发”（*Headway*，December 1937，p. 232）。

㉒ R. Niebuhr，*Moral Man and Immoral Society*，p. 40.

㉓ 引自 E. L. Woodward，*Three Studies in European Conservalism*，p. 297。

㉔ R. Niebuhr，*Atlantic Monthly*，1927，p. 639.

㉕ *Cambridge History of British Foreign Policy*，i. pp. 363—364.

㉖ Spinoza，*Tractatus Politicus*，iii. § 14.

㉗ T. H. Green. *Prolegomena to Ethics*，p. 351.

㉘ B. Bosanquet，*The Philosophical Theory of the State*，p. 320.

㉙ B. Bosanquet. *Social and International Ideals*，p. 292.

㉚ S. de Madariaga. *The World's Design*，p. 3.

㉛ 只是在最近一段时期，才开始形成了一种观念，即所有生活在某一领土上的居民都是该社会的成员。居住在纳粹德国的犹太人和居住在南非联邦的有色居民目前仍然不被视为社会的成员。在美国，大部分南方的白人也很不情愿承认黑人是与自己平等的社会成员。

㉜ 引自海地代表的讲话，参见 *League of Nations*：*Fifteenth Assembly*，6th Committee，p. 43.

㉝“道德态度在人与人的关系之中最为敏感。所以，有些泛泛的忠诚原则自然

会比具体的原则更为抽象，因此对人心的吸引力就会减弱。因此，成熟的社会赢得人心的一种方式就是将一个具体的人树为社会的楷模”（R. Niebuhr，*Moral Man and Immoral Society*，pp. 52—53）。

㉞ 感情的变化会自然而然地受到现行政治偏见的影响。

㉟ House of Commons，21 June 1938：*Official Report*，col. 936.《泰晤士报》的一名记者对国际领域中“同情心的变幻无常”发表了评论，他提出了这样的诘问：“世界的良心”是否认为“100 名中国人的死亡和贫困才能抵得上一名犹太人受到的迫害”？是否这仅仅是因为“犹太人近在咫尺，而中国却距离我们十分遥远，并且是黄种人”（*The Times*，25 November 1938）。

㊱ N. Chamberlain，*The Struggle for Peace*，p. 275.

㊲ 在大国之中，只有法国一贯提倡平等原则，因为法国需要依赖较小的国家才能维持自己的权力地位。布卢姆（M. Blum）有一次曾经说过：“在形成国际社会的诸多国家之间，没有孰先孰后的等级问题。我们相信，将来也不会出现这样的问题。如果在国际联盟中建立国家的等级体系，那么，国际联盟就会崩溃，无论在道德上还是在实际上都是如此。”对于国联行政院的等级结构来说，这真是一个意味深长的评论。

㊳ Speech in the Reichstag of 28 April 1939.

㊴ Hitler，*Mein Kampf*，p. 421.

㊵ 参见 pp. 77，79。

㊶ L. T. Hobhouse，*Liberalism*，p. 129.

㊷ Zimmern，*The Prospects of Civilisation*，p. 26.

㊸ Anthony Eden，*Foreign Affairs*，p. 197.

第四部分

法律与变革

第十章　法律的基础

在当前关于国际问题的思考中，没有什么问题比政治和法律之间的关系更加令人困惑的了。众多对国际事务感兴趣的人非常倾向于将法律视为独立于政治并在道德上比政治高尚的事情。“法律的道德力量”与隐含着不道德内容的政治手段形成了鲜明的对比。人们告诫我们要建立“法治”体系，“维护国际法律与秩序”，认为这样一来，我们就可以化解在动荡不安、追求私利的政治领域里产生的分歧，升华到更加纯洁、更加安宁的公正环境中去。我们要判断这些流行观点是否可信，就必须首先认真分析国际社会中法律的性质和功能，研究法律和国际政治之间的关系。

国际法的性质

国际法不同于当代国家的国内法，因为国际法是未完全形成、非充分一体化的社会中的法律。国际法缺乏三种机构，而这三种机构恰恰是成熟的国内法体系不可或缺的部分。这就是：司法机构、执法机构和立法机构。

（1）国际法认为，任何法庭无权就法律或事实问题做出整个社会公认的具有约束力的判决。长期以来，一些国家会习惯性地做出某种特别安排，将具体的争端提交一个国际法庭，以求司法解决。根据《国联盟约》设立的国际常设法庭试图推广
171 这种习惯，并使之具有普遍效力。但是常设法庭的机构并没有改变国际法的实质：它只是确立了一些特定义务，国家则是自愿接受这样的义务。

（2）国际法没有有效的执法机构。在某些案例中，国际法确实承认，如果发生违反国际法的行为，受到伤害的一方享有对违法方的报复权利。但这只是承认一方实施自助的权利，不是动用执法机构对违法方实施惩罚。《国联盟约》第 16 条的规定就是属于这种类型，虽然这些措施不仅被视为预防性措施，而且也被视为惩罚性措施。

（3）法律的主要来源有两个：习惯和立法。国际法只有第一个来源，因此类似所有初级社会的法律。一个行动或一种行为，从习惯开始，逐步发展到所有社会成员都要履行的义务，中间要经历许多阶段。研究这些发展阶段是社会心理学家的工作，不是法学家的事情。但是，国际法的产生却经历了这样一个过程。在发达的社会中，法律的第二个来源，亦即直接立法，是更为常见的事情，已经成为现代国家中不可或缺的内容。国际立法严重缺乏，以至于有些权威人士认为，在某些情况下国家自己就成为立法机构，许多国家之间签署的多边协定成为事实上的“立法条约”。[1] 这一观点受到激烈的批评。无论一个条约具有什么样的范围和内容，它都不具备法律的实质性要素：条约不能在不计国际社会成员同意与否的情况下，自动地、无条件地适用于

国际社会的所有成员。人们不断试图将国际习惯法的内容包含在
国家间签署的多边协定之中，但是，这样的尝试基本上没有什么
效用，因为没有任何条约可以约束不签署该条约的国家。1907
年的《海牙公约》涉及战争规则问题，有时会被认为是国际立法
的范例。但是这类公约不仅不能约束非缔约国家，而且在缔约国
与非缔约国发生纠纷的时候，对缔约国也没有约束力。有时，有 172
人将《白里安－凯洛格公约》算做禁止战争的立法条约，事实
并非如此。它只是许多国家签署的一个协定，目的是“谴责国家
在相互之间的关系中将战争作为国家政策的手段”。国际协定是
国家作为国际法主体在相互之间达成的契约，不是国家作为国际
立法机构成员制定的法律。国际立法依然是不存在的。

国际法的这些缺陷虽然十分严重，但却不能因此而不将国际法当做法律。国际法具有法律的所有基本特征。特别值得注意的是，无论是在国际领域还是国内领域，法律与政治之间具有同样的关系。

人们发现，政治理论的基本问题是人们为什么会接受管辖。在法学领域，相应的基本问题是人们为什么遵守法律。人们为什么认为法律具有约束力？答案是不能从法律本身获得的，这就像对欧几里得假设的证明不能从欧几里得那里得到一样。法律实施的前提假定是这个问题已经得到了圆满的解决，但那些为“法治”寻找合理性的人却无法回避这个问题。它既存在于国际法，也存在于国内法。在国际法中，它有时会以这样的问题形式出现：条约是否具有约束力？具有约束力的理由是什么？对这种问题的法律回答是：国际法中的条约具有约束

力，因为国际法包括条约必须得以遵守这一规则（有人对此持保留意见，我们在下文中会讨论这个问题）。但是，提出问题的人真正想问的也许是：为什么国际法，连同条约必须得以遵守的规则，是具有约束力的呢？国际法是否应该具有约束力？这类问题就是国际法本身无法回答的了。本章的目的就是：应该在什么范围内寻求对这类问题的答案？答案又应该是什么呢？

在考虑法律的最高权威问题之前，要首先弄清楚我们在政治领域中已经讨论过的乌托邦主义者和现实主义者之间的根本分歧：前者重视道德，后者重视权力。在研究法律的学者中，
173 乌托邦主义者往往被称为“自然主义者”，他们认为法律的权威来源于自然法；现实主义者则被称为“实在主义者”，他们认为法律的权威来源于国家的意愿。这类术语的意思往往会变得模糊不清，变化无常。有些乌托邦主义者会反对自然法，接受了诸如理性、功效、“客观权利”[2]、“权利的终极含义”[3]，或是“基本规范”等实在法范畴的标准。同样，斯宾诺莎等实在主义者也会接受自然法，不过他们却将自然法等同于强者的权利，因此也就使自然法失去了本来的含义。另外一些实在主义者使用的口号是“历史法学派”或“法律经济学”。尽管如此，两派的根本分歧依然存在，即：一派认为法律主要属于道德范畴，另一派则认为法律主要是权力的工具。

自然主义者的法律观

自然主义法律观就像政治领域的乌托邦主义，比起实在

主义法律观和现实主义来，有着更加悠久的历史。在初级社会中，法律和宗教是联系在一起的。直到人类发展的较晚时期，法律也总是由上帝或上帝指派的立法者制定的。希腊的世俗文明导致了法律和宗教的分离，但没有导致法律与道德的分离。希腊思想家发现，在自然法的概念中，包含了一种更高的不成文法，人所制定的法律从中获得效力并受其检验。罗马帝国接受了基督教，因此恢复了神权。自然法也就一度与神的法则融为一体。直到文艺复兴时期，自然法才恢复了非神权道德标准的独立地位。正如我们已经看到的那样，在17世纪和18世纪，自然法与理性的统一以新的形式表现出来。孟德斯鸠（Montesquieu）说："总体上说，法律管辖着地球上所有的人，所以法律即人的理性。"④正是根据这些论断，格劳秀斯（Grotius）及其后的学者创立了国际法，以便适应在中世纪废墟上出现的新兴民族国家的需要。因此，国际法从其根源上说就是具有乌托邦色彩的。这是必要的，也是必然的。管理国

际间关系的新的公约，无论其功效大小，无疑是由于实际的需 174
要才得以制定的。但是，人们认为，这类公约符合自然法和普遍理性，所以具有约束力。否则，它们是不会得到如此普遍的接受的。不过，在这里，我们需要注意到一个反复出现的矛盾现象，它在政治领域中同样反复出现。这就是，在实际行为最不具道德性质的领域，其理论却最具乌托邦色彩。由于国际社会的发展处于比较初级的阶段，道德在国际法中起到的作用比在国内法中要小。但是，在国际法理论中，乌托邦主义的作用往往超过现实，占据主导地位，这是其他法学领域的乌托邦主

义所无法比拟的。进而，这种现象最为明显的时候，恰恰也是无政府主义在国家的实践活动中最为盛行的时候。19 世纪是国际事务比较平稳的时期，国际法学呈现出现实主义色彩。自从 1919 年之后，自然法重新占据主导地位，国际法理论也比以往任何时候都更加明显地具有乌托邦主义的色彩。

不过，当代自然法学观在一个十分重要的方面不同于 18 世纪结束之前一直主导法学领域的观点。18 世纪结束之前，自然法总是被视为从根本上说是静止的东西：它是固定的、持久的权利标准。根据事物的性质，这样的标准必须是永世不变的。19 世纪的思想发展趋势是，起初似乎要完全取消自然法，但后来却使自然法有了新的发展方向。到了 19 世纪末，出现了“具有变化内涵的自然法”的新理念。[5] 根据这种解释，自然法不再是固定持久、一成不变的东西，而是在特定时间和特定地点，人们对“公正的法律”应该是什么这一问题的内心感悟。自然法定义的变化给了我们一定的帮助，使我们能够解释一些长期存在的问题。比如，为什么自然法有的时候认可奴隶制，有的时候又禁止奴隶制？或者说，为什么私有财产在有些地方被视为自然权利，而在另外一些地方则被视为对自然权利的侵犯？我们被告知，自然法之所以具有约束力，不是因为它
175 是永恒道德原则的法律形式，而是因为它是某一时期和某一社会的道德原则的表现。这至少在一定程度上是符合事实的。许多规则和法律背后都有着道德的因素。无论国内法还是国际法都是如此，包括国际条约必须得以遵守的国际法原则。任何理智的人都无法否认国际法和道德之间的这种关系。在大多数欧

洲语言中，流行的词汇中许多都是在道德和法律两个领域之间通用的。这也说明，人们普遍认为道德和法律之间存在密切的关系。

不过，如果我们进一步分析，就会发现，以这样的方式来解释法律的约束力是不充分的，在一定程度上还会产生误导作用。涉及国际法的核心问题不是人们在不同时期和不同地点制定不同的具体法则（这个问题可以通过"具有变化内涵"的国际法理论加以解决）。问题的真正症结在于，自然法（或称为理性、"客观权利"以及其他不同名称）可以很容易地被用来告诫人们遵守法律，但也可以同样容易地被用来唆使人们违反法律。自然法总是具有两面性，因此也就被用于两种不同的目的。保守派可以引用自然法来维护现存秩序，称统治权或是财产权的依据都是自然法。同样，革命者也可以引用自然法，表明应该推翻现行秩序。在自然法中包含了一种无政府性质，这与法律本身是直接对立的。有些法律理论认为法律的最高权威来自它的道德内涵，这样的理论只能解释一个问题，即：为什么好的法律（或是在特定时间和地点被人们视为好的法律）具有约束力。但是，一种相当普遍的观点认为，即使被视为坏的法律也应该得到遵守。我们有理由相信，如果这种观点不被普遍接受，任何社会都难以长久生存下去。人们通常认为，他们应该具有不服从不良法律的权利或义务。但是，在这种情况下，就会在两种义务之间出现冲突。所以，普遍的认识是，只有在极其特殊的情况下，才可以决定不服从法律。还没有一种法律理论可以充分地证明，人们服从法律，是因为它符合自然

176 法，或是因为它是好的法律。

现实主义者的法律观

霍布斯最早明确清晰地提出了实在主义或称现实主义的法律观。霍布斯将法律定义为命令，称：法律即法令（Ius est quod iussum est）。因此，法律与道德完全分离。法律可以是强制性的，也可以是不道德的。法律之所以具有约束力，是因为存在强制人们遵守法律的权威机构。法律是国家意志的表现，控制国家的人将法律用作强制性工具，对付那些反对他们的权力的人。因此，法律是强者的武器。思想家卢梭会有自相矛盾的论述。他有时将法律视为专制主义的对立面。但他也强调过现实主义的法律观：“所有国家法律的精神，无一不是便于强者对付弱者、富人对付穷人的。这一弊端无法避免，对此毫无例外可言。”[6] 马克思也认为，所有法律都是“不平等的法律”。[7] 马克思主义对这一问题的主要贡献就是坚持法律的相对性。法律反映的不是任何一成不变的道德标准，而是某一时期、某一国家中主导集团的政策和利益。正如列宁所说的那样，法律是“权力关系的反映和记录”，是“统治阶级意志的表现”。[8] 拉斯基教授很好地总结了现实主义关于法律的根本基础的观点。他说：“法规总是为实现某些集团的目的服务的。我们只有不断地对这种目的加以界定，才能创建符合实际的法律学。”[9]

对于法律为什么被认为是具有约束力这个问题，现实主义

的回答与“自然主义”的回答一样，在某种程度上是符合实际情况的。有些人之所以遵守法律，是因为如果他们犯法，就会被警察逮捕，就会受到法庭的审讯。这自然不是令人愉快的事情。但是，如果一个社会中的大多数成员遵守法律只是因为害怕惩罚的话，这个社会就无法生存下去。正如劳德（Laud）所说的那样，“不以良知为灵魂的法律是没有任何约束力的”。[10]
我们有大量证据表明，如果一项法律违背了社会或社会中相当 177
大的一部分成员的良知，这样的法律就难以执行。法律之所以被认为具有约束力，是因为它代表了社会的权益，即：法律是实现社会公益的工具。法律之所以被认为具有约束力，还因为有着权威机构的强制权力使它得以执行，即：法律可以是并且也经常是强制性的。这两种回答都是正确的。但如若只取其一，则只能是部分正确的回答。

法律是政治社会创造的

如果我们要想把这些相互矛盾、不够充分且都是部分正确的观点整合起来，对法律为什么具有约束力这一问题做出一个完整的回答，就必须在法律和政治的关系之中寻找这个答案。法律具有约束力，因为如若法律没有约束力，社会将不复存在，法律也就不复存在。法律不是抽象的东西。它“只能在社会框架之中存在……任何有法律的地方，必然存在社会。法律在社会中运行”。[11]
实在主义法学家认为，国家创造了法律；自然主义法学家认为，法律创造了国家。我们没有必要在这个老问题上争执不休。不存在没有法律的政治社会，也不存在脱离政治社会的法律。[12]一位当代德国学者清楚地指明了这一点：

> 所有法律都是社会的反映。每个法律社会对于法律的意义都有着一种共识。根本不可能建立一个没有这种共识的法律社会，也不可能在没有就社会的法律意义达成共识之前就建立一个法律社会。[13]

178 政治和法律是密不可分的，这是因为社会中人与人之间的关系既是政治的主题，也是法律的主题。法律像政治一样，是道德和权力交汇的地方。

国际法也是如此。没有国际社会，就没有国际法。国际社会在“最小共识”的基础上，承认国际法具有约束力。国际法是由国家组成的政治社会创造的。国际法的缺陷不在于它有什么技术方面的问题，而在于国际法得以实施的国际社会仍处于初级阶段。国际社会道德比国内社会道德要弱，同样，比起组织程度很高的现代国家实施的国内法，国际法的内容显得软弱单薄。组成国际社会的数量有限的国家在法律方面制造了与在道德方面相同的特殊问题。制定对所有国家同样适用的普遍规则成为极端困难的事情，而这一点恰恰是法律领域道德因素的基础。无论规则在形式上多么具有普遍性，也会不断出现矛头针对某个国家或国家集团的现象。即便仅仅由于这一个原因，权力因素在国际法中就比在国内法中更加突出、更加明显。要知道，国内法的主体是无数普通的民众，而国际法的主体则是为数不多的国家。也正因为如此，国际法比其他领域的法律具有更加明显的政治性质。

法律是某种政治秩序的产物，单凭存在这种政治秩序这一点，就足以使法律具有约束力。一旦理解了这一点，就可以发现，在“法治”或“法治而不是人治”这类流行说法中的法律拟人化内含是一种谬误。普通人往往将法律拟人化，认为无论自己赞成与否，法律都对自己具有约束力。这种拟人化的做法，就像将国家拟人化的做法一样，在日常生活中被认为是自然而然的事情。但是，对于清晰的思维来说，这种做法非常危险。法律不可能自证自明。遵守法律的义务必须出于法律之外的原因。法律也不可能自行制定和自行实施。中国一位哲人说过，“有治人无治法”，就是这个道理。黑格尔认为，国家是最高道德的化身。对此，我们不仅要问：是什么样的国家？而且最好这样来问：是谁的国家？当代国际政治学者认为，法治是
最高道德的化身。对此，我们也不仅要问：是什么样的法律？ 179
是谁的法律？法律不是抽象的概念。脱离了法律的政治基础，脱离了法律为之服务的政治利益，我们便无法理解法律。

许多人错误地认为，法律比政治更加道德。我们也不难发现这种观点之中的谬误。一桩交易不会因为是合法的也就自然而然地符合道德标准。比如，支付一个工人不足以维持最低生活水平的工资，即便在当初双方签订的合同中已经确定了这一工资数额，因此具有合法性，但这样做却不符合道德标准。德国在 1871 年兼并了法国的领土，协约国在 1919 年兼并了德国的领土。这些行为也许符合道德标准，也许不符合道德标准。

但兼并行为是合法的，因为战败国在允许兼并的条约上签了字。但是，兼并行为不能因为合法也就成为符合道德标准的行为。通过制定法律剥夺犹太人的财产并不比直接派遣冲锋队驱赶犹太人更符合道德规范。米堤亚人和波斯人的法律显然不是完全符合道德标准的。如果“法律总是为实现某些团体的目的服务的”，那么，法律的道德内涵也显然是由这样的目的决定的。采取政治行动可以是且往往是为了纠正不道德的或是压制性的法律。法律的特殊性质使其成为一切政治社会中不可或缺的内容，但这种性质不取决于法律内容和道德内涵，而是取决于法律的稳定性。法律使社会具有稳定性、规律性和延续性。没有这些因素，也就不会存在连贯有序的生活。有组织的政治社会必须具有一个根本的基础：公民彼此的权利和义务、公民对于国家的权利和义务必须以法律的形式确定下来。若是法律的解释模糊不清，法律的实施没有统一的标准，那么，这样的法律就不能履行它的基本功能。

但是，稳定性和延续性不是政治生活的唯一要素。社会不
180 能仅凭法律支撑，法律也不是最高的权威。政治领域是保守派和激进派不断竞争的舞台。前者总体上说希望维护现存法律秩序，后者希望对这样的秩序进行重大的变革。无论是国际还是国内的保守派都习惯于表现为法律的捍卫者，谴责对立派违反法律。在民主国家，保守派和激进派的斗争是遵照法律规则公开进行的。但是这些法律规则自身却是由法律制定之前的政治性安排所确定的。每个法律体系都有一个初始的政治性决定，即：决定制定和废除法律的权威机构。无论这样的决定是明确

的还是含蓄的⑭，无论是通过投票、谈判还是强制的方式产生的，它都是一个政治性决定。所有法律的后面，都有这种不可或缺的政治背景。法律的最高权威源自政治。 181

注释：

① 比如，卡内基基金会资助出版了一个关于“实现普遍利益的多边机制”的研究文集，将其定名为《国际立法》。

② Duguit，*Traité de droit constitutionnel*，i. p. 16.

③ Krabbe，*The Modern Idea of the State*（Engl. transl.），p. 110.

④ Montesquieu，*Esprit des Lois*，Book Ⅰ. ch. iii.

⑤ 这个短语引自施塔姆勒（Stammler）。他的著作 *Lehre von dem richtigen Rechte*（1902—1907）已经被译为英文，书名是 *The Theory of Justice*。

⑥ Rousseau，*Émile*，Book IV.

⑦ Marx and Engels，*Works*（Russian ed.），xv. p. 272.

⑧ Lenin. *Works*（2nd Russian ed.），xv. p. 330；xii. p. 288.

⑨ *Representative Opinions of Mr. Justice Holmes*，ed. Laski，Introduction.

⑩ Laud，Sermon IV，*Works*，i. p. 112.

⑪ Zimmern，*International Affairs*，xvii.（January-February 1938），p. 12.

⑫ “我们不再询问是国家先于法律存在还是法律先于国家存在这类问题。我们会将两者视为公共生活的必然产物，而公共生活与人的观念密不可分。两者都是基本的事实。它们像种子或胚芽一样，与人的自身是共生的。它们同时显现、互为因果，如同瓜熟蒂落一般”（Gierke，*Natural Law and Theory of Society*，Engl. transl.，p. 224）。

⑬ F. Berber，*Sicherheit und Gerechtigkeit*，p. 145.

⑭ 荀子语。引自梁启超《中国政治思想史》，第 137 页。有人将法律当做自我证实、自我实施的东西，因之导致了思想的混乱。这方面一个典型的例子是

这样一段话："必须确保建立某种威严的国际法庭，用以维护法律、执行法律。同时，法庭自身也要恪守法律。"据说，这是温斯顿·丘吉尔先生的格言（*Manchester Guardian*，12 December 1938）。如果丘吉尔先生能稍事停顿，思考一下由谁来建立这样的法庭，谁来执行法庭的裁决，谁来制定法律，谁来保证法庭自身执行这样的法律，那么，他提出的这个貌似简单的建议所包含的复杂意义就会显现出来了。

第十一章　条约神圣不可侵犯

对于文明生活来说，法律不可或缺的功能之一是保护私人之间以法律上有效的方式签订的契约之中所规定的权利。国际法在留有一定保留余地的情况下维护国际条约和协定。这一原则是任何形式的国际社会得以存在的必要条件，而且，正像我们所看到的那样，所有国家在理论上也接受了这个原则。国际领域的现实是，成文的国家义务只有条约中的那些明确规定，而国际惯例法在范围上十分有限，有时在内容上也不甚明确。这种情况使得国际条约在国际法中的地位超过了契约在国内法中的地位。当人们谈论国际条约内容的时候，有时确实会产生误导性，使人以为条约本身就是国际法。而在国内法中，没有人会将两个私人之间的契约条款视为国内法中的一部分。因此，条约神圣不可侵犯的原则被予以特别的重视。这原本就是不恰当的，但就 1919—1920 年和约产生的争论使得这种现象更加明显。两次世界大战期间，学者们，尤其是那些来自希望维护和约条款国家的学者们，试图将"条约必须遵守（pacta-sunt-servanda-ism）"的原则不仅作为国际法的基本规则，而且作为国际社会的基石。一位德国学者将这个原则嘲讽为"条约必须遵守教义"。[①] 这个问题成为国际政治领域争论最为激烈的一个

问题。之所以产生歧义，原因往往在于人们无法区别两种不同形式的条约神圣不可侵犯：一是作为国际法法则的“条约神圣
182 不可侵犯”；二是作为国际道德原则的“条约神圣不可侵犯”。

条约的法律效力和道德效力

虽然所有国家普遍承认条约原则上具有法律约束力，1914年前的国际法却不愿将条约义务具有约束力的特征视为绝对的原则。对此，我们必须考虑一个事实：一些希望维持现状的国家坚持认为条约在国际法中具有无条件的效力；但是，条约规定可能损害某些国家的利益，对于这样的国家来说，只要在免于受到惩罚的情况下，它们就往往宣称条约无效。1848年，法国宣布，“法兰西共和国认为，1815年的条约已经无效”。[2] 1871年，俄国宣布《海峡公约》无效。这一条约是在克里米亚战争结束的时候强加于俄国的，它限制了俄国军舰穿越黑海海峡。19世纪出现过多起同类事件，以上只是最明显的两个例子。为了解决这类问题，国际法专家提出了一种理论：每一条约中都包含了所谓的“情势不变条款（clausula rebus sic stantibus）”，也就是说，只要签订条约时的情势依然存在，条约义务就具有约束力；但如果情势已经发生变化，则条约义务无效。说到底，这种理论在逻辑上会导致一种观点，即：条约的权威性仅仅反映了缔约各方的权力关系，一旦这种权力关系发生变化，条约也就不再具有效力。有不少人接受这种观点。俾斯麦写过一句名言：“所有条约只有在反映欧洲事务真

实状态的条件下才具有意义。因情势变化而变化总是得到默许的。”[3]还有一个理论有时也会被引用，即国家在任何时候都具有宣布条约无效的绝对权利。这一理论也具有相同的意义。西奥多·罗斯福表述了这一理论的最极端形式。他说：“国家理所当然地有权根据它所认定的充分理由，以庄严正式的方式废除条约。这就像国家有权根据充分理由宣布战争和实施其他权力一样。”[4]伍德罗·威尔逊在巴黎和会期间的一次私下谈话中 183 说，他在教授国际法的时候，总是认定国家在任何时候都有权废除一个对它有约束力的条约。[5]1915年，“自然法”学派的一位著名的中立国专家就“条约必须遵守”原则发表评论。他写道：“没有人认为‘条约必须遵守’是一条毫无例外的法律原则，无论国际国内，都是如此。”[6]

英国作为世界最强大的国家，坚持条约的效力对它有着极大的利益。即便如此，英国也公开表示不愿意接受条约义务具有绝对约束力的观点。最为人所知的例子就是1839年的《比利时保证公约》。根据这个条约，包括英国在内的欧洲主要国家分别并共同承诺，抵制它们其中任何一国侵犯比利时中立的行为。1870年，格莱斯顿告诉下院，“下院有些议员坚持一种理论，认为缔结保证公约这一简单的事实就意味着公约对每一个缔约国都具有约束力，完全不考虑缔约国在需要根据保证公约采取行动时自身所处的特定情势。对于这种理论，我不敢苟同”。格雷在1914年8月3日的演讲中，以赞许的口吻引用了格莱斯顿的这段话。格莱斯顿认为，这样的理论是“僵化”且“不切实际的”。[7]1908年，时任外交部常任次官的哈丁

（Hardinge）勋爵写了一份秘密备忘录，反映了同样的意识：

> 毫无疑问，我国负有义务……但是，我国是否应约履行义务，保证比利时的中立，反对侵犯中立的行为，这必须取决于我国当时的政策和当时具体的情况。假如法国在与德国的战争中侵犯了比利时的中立，在现在的形势之下，恐怕英国和俄国很难采取任何行动来维护比利时的中立。但是如果侵犯比利时中立的是德国，英俄两国可能会
> 184 采取完全不同的行动。

格雷在后来的一份备忘录中对此做过评论。他的评论很简单，认为哈丁勋爵的分析是“一语中的”。[⑧]

还有一条原则，就是“必要”和“关键利益”的原则。它与情势不变条款一样，也具有灵活性，有时也被用做不履行国际义务的理由。法律上有一条众所周知的原则，即不能强求别人做不可为之事。在国际法领域，不可为之事有时包括损害国家关键利益（主要指安全利益）的行为。有些学者具体地指出，每个国家都具有自我保护的合法权利，这一权利高于任何对其他国家负有的义务。这种观点在战争时期尤其受到重视。1914 年 12 月，在一份抗议英国封锁行动的照会中，美国政府指出，交战国家不得干涉中立性的商贸活动，“除非这样的干涉显然是保护国家安全绝对必要的措施，并且，也只能在绝对必要的范围内进行干涉”。英国政府心怀感激地接受了这种建议，因为这样一来，英国就能够以“绝对必要”为无可争议的

理由，实施封锁政策。而对于什么是“绝对必要”这个问题，只有英国人自己才最有资格予以界定。[9]在紧急情况下，普通人往往会放弃高尚的法律，使用其他手段来达到同样的目的。在詹姆森·雷德（Jameson Raid）时代，《泰晤士报》刊登了这位桂冠诗人的一首诗，诗的开头是这样几句破除清规戒律的话：

> 让律师和政客去争执辩论吧，
> 让他们去空谈妄论法律的条文吧，
> 真正的声音是利剑、是骏马、是枪炮，
> 谁又会关注犹如稻草的法规戒律呢？[10]

“让法律见鬼去吧。我要的是建成巴拿马运河。”人们都说这句话出自西奥多·罗斯福之口，当时正是巴拿马运河危机之际。据报道，1939年，日本一位“海军发言人”对日本巡逻人员登上驶入中国水域的外国船只一事发表评论，他说：“这不是一个 185
是否有权登船的问题。这是一件必须要做的事情。因此，我们就这样做了。”[11]希特勒也写道：“当一个国家处于被压迫、被灭绝的危险境地，法律问题就是次要的了。”[12]

实际上，如果为自己没有履行条约义务做出明确或含蓄的辩解，那么，通常很难判断这类辩辞的依据是法律因素还是道德因素。有一种观点认为，实施了情势不变原则，或出于其他原因，条约义务就不具法律约束力。这种观点是否被接受？还有一种观点认为，国家有权以法律不道德、不合理或是不切合实际为理由，拒绝履行法律，就像公民有的时候可以据此拒绝履行国内法一样。这样的法律义务是否得以承认、是否对此仍然存在意见分歧？大体上讲，我们可以说，1914 年之前，对条约必须遵守这一原则的解释是很灵活的，不履行条约义务的做法也往往被认为是法律许可的行为。但自从 1919 年之后，对规则的解释日趋严格。人们对不履行条约的辩解主要是，出于理性或道德的考虑，国家有权拒绝履行它所负有的明确义务。国际法就像宗教教义那样处于一种两难的境地。对教义的灵活解释可以满足多种需要，因而也就增加了信众人数。严格的解释虽然在理论上是理想的做法，但却减少了信众人数。1919 年以后，战胜国加强了国际法法规，对其进行了更加严格、更加精确的解释。虽然是出于好意，但在一定程度上却导致了各国更加频繁、更加公开地拒绝履行国际法法规这样一种结果。

对这一阶段出现的大量拒绝履行条约义务的事件进行认真的分析，却无法得出人们预期的明确结果。原因是在大多数事件中，有关国家都为自己辩解，或是否认自己违反了条约义务，或是声称其他国家首先违反了条约规定。1932 年 12 月，法国国民议会拒绝履行与美国签订的法国战争债务协定，理由是协定是在六年之前签订的，其后，“决定性的情势”已经
186 发生了变化。这是 1919 年之后最近乎于明确使用“情势不变条款”的案例。[13] 英国拒绝履行英美战争债务协定，称这样做是“经济上必要措施”。但是，这种辩解的根本理由并非法律因素，而是道德因素：协定带来的负担是“不合理的”和“不公正的”。[14]《泰晤士报》认为，债务“不具有普通商务交易的道德效力”。[15] 此前，时任财政大臣的内维尔·张伯伦也公开承

认，战争债务方面的义务具有法律约束力，但他认为有些义务比法律义务更为重要。

> 我们被告知，必须坚持契约神圣不可侵犯的原则，我们在任何情况下都必须遵守我们承诺的义务。但同时也不能忘记我们还有其他的义务和职责，不仅是对国人同胞负有的义务，而且也是对全世界成千上万的人负有的义务。他们的生活是幸福还是悲惨，要取决于一方在多大程度上坚持要求承担义务和另一方在多大程度上可以履行义务。[16]

1935年3月，德国拒绝履行《凡尔赛和约》中的军事条款。德国声称，这样做的理由是其他缔约国没有履行它们自己的裁军义务。翌年，德国又违反《洛迦诺公约》，理由是：由于法国和苏联签订了《法苏条约》，所以，《洛迦诺公约》“实际上已经不复存在”。[17]这些理由显然是法律上的诡辩。但是，在占领莱茵兰地区之后不久，希特勒就放弃了法律托词，转而采用了道德借口。他说：“世人坚持的是条约的文字，我遵循的却是永恒的道德。”[18] 187

违背国际法的理由可以是法律性的，即援引国际法对背离条约神圣不可侵犯原则的许可；也可以是道德性的，即认为有些条约虽然具有法律约束力，但缺乏道德效力。总的来看，在两次世界大战之间的岁月里，违反条约的辩解不是前者，而是后者。不可否认，违反不符合道德规范的条约在技术上也是违反国际法的行为，但是，人们可以宽容这样的行为，因为条约本身违背了国际道德。所以，国际道德和国际法学者必须探讨的一个问题就是：什么因素使人们认为有些条约违背了道德规范，因此也就使其失去了道德的效力。

被迫签订的条约

第一，人们认为，被迫签订的条约是具有道德污点的条约。这种感觉主要反映在德国被迫签订的《凡尔赛和约》上面，因为当时对德国发出最后通牒，限其五天内签订条约。德国的宣传机器极力宣扬《凡尔赛和约》是强制性条约，因而不具有道德效力。在《洛迦诺公约》签订之后，这种观点已经得到了普遍的认可。直到此时，英国和法国的政治家才匆匆忙忙地反驳斯特来斯曼，强调如若德国自愿接受当时在凡尔赛被迫接受的条约义务，那将具有重大的道德意义。对于被迫签订的条约采取什么态度，取决于对战争采取的态度，因为所有结束战争的条约几乎全是强迫战败方签订的。所以，只要承认有些战争是符合道德规范的，就不
188 能将所有被迫签订的条约一概视为不道德的。实际上，人们之所以不断谴责《凡尔赛和约》不符合道德规范，不是因为条约是否是在被强迫的情况下签署的，而是因为条约的内容过于苛刻，是因为协约国政府改变了直到《布列斯特－立托夫斯克条约》（包括《布列斯特－立托夫斯克条约》在内）为止的所有重要和平会议遵循的工作程序，拒绝与战败国的全权代表进行口头谈判。这种不明智的做法也许比签署条约之前发出的最后通牒更能损伤条约的声誉。

不平等条约

第二，人们普遍认为，条约由于内容的原因可能也会不具有道德效力。在国际法中，确实没有国内法中关于废止“不道德”或“违反公共政策”契约的类似规定。由于不存在国际政治秩序，也就不可能从**法律角度**界定国际公共政策或国际道德。[19]但是，那些认为某个国际条约的内容不符合道德规范的人，一般来说，会承认受到伤害的国家有着不遵守条约规定的道德权利，因为国际法没有提供其他弥补的方法。进而，应当注意到另外一种趋势，就是允许国家具有不履行某种条约的道德权利。确切地说，这样的条约并非不符合道德规范，但却是不平等条约，因为条约的规定显然不符合缔约国之间现有的权力关系。人们普遍认为《凡尔赛和约》中的裁军条款缺乏效力，因为这些条款强使一个大国处于永久的劣势地位，这自然是不合理的。总体上说，《凡尔赛和约》之所以遭到谴责，是因为它试图在战争结束、德国溃败之时，使德国一时的衰弱成为永久的事实。189
这种观点也许不符合严格意义上的道德标准，因为它根植于权力地位的概念，认为道德权力的唯一基础是国家实力。但是，它却反映了权力和道德在政治问题上是怎样以奇妙的方式结合在一起的。还有一个类似的例子就是国联《盟约》第十六条。由于美国没有批准《盟约》，人们普遍认为第16条规定的义务不再具有道德约束力。因为，从理性角度思考，人们不可能指望国联成员国会采取导致美国这样强大的国家对它们产生敌意

的行动。大家普遍认为合理的事情就是合理的，这一标准同样适用于判定条约是否符合道德规范。并且，它也适用于国际道德领域的其他问题。

作为权力工具的条约

第三，有时人们还用一种更加彻底的方法来否认国际条约具有道德约束力。它所怀疑的不是某些具体条约的道德内涵，而是认为所有条约从本质上说都是权力的工具，因此也就失去了道德价值。一位马克思主义学者认为，在资本主义社会，以法律的名义执行契约只不过是国家使用权力保护和扩大统治阶级的利益。[20]同样，还有一种观点也是相当合理的，即：坚持国际条约的有效性是主导国家手中的工具，它们将条约强加于弱小国家，目的是维护自己的优势地位。这种观点也含蓄地反映在现实主义法律观之中。现实主义认为法律是强制性权力的工具，丝毫没有道德内涵可言。

在国家的实际运作中，对条约必须遵守原则的履行是灵活多变的。这也证实了以上的观点。1932—1933 年间，法国和英国政府特别强调《凡尔赛和约》中的裁军条款对德国具有法律约束力，认为只有在有关各方均同意的情况下，才能修正这些条款。1932 年 12 月，法国国民议会认为有理由拒绝履行法
190 国和美国签订的战争债务协定。1933 年 6 月，英国政府停止支付战争债务协定中规定的分期支付款项，代之以最小额度的

“象征性付款”。一年之后，这样的“象征性付款”也终止了。不过，英国和法国在1935年再度联手郑重谴责德国单方拒绝履行《凡尔赛和约》裁军条款规定的义务。这些在履行条约方面的不一致的做法是司空见惯的事情，所以，现实主义者毫不费力地总结出一条简单的规律：权力因素存在于每一个条约之中。这种条约的内容在某种程度上反映了缔约各方的相对权力地位。强国会坚持必须遵守它们与弱国签订的条约这一原则；弱国的权力地位一旦改善，感到自己有着足够的实力反对或修改条约义务，就会废除自己与强国签订的条约。自1918年以来，美国没有与比它强大的国家签署任何条约，因此坚定地高举条约神圣不可侵犯的大旗。英国与一个在财力上比自己强大的国家签订了战争债务协定，但却没有履行协定义务。英国没有与比自己强大的国家签订任何其他重要条约，因此，除了战争债务条约这一唯一的例外，也坚持条约神圣不可侵犯的原则。与比自己强大的国家签订条约最多的国家是德国、意大利和日本，这三个国家后来又变得强大起来。所以，这三个国家是废除或违反条约的次数最多的国家。不过，我们还不能匆忙认定，这些国家对条约神圣不可侵犯原则的不同态度反映了它们的不同道德观念。因为，这些国家也会与比自己弱小的国家签订对自己有利的条约。我们没有理由认定，对于这些条约，它们在坚持条约神圣不可侵犯原则方面会逊色于英国或美国。

至此，现实主义的观点仍然是令人信服的。条约必须遵守原则不是道德原则，因此，履行这一原则也不总是基于道德原因。条约必须遵守是国际法原则。正因为如此，它不仅实际上

是国际社会存在的一个必要条件，并且也被普遍认为是这样的条件。但是，法律也不能解决所有的政治问题。法律之所以失
191 去效力，是因为有些人试图利用法律实现非法律本意的目的。将法律视为维护现有秩序的保障并不是贬低法律。法律的实质就是促进稳定并维护现有的社会构架。所以，任何地方的保守派都称自己是维护法律和秩序的一方，谴责激进派颠覆和平、敌视法律，这也是很自然的事情。每个社会的历史都表现出一种很强的趋势：那些希望对现有秩序实施重大改革的人往往会采取非法，或是被保守派指责为非法的行动。诚然，在组织程度很高的社会里有着修改法律的合法机构，因此，采取非法行动的意向就会被减弱。但完全消灭这样的意向是不可能的。与保守派相比，激进派更容易与法律发生冲突。

1914 年之前，国际法并没有将以战争方式改变现有国际秩序的行为视为非法。当时，也没有任何其他依法建立的机制可以改变现状。1918 年之后，反对“侵略”战争的声音响彻世界，几乎世界上所有的国家都签署了条约，谴责将战争用做政策手段的行为。虽然为改变现状而诉诸战争的行为通常会违反条约义务，因此从国际法角度来看属非法行为，但是，至今仍未建立以和平方式实施变革的有效国际机制。19 世纪只有初级国际体系，或者可以说根本没有什么体系，但它承认当时唯一可以改变现状的方式是合法的。这种做法自然合乎逻辑。现在，这种传统做法被视为非法，但同时又没有确立任何有效的替代方式，于是，现在的国际法就成为现有秩序的保护伞。这在以往的国际法和任何文明社会的国内法之中都是未曾有过的现象。

这就是国际法现在日益不受尊重的根本原因。那些谴责这种现象的人并没有认识到它的根源所在，自然也就被指责为虚伪愚笨之徒了。

以上三种观点都认为完全遵守条约神圣不可侵犯原则的法律规定是不可能的事情。这些观点也从道德角度为违反条约提供了一定的理由。其中，第三种观点的重要程度要远远超出前两种。有些人从维护现有秩序中得益最大，所以就会最坚定不
移地强调法律的道德约束力。但是，这些人的说教并不能加强 192
人们对国际法和条约神圣不可侵犯原则的尊重。法律应当承认有效的政治机制，通过这样的机制，法律本身可以被修改、被更替。只有在这样的情况下，才能维护法律和条约的尊严。我们必须明确地承认，政治力量的运作是先于任何法律的。只有政治力量处于稳定的平衡状态，法律才可以行使其社会功能，同时不会成为维护现状者手中的工具。实现这种平衡不是法律的使命，而是政治的任务。

注释：

① Waltz in *Deutsches Recht*, Jg. IV.（1934），p. 525. 劳特巴赫教授说，条约必须遵守的原则是国际社会中“最高的、不可削弱的、终极的标准”（*The Function of Law in the International Community*，p. 418）。对于我们批判的这种观点，这确实是一个典型的实例。

② Lamartine’s Circular of 5 March 1848，published in the *Monitour* of that date.

③ Bismarck，*Gedanken und Erinnerungen*，ii. p. 258.

④ 引自 H. F. Pringle，*Theodore Roosevelt*，p. 309。

⑤ Miller，*The Drafting of the Covenant*，i. p. 293.

⑥ Krabbe，*The Modern Idea of the State*（Engl. transl.），p. 266.

⑦ 引自 Grey，*Speeches on Foreign Affairs*，*1904—1914*，p. 307。

⑧ *British Documents on the Origin of the War*，ed. Gooch and Temperley，viii. pp. 377—378.

⑨ The correspondence was published in Cmd 7816 of 1915.

⑩ *The Times*，11 January 1896.

⑪ *The Times*，26 May 1939.

⑫ Hitler，*Mein Kampf*，p. 104.

⑬ Resolution of 14 December 1932，in *Documents on International Affairs*，*1932*，pp. 80—82.

⑭ The quotations are from the British note of June 4，1934（Cmd 4609）.

⑮ *The Times*，2 June 1934.

⑯ Speech in the House of Commons，December 14，1932，in *Documents on International Affairs*，*1932*，p. 128.

⑰ *Diplomatic Discussions Directed Towards a European Settlement*，Cmd 5143，p. 78.

⑱ 引自 Toynbee，*Survey of International Affairs*，*1936*，p. 139. 这样的说法并非现在才有，也往往被视为合法的。就在 1908 年，一位著名的英国历史学家借用皮特（Pitt）的话说：“他支持英国的要求，认为无论是‘从自然还是从上帝’的角度来看，英国都应该改变不公正条约设定的人为限制；他谴责《帕尔多公约》是‘国家的耻辱’；他表达了一个新的英国未曾表达出来的志
193 向。”只要将这段话中的几个专有名词改变一下，就与希特勒的言辞如出一辙（*Quarterly Review*，October 1908，p. 325）。在同一篇文章中后面的部分里，还有这样一段话：“他将自己的远见卓识和政治理想结合起来，赋予英国一种基于帝国扩张理想之上的国家发展和国家目标的意识。为了实现这种目标，英国必须牺牲一切，并不再仅仅考虑自我权益和保护自我生存的权力”

（*ibid.*, pp, 334—335）。非常有趣的是，这位历史学家显然是在赞扬这些言论。

⑲ 1919 年之后，有些德国学者试图证明，如果条约与“国家间的自然法”相冲突的话，这些条约在国际法中就失去了效力。这类论述文献在 Verdross 的论述中得到了梳理，参见 Verdross，*American Journal of International Law*, xxxi.（October，1937），pp. 571 *sqq*。但是，在德国以外的其他地方几乎没有人支持这种观点。在国际法庭 1934 年做出判决的时候，一位德国法官以个人身份表达了自己的观点，认为国际法庭“绝不能实施内容违背良好道德的公约”（*Permanent Court of International Justice*，Series A/B No，63，p. 150）。但是，国际法庭本身从来没有坚持这样的观点。

⑳ Renner，*Die Rechtsinstitute des Privatrechts und three soziale Funktion*，p. 55.

第十二章　国际争端的司法解决

法律除了维护合法权益之外，还是围绕这些权益产生的争端的解决机制。国内法庭的司法权是强制性的。任何受到传讯的人都要出庭，否则就会以缺席为由败诉。法院判决对所有当事方均具有约束力。

国际法虽然也是解决争端的机制，但无权做出强制性判决。直到 19 世纪末，用于国际争端的司法程序几乎总是采取特别协定的方式，将某个争端提交一个或多个仲裁者。协定中规定了任命仲裁者的方法，并事先确定仲裁者的决定具有约束力。根据 1899 年的《海牙公约》，在海牙设立了常设仲裁法庭。但这并不是一个法庭。它只是一个常设专家委员会，希望诉诸仲裁的国家可以从中选择适当的仲裁人。《国际联盟盟约》建立了常设国际法院。这是一个真正开庭审案的法院，但是，它只有在当事方同意的情况下才能实施司法权。当事方表达同意的方式可以是签订涉及某一争端的特别协定，也可以是签订将当事各方某些类型的争端全部提交法庭的一般性协定。国际法院在一份判决中声明："国际法明确规定，在未经其同意的情况下，不得强迫国家将它与其他国家之间的争端诉诸调停或仲裁或其他任何和平解决方式。"①

可以诉诸与不可诉诸司法解决的争端

在国内法中，任何争端在理论上均可诉诸司法解决。如果 194
争端问题不在法律规则管辖之内，法庭的答复可以是原告无法立案。原告很可能不满意这样的判决，因而寻求采取政治行动加以解决。但是，这仅仅意味着原告不愿接受司法答复，而不能说法律没有给予答复，也不能说法律答复不具司法约束力。在国际法中，不是所有的争端均可诉诸司法程序的，因为只有争端的当事各方同意将争端提交司法程序，并一致承认司法决定具有约束力的时候，法庭才可行使司法权。在现有的许多条约中，缔约方界定了它们同意可以诉诸司法解决的争端类型。1914 年之前的一些条约中，某些有限和具体范畴内的争端被视为可以诉诸司法解决的案例。但在其他一些条约中，对可以诉诸司法解决的争端的界定，则或是否定的或是模棱两可的。比如，缔约方同意将那些不涉及各自“根本利益”、“独立”或“国家尊严”的争端提交仲裁。对可以诉诸司法解决的争端做出的最为接近定义的表述是在《国联盟约》第 13 条之中，并在《常设国际法院规约》第 36 条中得以重申。这些条款列举了不同类型的争端，“宣布这些争端在一般情况下属于可以诉诸仲裁或司法解决之列”。最后，1919 年之后签订的几个仲裁条约（尤其是在洛迦诺签订的那些条约）规定，所谓“涉及当事方各自权益的”那些争端是可以诉诸司法解决的。

《国联盟约》《常设国际法院规约》以及洛迦诺仲裁条约所

做的规定极大地刺激了一种观点的形成，即：国际争端可以通过客观的测评，根据事实本身分为可以诉诸司法解决和不可诉诸司法解决的两类。但这样分类是基于一种错觉的。相关规定并没有客观地定义可以诉诸司法解决的争端，只是列举了某些类别的冲突，签署这些文件的各方之间承认这些冲突属于可诉诸司法解决的范畴。《国联盟约》和《常设国际法院规约》的规定绝非真正的定义，只不过列举了一些争端的例子。这种做
195 法既不全面，也不具权威性（文件中使用“一般性”这个字眼就说明缺乏权威性）。[②]《洛迦诺公约》中的规定试图对可以诉诸司法解决和不可诉诸司法解决的争端做出一个客观的区分，方法是采用了法律权益冲突与利益冲突之间的区分标准。这种方法几乎没有什么实用价值。它只是要求当事各方承认，只要它们认为属于法律范畴的争端，就可以诉诸司法解决。因此，争端双方中任何一方只要将争端置于法律权益范畴之外，就可以退出仲裁。比如，英国政府拒绝履行与美国签订的战争债务协定。如果英国政府因此而受到条约的制约，它就会提出这样的理由：争端的核心不是美国有没有合法权利要求英国支付债款的问题，因此争端也就不涉及“各自的权益”。既然争端不属于法律范畴，英国也就可以拒绝将自己不履行与美国签署的战争债务协定事宜诉诸司法仲裁了。劳特巴赫教授的总结十分令人信服。他说，对于一起争端是否“适于”诉诸司法解决的问题，是没有什么客观标准的。“一起争端不能诉诸司法解决，不是由于这一争端本身的性质，而是因为国家不愿意通过法律程序予以解决而已”。[③] 所以，我们面临的问题具有双重

性质：为什么国家只愿意将某些争端诉诸司法解决？为什么国家很难清楚地定义什么样的争端是它们愿意诉诸司法解决的争端？

要寻找这个问题的答案，就必须探讨法律与政治之间的必然关系。争端的司法解决是以两个条件为前提的：存在法律并承认法律具有约束力。制定法律并承认法律具有约束力的协定是一个政治事实。因此，是否诉诸司法程序明确或是含蓄地取决于政治性的协议。在国际关系中，政治协议往往被局限于对国家安全和生存没有影响的领域之中。主要是在这些领域里，196
争端的司法解决才具有效力。过去，大部分通过仲裁或是其他司法程序解决的国际争端，或是涉及赔款，或是涉及人烟稀少的边远地区的国界划分。1914 年之前，人们将涉及“根本利益”、“独立”或“国家尊严”等事宜排除在仲裁条约之外，恰恰是将无法达成政治协议的问题排除在司法解决之外。一旦在政治上不能达成协议；就会将仲裁视为不切实际的方法。我们在下文中很快就会看到，后来的仲裁或司法解决协定也不包括那些危及现有条约尊严或现有法律权益的争端，这实际上是保留了 1914 年之前的传统做法。

同样是出于这个原因，关于可诉诸司法解决的争端，没有一个普遍和永久有效的定义。这是因为政治协议总是随着时间和地点的不同而发生变化的。[4]1917 年前，世界上有一个普遍的政治性谅解，即，个人财产权是有效权益，如果一个外国人的财产无论以何种理由被财产所在国政府没收，根据国际法，这个外国人就有权要求赔偿。只要存在这个谅解，据此提出的要求就可以通过仲裁解决。在俄国建立了苏维埃政权之后，这一谅解就不再适用于俄国。1922 年，苏维埃政府出席热亚那会议。这是它第一次在重大国际场合露面。事先，苏维埃政府十分小心，断然拒绝将财产权问题提交国际仲裁。苏维埃政府向大会提交的备忘录说：“在审理这类案件的时候，围绕两种财产形式产生的具体分歧必然会导致两种对立的立场。在这种情
197 况下，不可能找到公正的最高仲裁人。”在后来的海牙会议上，英国代表小心翼翼地问道，“难道真的无法在世界上找到一个公正的仲裁人”，李维诺夫先生断然回答，“我们必须正视一个事实，这就是我们面对的不是一个世界，而是两个世界。一个是苏维埃的世界，另一个是非苏维埃的世界。”[⑤] 如果在两种不同意见之间根本没有共同之处，“公正”这个概念也就毫无意义了。没有一致认可的政治前提，司法程序也就无法实施。

上面引用了英国代表的提问，他认为诉诸国际仲裁的障碍是难以找到公正的仲裁人。这种观点在以前也曾听说过。美国代表在 1907 年的海牙会议上宣称，“扩大仲裁的极大障碍不是文明国家不愿意将争端诉诸仲裁法庭的裁决，而是人们担心选定的仲裁法庭是否公正”。据说，索尔兹伯里（Salisbury）勋爵也说过类似的话。[⑥] 这种观点源自一种误解。真正的障碍不是国际仲裁人可能具有的个人偏见。人们之所以普遍反对将国家关注的事务诉诸“外国人”的裁决，主要原因不是担心外国仲裁人会在双方之间表现出偏袒一方的态度，而是因为有些问题涉及根本的政治原则，在这些方面，我们不能接受任何外国权威人士的挑战。无论是司法上的还是政治上的挑战，都是不

能接受的。苏维埃俄国废除了私有制，英国认为有权实施封锁政策，美国坚持门罗政策——这些都是涉及根本政治原则的实例。当然，具有根本政治原则的事件并不一定都是重大事件。帕默斯顿在处理1850年唐·帕西菲科事件的时候，还有墨索里尼在处理1923年意大利将军在希腊被杀事件的时候，都把事件视为政治性事件，所以根本没有考虑将其提交司法解决。[7]

但是，也存在另外一种更为普遍的观点，认为缺乏共同的 198
政治前提条件阻碍了国际社会司法进程的发展。国内法虽然比国际法更加完整，也更为具体，但却从来不是仅凭自身就可以万事大吉的。把法律实施于某一个案总会涉及司法酌定问题，因为立法者不可能预见到法律管辖范围内每个案例的所有相关情况。迪安·庞德（Dean Pound）写道："在许多案例中，司法行动的整个进程都是由法官个人的是非观确定的。"[8]可能更加公正一些的说法是，在这类案例中，优秀法官不是根据"自己的是非观"，而是根据社会普遍接受的是非观进行判决，因为法官是为社会服务的。不过，某种"是非观"，无论是个人的还是社会的，都是诸多判决的必要组成部分。很少有人能够否认这一事实。政治前提条件的重要意义启发了美国最高法院对美国宪法的解释。在美国历史进程中，随着社会条件的变化，这些政治前提条件也发生了变化。这些事例是众所周知的。[9]说到底，根本问题是个人权利和社会需要之间的关系。每个国内社会必然要发现解决这一问题的可行方法。但国际社会仍然没有做到这一点。关于航海自由的争论表明，英国不愿意冒险让国际法庭根据所谓整个国际社会的需要来解释英国享有的海洋

权利。在一些重大事务上，其他大国也会采取同英国一样的保留态度。在国际社会中，人们不能接受整个社会的总体利益重于个体成员的具体利益这一观点。正如我们已经讨论过的那样，
199 这是国际道德的根本问题。同样，它也是将司法解决的方式应用于国际争端的巨大障碍。

因此，国际争端是否可以诉诸司法解决这一问题再次证明了这一事实：法律是政治社会的产物，法律的发展取决于政治社会的发展，法律以社会共同的政治前提条件为自身条件。正因为如此，加强国际法、将更多种类的国际争端包括在可以诉诸司法解决的范畴之内——这类问题是政治问题，不是法律问题。没有什么法律原则能够使人确定某一事件是否适合于诉诸司法方式加以解决。这样的决定是政治决定，其性质很可能是由国际社会的政治发展或有关国家之间政治关系的发展而决定的。同样，没有什么法律原则能够使人决定，某种已经证明是成功的国内法律规则或立法机构是否应该被照样应用于国际法之中。唯一有效的标准是，国际社会现阶段的政治发展状况是否适合于引入这样的规则或机构。在当代国际关系中，司法解决机制的发展大大超前于这种机制可以有效发挥作用的政治秩序。所以，若要进一步扩展可以诉诸司法解决的国际争端的范畴，需要做的不是完善已经相当完善的司法机制，而是促进政治合作。迄今为止，英联邦成员国家一直拒绝在它们之间建立任何解决争端的永久性和强制性司法程序。这一事实对于那些过分重视完善国际关系中司法机制的人来说，应该是一种警示。不过，英国及其自治领签订了《常设法庭章程的非强制性

条款》，将英联邦内部的争端置于这一章程的管辖范围之外，于是，英国及其自治领对于其他国家承担的义务，反而大大超过了英联邦内部成员之间相互承担的义务。这显然是一个奇怪的现象。 200

“用仲裁解决一切争端”的计划

国际关系领域的司法程序范畴需要稳步渐进的扩展。但在两次大战期间，有许多思想家认为仅仅做出这样的计划是远远不够的。人们颇有雄心大志，试图通过一纸法规，以仲裁方式强制性解决所有国际争端。两次大战期间，这是受到广泛赞扬的一种观点。1914 年之前，在许多场合都讨论了强制性仲裁的计划，但都未能得到认可。《国联盟约》建立了常设法院，并鼓励将合适的争端提交仲裁或司法解决，但对强制仲裁的倡导者却没有予以鼓励。在所有争端之中，允许当事国自行选择使用何种程序。“行政院质询”的政治程序也一直是可以选择的方式之一。正是因为《国联盟约》具有这种政治特征，所以成为乌托邦学派攻击的目标。当时，有一种观念日趋流行，认为建立国际“法治”、避免再发生战争的途径就是各国将所有国际争端提交国际仲裁法庭，这个法庭有权根据严格的法律或平等原则和常理自行做出裁决。流行口号“用仲裁解决一切争端”反映的就是这样一种模糊的概念。一般认为，《日内瓦议定书》和《总议定书》已经满足了“用仲裁解决一切争端”的要求。人们普遍认为，如果英国政府当初没有拒绝接受《日内

瓦议定书》，如果主要国家都无保留地接受了《总议定书》，就可以建立一个令人满意的司法程序，对所有国际争端实施强制性仲裁，这样一来，战争的一个重要根源就被消除了。

但是，正是在这个问题上产生了极大的思想混乱，或者说一系列的混乱思想。在整个两次世界大战之间这段时期，这种思想混乱状态不断发展，使人们很难认清国际争端的和平解决问题。《国联盟约》在建立国际法院之后增加了一条修正案，
201 将“司法解决”与“仲裁”并列在一起。据此，“仲裁”指的是临时任命的法官或法庭所做出的裁决，“司法解决”指的是常设法庭做出的裁决。除此之外，没有理由认为这两者之间还有什么其他的区别。但是，人们试图客观地区分可诉诸司法解决与不可诉诸司法解决的两类争端。这种错误的做法导致了同样荒谬的结果，亦即对“司法解决”和“仲裁”也做出了如下的区分：“司法解决”是指根据法律条文对“可以诉诸司法解决”的争端予以解决，而“仲裁”则是根据公平原则对“不可诉诸司法解决”的争端予以解决，因为法律条文不能涵盖后一类争端。这种观点在《日内瓦议定书》之中也有所反映。根据国联大会就此公约提交的报告，“仲裁人不必一定是法官”。如果仲裁人就任何法律问题得到了国际法庭的咨询意见，这样的咨询意见“对仲裁人来说是没有约束力的”。[⑩]不过，“司法解决”和“仲裁”之间的区别在《总议定书》中首次得到了充分的阐释。根据这一文件，“当事各方如就其各自权益发生冲突”，这类争端应提交国际法庭寻求“司法解决”；所有其他争端则应提交仲裁法庭寻求“仲裁”解决。如果各方没有提出一

致接受的反对意见，仲裁法庭在做出裁决的时候，应使用国际法庭同样的法规。但是，“如若没有适用于争端的法规，法庭应根据公允与善良（ex aequo et bono）的原则做出裁决。”这种使用法规的方式似乎令人难以理解。如果争端涉及合法权益问题，则不应提交仲裁法庭，而应提交国际法院。如果争端不涉及合法权益问题，就不能使用司法规则解决争端。目前存在一种观念，认为有一类国际争端似乎处于真空地带，既不受现有合法权益原则的管束，也不受国际法法则的制约。这样的观念实属荒谬。

但是，还有一种更加严重的混乱思想。在国内和国际事务中，往往把“法律性”争端与“政治性”争端区别开来，这是完全合理的。所谓“法律性”争端，是指依据现有权利提出的不同要求所引发的争端；所谓“政治性”争端，则是指由于要求改变现有法律性权利所引发的争端。不过，这两类争端的区
别似乎并不在于争端的性质，而在于原告方是要通过司法程序 202
还是政治程序解决争端。在一国之内，前一种争端是由法院解决的，而后一种则是通过采取政治行动解决的。如果法院裁决不能满足当事人的要求，当事人可以通过立法方式满足自己的要求。但在国际上，两者之间的区别就不是如此一清二楚了。没有一个国际法庭能够解决所有“法律性”争端，也没有任何普遍认可的机构能够解决所有“政治性”争端。在这种情况下，如果一个国家对另一个国家提出要求，它没有义务并且通常也不会清楚地表明自己提出的要求是基于现有的法律性权利还是要改变这些权利。当然，虽说两者之间的区别在实际运作

中有时十分模糊，但这种区别却是实际存在的。无论是在国内还是在国际上，一般来说，“政治性”争端比“法律性”争端更加严重，也更加危险。革命和战争较少地起源于对现行法律权利的不同解释，更多地起源于改变这些权利的愿望。明智的政治家，以及聪明的政治学学者，都会十分关注政治性争端。

根据官方的宣示，《日内瓦议定书》是“和平解决可能出现的**一切争端**的机制”[11]，《总议定书》是“解决一切形式的国际争端的综合性方法”，[12] 由此似乎可以得出一个合理结论，实际上许多人也确实得出了这样的结论，即：已经制定了通过仲裁解决政治性争端的规则。政治性争端当然是指由于要求改变现有合法权利引发的争端。但是，如果仔细审视这个问题，就会发现上面的结论是没有根据的。国联大会在就《日内瓦议定书》所提交的报告中有一段不太显眼的话，据此，司法程序不适用于“旨在改变有效条约和国际法案的争端，或是企图改变缔约国现有领土完整的争端”。实际上，报告人还补充说：“仲
203 裁方式不可能被使用到这类案例之中。这一点十分明显，所以，若是将其列为特别条款，无疑是多此一举。”[13]《总议定书》没有这么清楚的表述。它的目的是对不涉及缔约方“各自权利”的争端实施强制性仲裁，是授权国际法庭根据公允与善良原则对这类争端做出裁决。但是，“只有当没有适用于某一争端的［法律］规定时”，才能使用这样的原则。这一限制性条件的效力与《日内瓦议定书》中的保留条款是相同的。政治争端的实质是要求不得使用相关的法规，尽管人们承认这些法规是可以使用的。如果一个国家提出，它不能接受现有的边界，

或是不能容忍现有条约对其主权的限制，或是不能履行现有财政协定所规定的义务，结果出现了争端。将这样的争端提交仲裁法庭是没有用处的，因为仲裁法庭的首要任务是使用法律“规定解决争端”。合法权利是存在的，也是无可争议的法律。正因为人们要求改变这样的权利，才产生了争端。政治性争端是无法在法律的框架之中，通过法庭实施法规就能够解决的事情。《日内瓦议定书》和《总议定书》的目的虽然是和平解决所有争端，但实际上却没有触及最重要、最危险的一类国际争端。

不切实际的《日内瓦议定书》和《总议定书》是正式颁布和官方商讨过的文件，是“用仲裁解决一切争端”的最全面计划。有些政府已经准备将不会危及现行政治秩序的争端诉诸仲裁。但是，“不会危及现行政治秩序”这一限制条件，并不比旧条约中所规定的核心利益、独立和国家尊严等限制条件更为宽松。没有一个政府愿意将改变自己合法利益的权利交付国际法庭。不过，比起那些讲究实际的政治家来，有些理论家却更愿意忽略这一难题，更愿意授权一个所谓的仲裁法庭，使其不仅能够实施现有权利，而且还能确定新的权利。一个名叫“新联邦社团”(the New Commonwealth Society)的英国组织提出了一个详尽的仲裁法庭计划，这个法庭将“依照公允与善良的原则，对政治争端做出裁决，包括涉及必须修改条约的争端”，这样就可以通过公正法庭的方式实行“国家间事务的间接立法”。[14]这一计划似乎是劳特巴 204
赫教授理论的一个必然演绎。劳特巴赫教授认为，国际“利益冲突的原因是……国际法律组织有着许多不完善的地方”。[15]

未来的国际利益冲突可以由法庭解决，这个法庭将成为世界政府的最高机构，不仅行使解释国家权利的司法职能，而且具有改变这些权利的立法职能。这样一来，另外一个著名国际法专家的梦想也就可以变成现实了。这位专家的希望是建立一个“国际法制社会，其核心是保障国际公正”。[16]

这些理论都有一个重大贡献。它们承认《日内瓦议定书》和《总议定书》包含了这样一种谬误：基于承认、解释和实施现有权利的国际法制秩序足以实现国际争端的和平解决。但是，这些理论为了避免这一谬误，却陷入了更深的谬误泥潭。它们一方面意识到必须就修改现有权利做出规定，另一方面却硬要将这个本质上属政治性的职能划归到法律范畴之中，把履行这一职能的任务交付给法庭。这些理论不愿意承认所有法律体系都具有政治基础这一事实，因此也就将政治纳入法律范畴之中。在这种准司法的混沌状态之中，法官变成了立法者，政治问题要由公正的法庭根据公平和常理的原则予以解决，法律和政治之间的区别也不复存在了。

国际问题的解决是极其困难的。正因为如此，人们才会提出这样辉煌的解决方案。但是，如果仅仅因为难以解决这些问题，就提出一个在组织程度上大大高于国际社会的国内社会中都无法实施或毫无益处的解决方案，这样做自然是没有道理的。劳特巴赫教授认为，对所有国际争端实行强制性仲裁是“维护和平不可或缺的正常机制”。[17]但是，对提出的要求实行强制性仲裁的方式，如果不是以合法权利为基础，在文明国家之内都难以实施，在那些国内局势长期处于和平状态的国家中则更无法实施了。在国内政治中，我们不会把“利益冲突”引发的争端归罪于法律组织的不完善，也不会将由实行兵役制是否必要、取消对经济状况的调查、工会的法律地位，或是煤矿 205
国有化这类事宜所引发的争端提交国家仲裁法庭，以求根据公正和常识的原则得到不偏不倚的解决。问题的关键不在于我们无法找到一些深谙公正和常识原则的人，而在于公平、公正、常识并不是我们在解决这类问题时要求强调的主要因素，至少不是唯一的主要因素。这些问题属于政治问题，在解决这些问题的程序中必须要有权力的介入。在民主国家，权力的形式是多数人的投票；在极权国家，权力的形式是独裁者或政党的意志。无论是在民主国家还是在极权国家，这类争端都不是“公正”的法庭可以解决的问题。

司法程序不适用于“政治性”争端

为了能够在理论上澄清思想，也是为了能够在实际中确立良好政府，有必要区分法律性争端和政治性争端，区分希望通过司法程序解决的争端和必须通过政治程序解决的争端——前者的依据是现有的法律权利，后者则要求修改现有的法律权利。为什么这样做是有必要的呢？

首要的回答是，司法程序从根本上不同于政治程序，因为司法程序排除了权力因素。如果把争端提交法庭审理，前提是当事各方的权力差异与案件审理毫无关系。法律只承认法律权利的差异，除此之外不承认任何其他差异。在政治中，情况恰恰相反。权力是所有争端中的根本因素。英国农业从业人员和工业从业人员之间利益冲突的解决，至少部分地取决于他们各自的投票实力和他们能够对政府施加的“压力”。美国和尼加拉瓜之间利益冲突的解决，在很大程度上取决于两个国家相对的实力。（我们之所以说“在很大程度上”，是因为相对于其他因
206 素，权力在国际社会中比在国内社会中发挥的作用要大。）只有重视权力的机构才能处理利益冲突问题。如果将这类政治性职能交付于一个有意依照一般法院的性质和程序建立起来的法庭，那就不会得到任何收获，反而会使法律的正当职能信任尽失、名誉扫地。正如萧伯纳先生所说的那样，法官和立法者的职能是“相互排斥的”：法官决不能考虑任何利益问题，而立法者则必须考虑所有的利益问题。⑱

第二个回答同样具有根本性。我们已经看到，即便是法院严格的司法程序有时也需要政治理念，因为将法律使用于具体案例总会涉及司法判断问题。要使司法判断不是反复无常，就必须从政治理念中得到启发。如果要求法庭审理的案件不涉及法律权利，而是涉及搁置法律权力、转而使用公正和常识原则，明确界定的政治理念就显得尤为重要。在这类案例中，司法判断不仅仅局限于法律没有阐释清楚的问题上面，其范围会无限延伸。法庭的裁决若要避免仅仅表达个人的意见，就必须符合整个社会共同认可的观念或社会代表人士的观点。国内社会中存在这样的观念，所以，有的时候甚至可以使用仲裁方式解决政治性问题。在国际领域，也不是完全排除这样的可能。但是，一般来说，国际社会几乎不存在一个共同认可的普遍观

念，这就成为根据公允与善良原则实施国际仲裁的一大障碍。英国在埃及的利益、美国在巴拿马运河区的利益、但泽的未来、保加利亚边界等问题引发的争端，如将其提交国际法庭，不是依照法律而是根据公平和常识的原则予以解决，自然是行不通的。这不仅因为这些问题的解决涉及权力因素，而且也因为在考虑这类问题的时候，根本无法就公平和常识的意义达成政治上的一致意见，即便是最模糊的一致意见都不会存在。只有在极少数情况下，当事各方才会授权国际法庭可以不依照严 207
格的法律来解决它们之间的争端。即便是在这种情况下，国际法庭也十分不愿意使用这样的授权。这倒不是因为像劳特巴赫教授所说的那样，“法律比正义和公正这类不严谨的概念更为公允”，[19]而是因为负责任的法庭不愿意在涉及重大问题的时候对国际关系中“公平”或“正义”这类概念做出权威性的定义。如果一个国际法庭离开了国际法和法律权利这一相对坚实的基础，就无法找到一个能被普遍接受的公平或常识或社会福祉的定义，因而也就失去了立足之地。正如齐默恩教授所言，一旦如此，国际法庭就只剩下“一排长袍假发空发议论”而已。[20]

但是，问题仍然存在。无论国际国内，政治问题比法律权利问题要危险得多。对于一个有组织的社会来说，不断地或是经常地修改现有权利是极其必要的事情。通过非战争形式在国际社会实现变革是现代国际政治中最关键的问题。第一步就是要走出仲裁和司法程序的死胡同，因为在这条死胡同里根本无法找到解决问题的办法。只有迈出了这一步，我们才能放手寻找其他解决问题的方法，或许能够发现比较切实可行的途径。 208

注释：

① *Permanent Court of International Justice*，Series 2，No. 5，p. 27.

②“涉及条约解释权”的争端是《国联盟约》认定的第一类“总体上适合于”司法解决的争端。值得注意的是，起草这一条款的盟约制定者却拒绝接受一项建议，这项建议要求在《盟约》中加进一条：就《盟约》本身的解释引发的争端应提交常设国际法院进行裁决（Miller，*The Drafting of the Covenant*，ii. pp. 349，516)。有的时候，在具体案例中的行为比在孤立状态下的抽象规则更有意义。

③ Lauterpacht，*The Function of Law in International Community*，p. 369 and *passim*. 劳特巴赫教授做出了卓越的研究，发现是国家的不情愿限制了国际争端的司法解决。但遗憾的是，他的研究到此为止。他以真正的乌托邦方式，将这种“不情愿”视为不正当的态度，因此也就不值得国际法律专家予以重视。

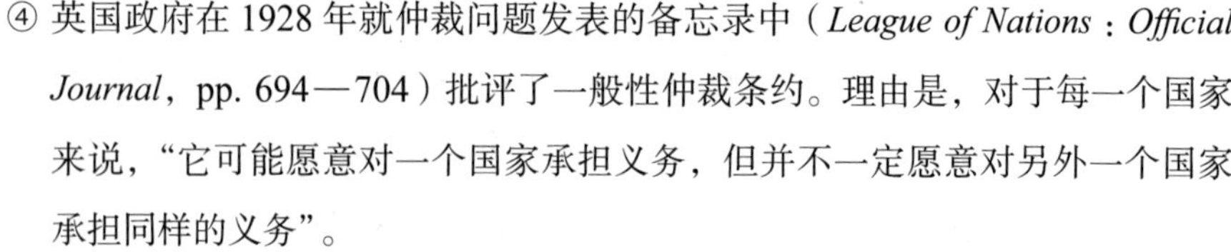

④ 英国政府在 1928 年就仲裁问题发表的备忘录中（*League of Nations*：*Official Journal*，pp. 694—704）批评了一般性仲裁条约。理由是，对于每一个国家来说，“它可能愿意对一个国家承担义务，但并不一定愿意对另外一个国家承担同样的义务”。

⑤ 引自 Taracouzio，*The Soviet Union and International Law*，p，296.

⑥ *Proceedings of the Hague Peace Conference*（Engl. transl.: Carnegie Endowment)，*Conference of 1907*，ii. p. 316.

⑦ 关于后一个事件，吉尔伯特·默里教授曾代表南非在国联大会发言。他遗憾地说，一个司法问题（即对意大利的赔偿问题）却被提交到一个政治机构，根据政治原因加以解决（*League of Nations*：*Fourth Assembly*，pp. 139 *sqq.*）。这是一个典型的例子，说明了劳特巴赫教授明确揭示的一个谬论：有些问题从根本上说就是属于司法问题。

⑧ Roscoe Pound，*Law and Morals*（2nd ed.)，p. 62.

⑨ 拉斯基教授多年前曾说过，“在美国的外国人感到极其困惑的是，为了最高法院空缺法官席位的提名，人们为什么要如此大事游说”（Duguit，*Law in the Modern State*. 英文版序言，第 xxiii 页）。当他们较好地理解了最高法院的政治性质之后，这种困惑自然就减弱了。

⑩ *League of Nations*：*Fifth Assembly*，First Committee，p. 486.

⑪ *League of Nations*：*Fifth Assembly*，p. 497.

⑫ *Memorandum on the General Act*，Cmd 3803，p. 4.

⑬ *League of Nations*: *Fifth Assembly*，p. 194.

⑭ Lord Davies，*Force*，pp. 73，81.

⑮ Lauterpacht，*The Function of Law in the International Community*，p. 250.

⑯ Kelsen，*The Legal Process and International Order*，p. 30.

⑰ Lauterpacht，*The Function of Law in the International Community*，p. 438.

⑱ G. B. Shaw，*John Bull's Other Island*，Preface.

⑲ Lauterpacht，*The Function of Law in the International Community*，p. 252.

⑳ Zimmern，*The league of Nations and the Rule of Law*，p. 125. 这句话批评的是塔夫脱设想的国际法庭，当然也更加适用于新联邦社会倡导的公平法庭。

第十三章　和平变革

每个时代、每种学派的思想家都普遍承认政治变革的必要性。伯克有一段名言："没有改革手段的国家也就没有生存手段。"[①]1853 年，马克思曾就东方问题做出了以下犀利的分析：

> 无能……表现在一种心态上面：维持现状。这种坚决维护偶然形成或环境使然的现状的普遍心态，是无能为力的明证，是主要国家承认自己完全无力促进进步和文明事业的明证。[②]

吉尔伯特·默里教授也以不同的方式表达了相似的观点：

> 战争并不总是仅仅源自邪恶或愚蠢。有时，战争只是源于发展和运动。人类是不可能停滞不前的。[③]

根据这种观点，要想依照道德标准区分"侵略"战争和"防御"战争只能是误入歧途。如果变革是必要的、有益的事情，通过使用或威胁使用武力的手段来维护现状就比使用或威胁使

用武力来改变现状更应该受到道德的谴责。美国殖民地民众在
1776 年以武力方式对当时的现状发动了进攻；1916 年至 1920
年间，爱尔兰人同样以武力方式对现状发起了进攻。现在很少
有人认为，英国人使用武力维护现状的行动是道德的，而美国
人和爱尔兰人使用武力政变现状的行动是不道德的。所以，道
德的判定标准不是战争的“侵略”或是“防御”性质，而是战 209
争追求或抵制的变革的性质。“若是没有反抗，人类就会停滞
不前，非正义就不会得到矫正。”[4] 严肃的思想家几乎不会认为
发起革命无一例外总是错误的，同样也很难令人相信发动战争
无一例外总是错误的。不过，大家都承认，战争和革命本身有
害无益。因此，“和平变革”问题就是：怎样在国内政治中不
通过革命的方式实现必要的、有益的变革，怎样在国际政治中
不通过战争的方式实现这样的变革。

每一种要求变革的有效力量，就像其他任何一种有效政治力量一样，都是权力和道德结合的产物。单凭权力或是单凭道德，都无法表现和平变革的目标。变革是否应该满足“公正”的要求，以便建立“公正”？是否应该满足那些足够强大并可能发动革命或战争的力量，以便维护和平？这样的问题，除了用于学术研究，此外是没有什么价值的。但是，如果认为道德和权力两个目标是完全一致的，哪个目标都不必牺牲，那就是一种危险的想法。对于政治变革问题的任何解决方案，无论是在国内领域还是在国际领域，都必须建立在道德和权力两者之间妥协的基础之上。

权力在政治变革中的作用

权力在政治变革中具有不可或缺的作用。只有那些最浅薄的人才会否认这一点。在“改变现状”的历史上，很少能有其他运动比法国支持德赖弗斯（Dreyfusards）的运动更具道德特征。但是，就抗议对德赖弗斯判处徒刑的活动而言，如果没有强大的政治组织接手，将其使用为反对政敌的工具，这些活动只能是一无所成。阿尔巴尼亚和尼加拉瓜的抗议，无论其道德基础多么坚实，如果没有某个大国或某些大国出于自我利益的支持，也只能是徒劳无功。过去100年里，社会性立法得到了发展，这当然是由于人们越来越意识到工人阶级的抗议是正义的。但是，如果工人阶级没有不断以罢工和革命的形式使用

210 或威胁使用暴力的话，也不会取得目前的成就。约翰·斯特雷奇（John Strachey）先生说：“诚然，政府总是告诉我们，它们决不屈从于暴力。但是，全部历史事实告诉我们，能使政府屈从的唯有暴力。”[5]1849年，丹尼尔·韦伯斯特（Daniel Webster）先生惊呼：“和平分离？先生，您的眼睛和我的眼睛永远也不会看到这样的奇迹。”[6]希特勒在《我的奋斗》中有一句众所周知的话：“要赢回失去的领土，不能乞灵于对上帝的祈祷，也不能依赖国联的诚意，只能依靠武力。”[7]希特勒甚至可能与格莱斯顿这位受人尊重的大政治家观点相似。格莱斯顿在自由主义仍然是一种政治势力的时候发表过这样的看法：“在政治危机之中，如果仅仅要求我国人民憎恨暴力、热爱秩序、坚持

忍耐，那么，我国永远也无法获得自由。”[⑧]据说，没有一个统治阶级是自行交出权力的。《国联盟约》第 19 条已经成为谬误意识的一座孤独的纪念碑，它记载的是这样一种错觉：代表世界舆论的组织一致通过的“建议”有着强大的力量，能够使人们承认国际上的一些要求是公正的，是可以通过自愿的方式得到解决的。

虽然在国内和国际两个领域中，政治变革的根本问题都是权力与道德的妥协问题，但国际社会无组织的特点却使变革的程序问题更加复杂。如果要将国内政治领域中的变革程序应用到国际领域，必须十分谨慎才行。我们已经看到，无论在国内还是国际领域，都不能使用司法程序来解决从根本上属于政治范畴的问题。但是，乍看上去，将国内立法方式移植到国际领域似乎大有希望。立法程序与司法程序不同。立法程序承认，权力的作用是所有政治变革的内在要素（因为立法机构是国家将自己的意志施加于整个社会的最高权力机构）；立法是国家内部政治变革最明显、最常见的方式，并因之被一位德国学者称为“合法革命”。[⑨]劳特巴赫教授曾经提出这样一个问题： 211
“作为国际法或国际社会有效制度的和平变革是什么呢？”他自己的回答是：“这就是指国家承诺一种法律义务，接受相关国际机构对法律做出的变更。”[⑩]

我们已经注意到，国际法的基础是国际惯例，且目前也不存在国际立法或国际立法机构。《国联盟约》第 19 条的规定表明，1919 年的时候，主要国家距离“承诺国际义务，接受相关国际机构对法律做出的变更”这一要求仍然十分遥远。事情也只能如此。认真的思考可以使人发现，与司法程序一样，立法程序也是以某种政治秩序的存在为先决条件的。赞同与强制的结合是一切政治社会的基本条件。只有这两者的结合才能建立一个最高机构，无论它是议会、政务会还是个人独裁，其政令制定了对全体社会都具有约束力的法律。国际社会不具备这些条件。国际联盟大会的决议需要全体一致通过，因此它是一个受权商讨国际协议的组织，但不是立法机构，因此不能进行国际立法。正如艾登在国联大会会议上坦率指出的那样，“……如果授权大会违背各有关方面的意愿，强行实施变革，这样做显然是不切实际的。”[11] 因此，困难不在于缺乏国际立法机制，而是缺乏统合程度较高的国际政治秩序。因为只有存在这样的政治秩序，才能够建立权威立法机构，其法令才可能成为无须国家专门同意即对国家具有约束力的法律。如果我们接受劳特巴赫教授的观点，将和平变革等同于国际立法，结论只有一个，用劳特巴赫教授自己的话来说，就是“一个和平变革的国际体系，除非成为综合性人类政治组织不可分割的一部分，否则就极可能是不切实际的幻想”。[12] 国际立法的条件是存在一个世界性的超级国家。

212 但是，和平变革的国际体系必须在世界性超级国家建立之后才能实现——这实在是一个令人沮丧的观点。我们是否需要接受这个观点呢？实际上，借用这种立法观念不仅令人沮丧，而且具有误导作用。现在，人们几乎全都相信立法的好处在于它是国内改革的手段。但这样的共识也主要是过去 50 年里发展起来的。直到 19 世纪末，许多有识之士仍然认为国家是必要的邪恶，立法是令人遗憾的手段，万不得已方可使用。[13] 在国内社会中，随着现代国家的社会功能的发展，19 世纪思想中常常出现的“社会”与“国家”之间的对立已经失去了大部分含义。然而，在国际领域，我们置身于一个“社会”之中，但却没有相应的“国家”。因此，有一种概念可能会有些帮助，这就是在没有立法或其他公开形式的国家干预的情况下，仍然可能在社会结构中实现和平变革。这一概念对其他时代的人来说并非荒诞，但对我们这个时代的人来说，就是不可思议的事情了。即便是在今天，仍然很容易夸大立法的作用。社会结构和社会结构力量对比方面的最重大变化都不是通过立法行动实现的—— 100 年前这样说无疑是真实的；即便是今天，这样说仍然不失正确。所以，没有必要急于得出悲观的结论，认为如果没有国际立法，就不可能存在任何促成和平变革的国际程序。

在国际社会中，使变革成为突出问题的是动荡多变的各种关系。如果我们希望寻找国内社会与国际社会里这种动荡多变关系最近似的东西，那就是国内不同群体之间的关系。立法程序在过去未能解决这些群体之间的冲突，现在很大程度上也没有解决这类冲突。对于我们的研究来说，最重要也是最具启发意义的就是代表资方和代表劳工的两大群体。这两者之间的关系有着诸多表现形式：“富人”和“穷人”之间长期存在冲突；“满足现状者”和“不满足现状者”之间长期存在冲突；一方
或双方不愿以“仲裁解决一切争端”的原则解决双方的争端； 213
认为立法程序不适用或是不充分；满足现状的一方呼吁维护“法律与秩序”；不满足现状的一方使用或威胁使用暴力，以求

实现自己的要求。这些现象与国际社会的情况是十分相似的。有时人们会说，只要国家坚持认为自己的事情只能由自己做出判定，就不可能有和平变革的国际程序。上面所举的这类争端，往往都属于双方坚持自己做主的争端，但在解决这些争端方面，至少已经取得了进展，朝着和平变革的方向稳步迈进。

暴力总是劳资关系中的一个关键因素。工业革命初期，工人有组织的自助行动总是受到残酷的镇压。1825 年英国废除《联合法案》（*Combination Acts*），从而终止了这种毫无道理的镇压。在俄国，对工人的镇压则一直延续到 1905 年。从 1825 年至 1905 年间，工人使用有组织罢工这一武器的权利在所有主要工业化国家都得到了承认。罢工不仅被证明是工人迫使雇主做出让步的有效武器，而且也成为暴力行动——革命——这一重要武器的公认标志。[14] 近代，苏俄、[15] 意大利和德国的极权政府通过立法禁止了罢工，授权强大且无情的行政当局执行这一禁令，这样一来，再次从劳资关系中强行消除了暴力因素。民主国家也不断禁止罢工行动，当然，这样的政府行为总是受

214 到工人的抵制，长期以来也被证明是难以执行的禁令。[16] 从理论上讲，一个强有力的极权式超级大国也可以采用同样的方式在解决国际争端中消除暴力因素。但是，这种结果无论是否有益，实事求是地说，都不在考虑范围之内。所以，如果我们考虑这样一种情况，即在劳资关系没有被一种强大的国家权力所左右的某些国家和某些时期，就可以发现与国际领域更加相近的情势。19 世纪后期和 20 世纪初期，大多数国家的“穷人”通过一系列的罢工和谈判，稳步改善了他们的状况；“富人”或

是出于一种正义感，或是害怕如果不做让步就会爆发革命，所以，他们宁愿做出妥协也不愿冒引发暴力冲突之险。这一过程最终使劳资双方都愿意将争端提交各种形式的调解和仲裁，结果建立了某种“和平变革”的常规机制。在许多国家，这样的机制运行了多年，也取得了很大的成功，当然，工人并没有放弃使用罢工这一武器的最终权利。如果我们把这一机制转用于国际关系，就可能出现这样一种情况：不满现状的国家一旦意识到可以通过和平方式解决它们的问题（当然一开始会采取威胁使用暴力的方式），某种“和平变革”的机制就会逐步建立起来，不满现状的国家也会对此产生信心。一旦这样一个机制得到承认，和解就会被视为理所当然的事情。威胁使用武力虽然不会被正式放弃，但会越来越退居次要地位。这种做法是否真正有效，这样的希望是否纯属乌托邦式的幻想，仍然是一个问题，只有通过实践的检验才能做出回答。但是，我们可以比较肯定地说，这是唯一的进步方式，是我们可能建立某种和平变革的国际程序（无论这样的进程是多么不完善）的唯一途径。

不过，我们必须认清这一程序的内在意义。有些大规模社 215
会变革或政治变革中的问题具有引发革命或战争的危险，要想解决这类问题，难免损害某一方的利益，或者从表面上看会是如此。在变革中受到损害的一方要同意做出这种牺牲，但同时又没有规定的方法迫使它这样做——这正是《国联盟约》第19条中离奇的幻想之一。这一条款的命运自然不佳，这样的幻想也应当抛弃。我们很难期望人们做出这样的自我牺牲。政治家、工会领袖或公司经理代表的是委托人的利益。为了证明

必须牺牲他们的利益、做出重大的让步，一般来说，他必须表明自己是在不可抗拒的力量之下才做出了妥协。如果是立法带来了变革，不可抗拒的力量就是国家。但如果是谈判带来了变革，不可抗拒的力量就只能是实力强大的一方。雇主对工人做出让步，同意罢工工人提出的条件，理由是他们无力抗拒工人的要求。工会领袖取消尚未成功的罢工，便声称工会已经无力将罢工继续进行下去。所以，“向暴力威胁让步”有时虽然被用来责备别人，但却是这一程序中一个正常的组成部分。

当然，我们不可过度使用这种以劳资关系类比国际冲突的方法。即使在最发达的民主国家，暴力的作用也比那些极端感情用事的民主派人士所承认的更加常见，更加明显。在英国这样有秩序的国家里，20世纪内阿尔斯特人、爱尔兰民族主义者、女性选举权倡导者、共产党人、法西斯主义者和有组织的工人都曾使用或威胁使用暴力，以实现自己的政治目的。但是，在一个国家之内，过于匆忙使用暴力的行为会受到抑制。首先，存在立法程序，所以提供了另外一种变革的渠道。人们相信投票的作用，这就防止了许多国家的工人采取革命性的政策。其次，国家会做出某种姿态（尽管往往是不完善的），在争端各方之间做出公正平衡的调解。由于存在这些制约措施，在民主国家和所有阶级的意识中，都认为公开使用暴力是不符合道德规范的，只有在所有试图变革的方法全部穷尽之后，才能考虑使用暴力。

在国际政治中，这两种制约因素都是不存在的。所以，使
216 用和威胁使用暴力就成为重大政治变革的正常方式，也受到大

家的认可。主要是“保守”国家才会将其视为不道德行为。因为这类国家的利益会由于变革而受到损害。19 世纪最大的“和平变革”是柏林议会的行动：它更改了俄国在圣斯特法诺强加于土耳其的条约。但是，这一修改之所以成为可能，是因为英国和奥匈帝国暗示要对俄国宣战。[17]1923 年，《洛桑条约》修改了 1923 年与土耳其在塞弗勒斯签订的条约，这也是使用和威胁使用武力的结果。劳合·乔治将此称为“卑鄙、懦弱和可耻的投降”，这种看法在当时十分流行。[18]1938 年 9 月的《慕尼黑协定》改变了捷克斯洛伐克边界，也是威胁使用武力的产物。这些事件清楚地证明了贝奈斯的观点：除此以外，别无他法。五年之前，他曾公开说过：“没有人能够强迫国家改变自己的边界。如果有人试图改变捷克斯洛伐克边界，那就让他带着军队来吧。”[19] 我们还有一个很有意思的事例。1920 年波兰兼并了维尔纳（Vilna），立陶宛关闭了边界，并中断了与波兰的一切联系。这种自我孤立的方式对立陶宛到底有什么好处是值得怀疑的。但是，立陶宛的政治家若是没有不可抗拒力量这一借口的话，根本无法就重开边界以及因之使国家丢尽脸面的事情为自己开脱。1938 年 3 月，波兰动员了一支军队，并对立陶宛发出了最后通牒。边界立即重新开放，正常关系也建立起来了。人们普遍认为，和平变革的行动是有益的。但是，这样的行动只有在战争威胁的条件下才能成功。一般来说，战争威胁，无论含蓄还是明示，似乎是国际领域重大政治变革的必要条件。[20] 217

这一原则不仅多次被实践所证明，而且在很大程度上也得到《国际联盟盟约》的起草人和解释者在理论上的认可。国联

机制是由于战争的危险才开始运转的。《盟约》第 11 条的内容涉及“任何战争和战争威胁”以及“任何……威胁破坏国际和平的事态”。第 19 条则涉及处理“不可履行条约”（这个术语从来没有得到令人满意的解释）的问题，也涉及“如持续下去可能危及世界和平的国际事态”。进而，《盟约》在促进和平变革方面最有效的条款不是第 19 条，而是第 15 条。这也是为此目的启用过的唯一条款。[21] 第 15 条规定，可以在不经当事方同意的情况下提出建议；如果发生战争，可使用制裁手段支持这类建议。但是，只有在国家间发生了“可能导致战争的争端”，才能够诉诸这一条款。总的来说，《国联盟约》所关心的要求是那些强大到足以发动战争的国家提出的要求。1932 年，芬兰向国联行政院提出要求，希望受理英国在第一次世界大战期间强行征用芬兰船只事宜。英国政府提出了一些反驳理由，其中一条是，这一争端根本不会“导致战争”，所以，行政院不应受理芬兰提出的要求。同年，英国政府根据《盟约》第 15 条，向国联政务院提出要求，希望受理英伊石油公司事务引发的争端。这两个案例的根本区别在于，英国十分强大，很容易造
218 成战争，而芬兰则不是如此。[22]1921 年，玻利维亚第一次援引《盟约》第 19 条。国联非常精明地驳回了这一要求。国联的理由是，玻利维亚关注的情景已经存在多年，并未危及和平，所以，不应将这一事件提交国联处理。换言之，玻利维亚必须强大到足以对智利发动战争的地步，这才是启动和平变革程序的必要条件。因此，《国联盟约》的原则证明了从实践中得到的一条经验：如果没有战争威胁或潜在战争威胁，在国际政治中

是无法启动大规模和平变革的。

我们可以总结一下到目前为止得出的结论。司法程序不适于解决国内政治中的和平变革问题，更无法解决国际政治中的和平变革问题。如果平等对待争端的当事各方，就否认了权力的作用。而权力在任何政治变革中都是不可或缺的因素。立法程序虽然承认权力的作用，并且可以满足国内政治变革的许多要求，但却不适用于国际领域的变革要求，因为立法程序首先需要有一个立法权威机构，其法令对社会所有成员均具有约束力。不论他们是否认可这样的法令，都是如此。还有协商程序，可以适用于国内的一些变革要求，也是唯一可以适用于国际变革要求的方式。之所以如此，是因为国家（像工会或雇主联盟一样）认为自己具有接受或拒绝任何解决方案的最终权利。但是，在立法程序的框架之中，变革是通过国家权力实现的；而在协商框架中，变革是否可以实现则只能依赖申诉方的实力。使用权力、威胁使用权力或是持权待用，都是国际变革中的根本因素。一般来说，只有符合能够使用权力或代表权力的国家的利益，变革才能得以实现。“屈服于暴力威胁”是和平变革进程中正常的组成部分。

这是事情的一个方面。由于现代大部分国际政治文献中都 219
忽视了这个方面，所以我们在这里特意予以强调。即便是仅仅从这个角度考虑问题，也不应低估和平变革的价值。雇主与工人之间的关系会达到某种程度，致使雇主无力反对或是工人无力坚持某种提高工资或缩短工时的要求。如果这是唯一可能的结果，那么，实现这一结果比较理想的方式就是和平协商，而

不是使双方遭受惨重损失的长期和痛苦的罢工。(这与要求本身的公正与否没有关系。)1877年，由于欧洲主要国家之间权力关系的态势，剥夺《圣斯特法诺条约》给予保加利亚的大部分领土已经在所难免。既然如此，实现这一结果的最好途径是在柏林进行谈判协商，而不是英国联合奥匈帝国与俄国交战。我们可以将和平变革或多或少地视为一种单纯的机械性工具，是替代战争工具的一种方式，它根据政治力量对比的变化，调整领土和其他利益的分配。如果这样思考问题，就不应虚伪地否认和平变革的实用功能。在国内社会中，许多被视为有益的变革，无论是否通过立法程序，都只能是建立在这样一种基础之上的。

道德在国际政治中的作用

不过，和平变革还有一个令人深思的方面。这就是，像任何其他类型的政治进程一样，讨论和平变革不能仅仅考虑权力。如果有人提出了一项有争议的变革要求，大多数人立即考虑到的问题就是这一要求是否公正。诚然，我们对是否正义的判断可能受到自我利益的干扰，甚至会完全被自我利益所左右。进而，即使没有自我利益的强烈干扰，对于一个必须接受的方案或是需要竭尽全力才能避开的方案，我们也会试图寻找理由，将其视为公正的方案。还有，正如与所有政治问题一样，权力部分地决定了我们的道德观。因此，我们往往认为，
220 在其他条件相同的情况下，强者或多数人欢迎的解决方案，会

比弱者或少数人欢迎的解决方案更为公正。不过，即使将所有这些问题考虑在内，处理问题的道德观念（这种观念不是完全由权力的权衡所决定的）仍然会影响与其有关的人民群众的态度。伯特兰·罗素写道："如果非暴力治理意味着赢得普遍的认同，那就必须寻找某种办法，说服大多数人接受一种不同于赛拉西马克的原则。"[23] 若要在国际关系中建立有序的和平变革程序，也必须寻找某种方法，使这种变革不仅基于权力，而且也基于权力与道德之间艰难的妥协，因为这种妥协是一切政治生活的基础。在劳资争端中建立和平协商程序，首先需要的不仅仅是双方准确判断在某一特定时间各自实力的强弱，而且需要对相互关系中的正义和合理问题具有一定程度的共识，需要一种愿意索取也愿意给予的风度，甚至需要一种准备自我牺牲的精神。这样才能奠定一个基础，无论这个基础多么不完善，但毕竟可以提供一个平台，使双方根据共同承认的公正原则来讨论提出的要求。建立国际和平变革程序的最大障碍，不是缺少世界立法机构，也不是国家坚持认为只有自己才有权裁决自己的事务。最大的障碍是这种共识还处于一种尚未成型的状态。

这种共识在要求国际变革的过程中产生了多大的作用呢？很显然，它确实发挥了一定的作用。有两个要求变革的例子可以用来分析这个问题，一个是准国际领域里的例子，一个是国际领域中的例子。

19 世纪，爱尔兰要求自治。这一要求得到了英国许多人的支持。英国民众的支持不是出于权力的考虑，而是他们一致承认"被压迫民族"享有自决权利是国际道德准则，并且他们也

221 愿意为此牺牲自我利益。英国和爱尔兰之间的共识程度自然比两个差异极大的国家之间的共识要大得多。尽管如此，变革的要求仍然没有实现。后来，英国的军事力量转移到其他地方，使爱尔兰能够以实力支持自己的要求，这一要求才得以满足。1921 年，双方终于达成妥协。如果能在 1916 年达成妥协，它就像大多数和平变革的国际案例一样，成为完全在战争威胁条件下达成的和平变革的实例。但是，即便是在 1921 年，单凭权力也无法达成这样的解决方案；进而，即使达成协议，也不会具有持久的效力。《英爱条约》确实是“屈服于武力威胁”的典型案例，因为它是与成功的起义领袖签订的条约。但是，它也有着必要的道德基础，即两国承认它们相互关系中公正合理的成分，两国（尤其是强者）也愿意为和解做出牺牲。这就使得协议成为出人意料的成功。我们仍然记得，即使在条约签订之时，四处还是充满了极度悲观的预言。

第二个例子是，在两次世界大战之间的一段时间内，英国未能与德国和平地解决问题。英国和德国（以及其他大部分国家）的主流舆论多年来一直认为，可以用公正和不公正的标准对《凡尔赛和约》做出适当的评判。当时，对于和约哪些部分是公正的、哪些部分是不公正的，虽然不能说大家的观点完全相同，但舆论的一致程度是相当高的。不幸的是，德国在 1918 年之后的 15 年里几乎完全没有实力。我们已经讨论过，这种实力恰恰是政治变革的必要动力。虽然人们普遍认为《凡尔赛和约》中的一些部分应该修改，但由于缺乏这种力量，舆论却无法成为现实，所以只能对和约做一些无关紧要的修补。当德国力量再度强大起来的时候，它对道德在国际政治中的作用却完全采取了不屑一顾的态度。虽然德国继续以公正为理由提出要求，其方式却越来越清楚地显现出赤裸裸的权力。德国的这种态度也影响到维持现状国家的舆论。这些国家原来承认《凡尔赛和约》中包含了不公正的内容，但现在却越来越不愿意承认这一点，并且越来越将这一问题视为纯粹的权力问题。[24]维持现状国家之所以轻易地默许德国拒绝接受军事条款、重新占领 222
莱茵兰地区、兼并奥地利等行动，并非全是因为这是最容易攻破的防线，而是部分地因为存在一种共识，认为这些变更本身是合理和公正的。[25]但是，每当这类行为发生的时候，维持现状国家的官方宣示政策又是谴责和抗议。这必然给人们留下一种印象：提出抗议的国家之所以默许德国这样做，唯一的原因就是它们不能或不愿意努力抵制德国的做法。长期以来人们公认的《凡尔赛和约》中不公正的内容被逐渐消除，但这并没有促成德国与《凡尔赛和约》制定国家之间的和解，反而进一步加大了它们之间的疏远，摧毁而不是加强了以前存在的有限共识。

关于目前或是未来英国或其他国家的对外政策，并不在本书讨论范畴之内。但是，维护现状不是一项可以持续成功的政策。这种政策会以战争而告终，正如顽固的保守主义会以革命而告终一样。“抵制侵略”，不论多么有必要将其作为国家的权宜之计，都不是解决问题的办法，因为准备以战争阻止变革，与准备以战争促成变革一样，都是不道德的行为。因此，确立和平变革的方式是国际道德和国际政治的根本问题。有人认为，可以通过世界立法机构或世界法院的方式建立和平变革程序。我们应该将这样的计划视为纯粹乌托邦式的糊涂观念。有人希望消除权力因素，将和平变革的协商程序完全建立在对公正和不公正的共识基础之上。我们也可以将这种观点正确地称为乌托邦思想（宣布某种理想是自己的目标，但这种理想不可能完全得以实现，这就是乌托邦思想的确切功能）。但是，我们必须记住，现实主义的和平变革观念就是根据变化的权力关系做出相应的调整。根据现实主义的思想，能够动用最大权力施加影响的国家往往是和平变革中的成功者，所以，我们必须竭尽全力使自己变得强大起来。实际上，我们知道，要实现和平变革，必须将两种观念折中起来使用：一种是乌托邦的观
223 念，强调在公正问题上达成的共识；另一种是现实主义的观
念，强调根据变化的力量对比关系做出相应的调整。因此，只
有在介于实力和绥靖这两种似乎是对立的极端之间选择一条中
224 间道路，才能制定出成功的政策。

注释：

① Burke，*Reflerions on the Revolution in France*（Everyman ed.），p. 19.

② Marx and Engels，*Works*（Russian ed.），ix. p. 372.

③ Gilbert Murray，*The League of Nations and the Democratic Idea*，p. 16.

④ B. Russell，*Power*，p. 263.

⑤ J. Strachey，*The Menace of Fascism*，p. 228.

⑥ 引自 J. Truslow Adams，*The Epic of America*，p. 239。

⑦ Hitler，*Mein Kampf*，p. 708.

⑧ 引自 E. Pethick-Lawrence，*My Part in a Changing World*，p. 269。

⑨ Berber，*Sicherheit und Gerechtigkeit*，p. 9.

⑩ *Peaceful Change*，ed. C. A. W. Manning，p. 141.

⑪ *League of Nations*；*Seventeenth Assembly*，p. 46.

⑫ *Peaceful Change*，ed. C. A. W. Manning，p. 164.

⑬ 劳特巴赫教授说，“在法律直接规范之下的利益范围会随着文明的发展而扩大”（*The Function of Law in the International Community*，p. 392）。这种说法在今天是不言而喻的事情。但对于19世纪的思想家来说，却是一种似是而非的论点。

⑭ 这是“一日罢工”的重要意义所在。一日罢工在某些国家十分流行。这种罢工本身虽然没有什么效用，但旨在表明工人有力量打破国家的权力。因此，一日罢工的成败是对实力的一种考验，它的结果使双方认识到，需要在不诉诸极端措施的情况下达成适当的解决方案。

⑮ 在苏维埃俄国，雇主在名义上是国营公司或国家机构。但这一事实并没有对该论点形成实质性的挑战。

⑯ 一战期间，英国实施《战时军工法》，禁止军火工厂的工人罢工。但是，如果真的出现了罢工，也很少实施这一法案。随着一战的结束，《战时军工法》也不复存在。根据1927年的《贸易争端法》，政治性罢工是非法的。但是，自从该法案通过之日，便没有发生过这种案例。美国工业民主联盟发表了一个小册子，总结了其他国家的情况（*Shall Strikes be Outlawed?* by Joel Seidman），发现“劳工感到自己的罢工权利是受到公正待遇的最可靠保证”，“只有通过自愿的集体讨价还价，才有希望建立令人满意的工业关系”。

⑰ 一位学者考察了到1914年为止的和平变革的历史。他得出了这样一个结论：“最明智的做法是让欧洲面对既成事实”（Cruttwell，*History of Peaceful Change*，p. 3）。

⑱ D. Lloyd George，*The Truth About the Peace Treaties*，ii. p. 1351.

⑲ *The Times*，26 April 1933，quoted by Professor Manning in *Politica*，December 1938，p. 363.

⑳ 有人认为，在威胁使用军事力量的情况下发生的变革不是“和平变革”。这

些人自然是在根据自己的意愿随意定义和平变革。但是，我们应该注意的是，通过立法或司法程序实施的变革，如果需要强制性执行的话，也会被限制程度如此之高的定义排除在和平变革范畴之外。例如，在 1939 年 9 月，如果国联大会通过决议，或是一个公正的法庭做出决定，将捷克斯洛伐克领土转让给德国，并动用国联军队或是国际警察强制执行。这样的变革，可能只能划归“和平”变革之列。当然，在这样的变革中同样可以使用军队。

㉑ 根据《国联盟约》第 15 条，处理满洲争端的特别大会批准了李顿调查团关于大幅度改变满洲现状的建议。毋庸置疑，日本的军事实力是促成这些建议的力量。但是，即便是这样的建议仍然不足以满足日本人的要求。

㉒ 在芬兰问题上，马达里亚加认为，“如果政务会、大会和国联给人留下的这样一种印象，即，只听取大吵大嚷一方的意见，不听取安静温和一方的意见，原因是后者不会引发战争，那就是极端危险的事情”（*League of Nations*：*Official Journal*, November 1934, p. 1458）。芬兰问题的症结不是芬兰太平和，而是芬兰太软弱。

㉓ B. Russell，*Power*，p. 100.

㉔ 当然是纳粹德国的国内政策加剧了这种反应。

㉕ 在英国，如果仔细阅读英国报纸杂志 1936 年 3 月 7 日至 8 日的报道，就会发现，占领莱因兰的举动不仅得到了广泛的容忍，而且受到普遍的欢迎。后来，报纸的语调不再那么支持这一举动了，这显然是受到了官方态度的影响。

结　论

第十四章　国际新秩序的前景

旧秩序的终结

危机时期是历史上司空见惯的事情。1919年至1939年二十年危机时期的典型特征是，人们从前十年满怀虚幻的希望陡然跌落到后十年充满悲凉的失望，从无视现实的乌托邦理想状态陷入了断然剔除任何理想成分的现实中去。正如我们所知道的那样，20世纪20年代的虚幻理想是一种迟到的反思，映射出一去不再复返的过去一个世纪。那是一个黄金时代：领土和市场无限扩张；充满自信但却并非高压强制的英国霸权管理着世界；团结一致的“西方”文明通过不断扩大可以共同开发和利用新的疆域化解内部冲突；大家自然而然地坚信两个理念，一是一人之福祉必然也是众人之福祉，二是经济上正确的事情在道德上也必然正确。这种乌托邦思想所依据的现实，在19世纪结束之前就已经消失殆尽。所以，1919年的乌托邦思想只能是空中楼阁，毫无实际意义。它对未来无法产生影响，因为它没有在现实中扎下根基。

这种乌托邦思想的第一个最明显的悲剧是它凄惨的崩溃以

及这种崩溃所带来的绝望。一位学者在第二次世界大战前夕写道："欧洲民众第一次意识到，在这个社会中，占据统治地位的不是理性和明智的力量，而是盲目、非理性和邪恶的力量。"①
225 乌托邦主义的观点是，英国的福祉也是南斯拉夫的福祉，德国的利益也是波兰的利益，所以，国际冲突只不过是暂时的误解和恶意的产物。误解是可以避免的，恶意也是可以纠正的。现在，这种虚假的观点再也不能使国际关系显得合情合理了。100 多年以来，冲突的现实悄悄地溜出了西方文明中思想家的视野。20 世纪 30 年代的人们，面对世界的自然状态，既感到震惊，又茫然困惑。18、19 世纪只有在文明人和野蛮人之间才发生的那些残酷行为现在却发生在文明人群之间。极权主义显然不是危机的原因，而是危机的结果。极权主义不是疾病本身，而是疾病的症状。危机在哪里发生，哪里就会出现这样的症状。

乌托邦主义崩溃的第二个悲剧比较微妙。它来自第一个悲剧，同时又加重了后者的悲剧色彩。在 19 世纪后半期，冲突日益严重，已经危及了利益的和谐。当时，一剂达尔文主义的猛药挽救了世界的理性。人们承认了冲突这一现实。但是，冲突是以强者的胜利而告终的，强者的胜利自然是进步的条件。于是，弱者的牺牲拯救了人类的荣誉。1919 年之后，只有法西斯主义者和纳粹分子仍然公开坚持这种陈词滥调，以使国际关系显得合理并符合道德规范。但是，西方国家使用的是一个同样令人怀疑并会带来灾难性后果的权宜之计。西方国家为利益和谐论的崩溃感到惋惜，对朝着达尔文主义的转向感到震惊，于是便试图建立一个新的国际道德。这一道德的基础不是强者的权利，而是有产者的权利。像所有制度化的乌托邦意识一样，这种乌托邦思想成为既得利益的工具，也堕落为维护现状的堡垒。满足现状国家的政治家和宣传家试图将国际道德等同于特权国家集团的安全、法律与秩序以及其他一些长期以来使用的口号；不满现状国家的政治家和宣传家则断然否认以这种方式形成的国际道德。这两类国家的政治家和宣传家是否对第二次世界大战的灾难负有同样的责任呢？这是一个需要讨论的问题。无论采取达尔文主义的方式还是采取西方国家的方式将国际关系道德化，都必然遭到失败。我们既不能接受达尔文主义，也不能接受利益自然和谐论。前者认为，强者的利益就是 226
整体的利益，因此毫无愧疚地盘算着怎样消灭弱者；后者过去曾经扎根于现实，但现在却丢失了现实的根基，因而必然成为特权阶层维护既得利益的口实。这两种理论都已无法成为国际道德的基础。由于它们的失败，我们没有现成的方法去解决如何协调国家利益和世界社会利益这一问题。国际道德正处于消散流失的状态。

我们沿着什么方向才能找到国际道德复兴的路途呢？当然，国际道德可能无法得以复兴，世界可能正在滑向一个倒退和混乱的时期，现有的社会形态会土崩瓦解，新的社会模式终将以某种熟悉的形式呈现出来。如果情况如此，那就不可能是一种短暂的、没有痛苦的经历。那些相信世界革命是通向乌托邦的捷径的人完全无视历史的教训；近年来，持这种观点的人数似乎是减少了。有人曾经认为，闹革命而不是在绝望中逃避才是世界的出路。我们没有理由继续相信这种观点了。我们的使命是探讨国际秩序崩溃的缘由，是要发现在什么基础之上才能够重建国际秩序。这个问题像其他政治问题一样，必须从权力和道德并重的视角予以考虑。

国家是否会作为权力单位继续存在

在考虑权力在任何国际新秩序中的作用之前，我们必须首先提出一个问题：什么构成权力的单位？现在的国际政治形式产生于这样一个事实：民族国家是有效的权力单位。未来的国际秩序形式也会与未来的团体性单位密切联系在一起。

法国大革命开辟的历史新阶段已经渐进尾声，它提出的问题是人的权利。它要求的平等是人与人之间的平等。在 19 世纪，这种要求被转化为要求社会群体之间的平等。马克思正确
227 地意识到，孤立存在的个人不能成为争取人权和人与人之间平等的有效单位。但是，他也认为最终的单位是社会阶级，因而轻视了国家这一单位凝聚统一、无所不包的特征。19 世纪欧洲有两个伟大的人物：迪斯累里（Disraeli）和俾斯麦。他们两人试图将两个“国家”捏合在一起，方法是建立社会服务型国家、普及大众教育以及实施帝国主义政策。他们反对“工人阶级无祖国”的说法，为“国家劳工”、“国家社会主义”，甚至“国家共产主义”奠定了基础。1914 年之前，西欧要求平等的声音已经开始从阶级间平等转向国家间平等了。意大利学者将意大利描述为“无产阶级”国家，表示意大利是“贫穷”的国

家。德国所要求的平等是“阳光下的地位”。正如贝恩哈迪所说的那样，这要靠“与强大的敌对利益和敌对国家的斗争才能够赢得”。[②] 在法国，社会主义派和前社会主义派的部长们呼吁为国家利益而建立劳资之间和平的关系。在不知不觉之间，阶级斗争似乎变得不如国家之间的斗争重要了，就连工人自己都持这样的观点。根据政治权力的普遍法则，争取平等的斗争与争取主导权力的斗争之间的界线已经十分模糊了。

这就是1919年之后国际政治成为头等大事的根本理由。有产者和无产者之间的冲突、维护现状者与革命者之间的斗争，19世纪的时候是在西欧国家边界之内展开的，到了20世纪则转入国际社会。国家比以往任何时候都更加成为最高单位，人对平等的要求、人渴求主导地位的雄心，都围绕着这个单位发展起来。在欧洲所有的地方都出现了国家政府和一党制国家。遗留下来的党派问题被当作过时的和应该予以谴责的东西，被视为影响国家团结的耻辱，应坚决予以铲除。可能导致世界动荡的不平等现象不是个人之间的不平等，也不是阶级之间的不平等，而是国家之间的不平等。墨索里尼说：“正如阶级
之间的贫富不均和机会不均往往导致革命一样，国家之间同样 228
的不平等现象，如果不以和平手段加以调理，就会有意识地导致更加严重的动乱。”[③] 大家所要求的新的和谐，不是自由放任主义者想像的那种个人之间的和谐，也不是马克思认为无法实现的那种阶级之间的和谐，而是国家之间的和谐。过去，马克思将社会阶级视为最高的团体性单位。今天，我们没有必要重犯同样的错误，所以不会将国家视为人类社会的最高团体性单

位。我们也没有必要就国家是聚集政治权力的最合适单位还是最不合适单位这一问题争论不休。但是，我们必须要问自己这样的问题：国家是否可以被取代？如果可以，取代国家的又是什么单位？对此问题的思考又自然而然地引出两个问题：

（1）世界政治权力的最大和最完全的单位必然具有领土特征吗？

（2）如果确实如此，那么，这样的单位能否继续大致维持目前民族国家的形式呢？

对于最大和最完全的权力单位必然具有领土特征这一问题，没有一个可以适用于任何历史时期的教条式回答。但在目前，这样的单位具有明显的领土特征。人们很容易将历史解读为一种渐进式的发展，虽然有时出现倒退，但最终达到了当今这种完美形式。政治权力可能从未完全脱离对领土的占有，即便是在原始社会也是如此。但是，在许多历史时期，权力的基础不是领土性主权。这也许是表象，也许部分地是事实。距离我们最近的这类历史时期就是中世纪。人们接受了以地域而非宗教划界（cuius regio eius religio）的原则，以基于居住地点的单位取代了基于宗教信仰的单位，这样就为现代国家奠定了基础。在现代历史上，没有任何一个时期像现在一样，如此严格地划定疆界，如此严守作为屏障的边界。也没有任何一个历史时期像现在一样，如此难以组织和维护任何国际性权力，这一点在上文中就已经看得十分清楚了。现代军事和经济技术似乎将权力和领土紧紧结合在一起，密不可分。现代人甚至很难
229 想象，如果政治权力不是以领土，而是以种族、宗教或阶级为

组织基础，那会成为一个什么样子的世界。但是，意识形态具有持久的感召力，可以超越现有政治单位的界线，这一点不容忽视。历史上几乎没有什么事情是一成不变的。所以，如果说基于领土的权力单位将会亘古不变，自然是为时过早。不过，国家消失，其他有组织的团体权力形式取而代之，那必然会是一场革命，现阶段国际政治中存在种种事物将全然无法适用于新的形势。国际关系也会被一整套新的团体间关系所取代。

未来的领土单位是否可能大致保持现在的形式？这个问题具有比较紧迫的实际意义。单位的最佳规模，无论是工业和农业的生产单位，还是政治和经济的权力单位，是现阶段最令人困惑，但也是极其重要的一个问题。最近的将来可能会见证这方面的重大发展。在政治权力领域，可能会发现两种相互矛盾的趋势。

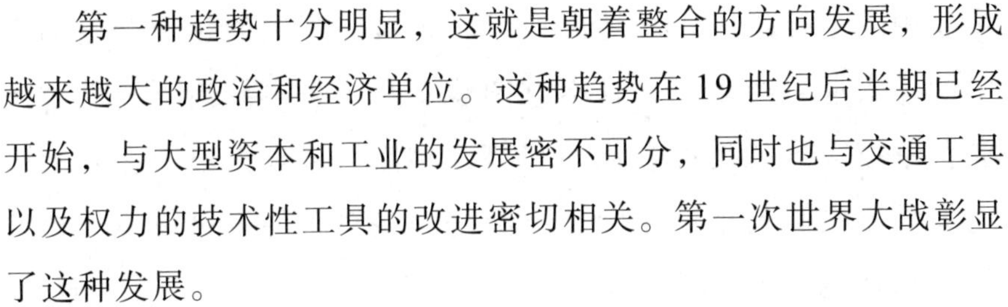

第一种趋势十分明显，这就是朝着整合的方向发展，形成越来越大的政治和经济单位。这种趋势在19世纪后半期已经开始，与大型资本和工业的发展密不可分，同时也与交通工具以及权力的技术性工具的改进密切相关。第一次世界大战彰显了这种发展。

> 主权，就是自由地做出重大历史性决定的权力［瑙曼在其1915年出版的名著中写道］。这种权力现在仅仅集中在全球为数不多的几个地方。“一个羊倌统管一群羊”的时代仍然十分遥远。但是，无数羊倌在遍及欧洲的大草原上自由自在牧羊的时代也已经一去不复返了。大规模工业

> 和超国家组织的精神决定了政治单位的规模……这也符合
> 230 军事技术日益集中的趋势。④

1918 年出现了一段插曲。当时，民族主义突然再度成为分裂的力量，至少在欧洲导致了危险的悲惨结果。经济单位的大量增加也使战后的问题变得更加严重。瑙曼在《中部欧洲》（*Mittel-Europa*）一书之中做出的预断显然比伍德罗·威尔逊的民族自决更为确切。1918 年的战胜国之所以在中欧失去了“和平”，原因就是它们身处一个需要越来越大的政治经济单位的时代，但却继续实施分裂政治经济单位的政策。集中化的趋势仍在发展。人们越是将自给自足看做政策目标，单位的规模就越是需要扩大。美国加强了对整个美洲大陆的控制；英国创建了“英镑区”，为一个封闭的经济体系奠定了基础；德国重建中欧，挺进巴尔干地区；苏联将自己广袤的领土转变为集中的工农业生产单位；日本试图建立一个日本统治下的新“东亚”单位。这就是集中化的趋势，政治经济权力集中在六七个组织程度极高的单位手中，周围是一些较小的卫星单位。这些卫星单位的行动几乎完全不是依据自己独立的意识所决定的。另一方面，还存在一种趋势：虽然在过去 100 年里，技术、工业和经济发展使有效政治单位的规模逐步增大，但毕竟存在一种规模限度，一旦超过这一规模，就会再度引发分裂趋势。当然，即便确有此种规律在起作用，也无法精确地表述这样的作用。所以，只能进行待续的研究，才可能发现决定政治经济单位规模大小的条件。不过，在未来几代人的时期内，这个问题

对于世界历史进程的意义，可能比任何其他问题都更为重要。

我们可以比较有把握地做出一种预断：将来，主权很可能成为比现在更加模糊、更具歧义的概念。这个概念是在中世纪体系崩溃之后产生的，用来表述国家宣称并享有的权威的独立性质。这些国家甚至不承认罗马帝国形式上的管辖权力。主权从来都是一个便于使用的标签。这一标签的恰当功能是作为某
一类别现象的标示。但是，当人们开始区分政治、法律和经济 231
等不同主权，或是区分对内主权和对外主权的时候，它就不再发挥这样的功能了。英国自治领地是否是“主权”国家，托管领土的“主权”归谁——对这类问题的讨论表明主权的概念越来越不清晰。这样的讨论可以是法律性问题，争论焦点在于这类地区的权威机构根据宪法可以行使什么权力（在这种情况下，使用“主权”概念于事无补）；也可以全然是形式主权问题，争论焦点涉及使用“主权”标签来表述或多或少偏离正常国家的组织形态是否合理。在有些情况下，主权概念的确变得具有误导性。比如，在计算英国殖民地贸易值或殖民地投资值的时候，埃及和伊拉克被排除在外，理由是它们属于主权国家。未来的权力单位不可能过多地考虑这类形式上的主权。只要有着能够行使有效权威（但不一定是名义上的权威）的单一中心，一个单位包含几个形式上的主权国家也未尝不可。未来的实际有效团体单位很可能不是国际法在形式上予以承认的有效单位。任何建立国际秩序的计划，如果将这类形式上的主权单位作为自己的基础，必当成为不切实际的空想。

在这里应当补充的一点是，某种形式的团体单位，无论呈

现什么样的形式，必然会作为政治权力的聚集点延续下去。民族主义是一种力量，可以将似乎不可调和的阶级冲突在国内社会的框架中调和起来。目前还没有一种类似的力量，可以将似乎不可调和的国家间利益冲突调和起来，如果有人假设存在一个世界，在这个世界上，人们不再为了冲突的目的将自己组织成不同的群体，那么，这样的假设大概只能是毫无意义的。国家间的冲突不可能被转移到一个更加广阔、更加宽泛的范畴之内。正如大家所知道的那样，我们不可能将整个国际社会组织起来，与火星人争斗。19 世纪文明扩展的空间已经不复存在，
232 于是留给我们一个两难问题。我们面临的正是这个两难问题的另外一个侧面。现在似乎已经无法以牺牲某些第三者的利益来达成利益的和谐了，将冲突悄然转移开来已经成为不可能的事情。

国际新秩序中的权力

在任何政治秩序中，权力都是不可或缺的组成部分。从历史上看，在过去，向世界社会迈进的每一种途径都是伴随着一个大国的崛起而产生的。19 世纪，英国海军的舰队不仅保证不爆发大型战争，而且也管辖着公海，为所有国家提供平等的安全。伦敦货币市场为几乎整个世界确立了一种单一货币标准；英国的商业使世界各国普遍接受了自由贸易原则（尽管是不完善的弱势形式）；英语也成为四大洲的通用语言。这类情景既是英国霸权的产物，也是英国霸权的保障。它创造了一种世界社会具有共同利益和共同情感的幻觉。在某种程度上甚至创造

了这样一种事实。于是，国际秩序运行的假定就这样被一个强大的国家创造出来。随着这个国家的相对或绝对衰退，这一假定也被摧毁了。英国舰队已经无力防止战争的爆发；伦敦市场也只能在有限的地区实施单一货币标准；自由贸易完全崩溃；如果说英语仍然保持了它上升的地位，并且上升趋势还有所加强，那也是英国和其他主要国家共同维持的结果。什么力量可以使国际秩序得以恢复呢？

不同的国家对这个问题会做出不同的回答。现在，大多数英国人意识到，19 世纪使英国得以全面崛起的那些条件已经不复存在。但是，他们有时仍然自我安慰，梦想英国的主导地位并没有完全消失，而是转化为一个更高级、更有效的形式，这就是讲英语的人民共同崛起。不列颠治下和平将继续发挥作用，成为盎格鲁－撒克逊统治下的和平，位于英美两国之间的英国自治领地会被巧妙地融入英美合作的框架之中。这种浪漫的想法可以回溯到 19 世纪最后的几年。当时，英国已经意识到作为世界主导国家的负担越来越重，也有人提出建立基于英美伙伴关系的世界帝国。塞西尔·罗德斯的方案就是这种设想最早的有记载的版本之一。有趣的是，对这种设想做出最具体表述的竟是美国驻伦敦的大使。1913 年，就在第一次世界大战前夕，沃尔特·海因斯·佩奇（Walter Hines Page）大使建议伍德罗·威尔逊总统访问伦敦，缔结英美联盟。他补充说："我以为，这个世界会意识到谁是它的主人，但是，请不要声张。"[5]1922 年的《华盛顿海军条约》或多或少地是英国有意识的要求，希望在管理世界事务中与美国享有同等的伙伴地位。

在两次世界大战之间的年代里，英国政治家一再重提这个要求。当然，美国表现出来的敏感也使英国政治家采取了保留和谨慎的态度。

> [鲍德温勋爵1935年5月在艾伯特大厅说，]我一直认为，在世界任何地方，无论是在欧洲还是在东方，防止战争、保证安全的最大希望在于英帝国和美利坚合众国的紧密合作。两国海军的联合、潜在的人力资源、共同封锁形成的直接经济力量、拒绝商贸往来与货币借贷产生的作用——这些制裁性行动，是地球上无论多么强大的国家都不敢与之抗衡的。也许，达到这样理想的目标要用100年的时间，也许永远也无法实现。但是，我们有时仍然会有自己的梦想。我期待着未来，我会看到，为了世界的和平和正义，两个国家会联合起来。我不禁在想，即使人们现在还不能公开宣扬这样的主张，我们的后人会看到这一天的到来，他们会看到，是讲英语的人们在捍卫世界的和平。[6]

对于美国的每一件事情，英国人的兴趣都越来越浓厚，说明这种思想已经在英国人的心里深深地扎下了根。

233 在大西洋彼岸，却是一派完全不同的景象。美国不是一家老公司，自然不会迫切希望在两国伙伴关系中注入新鲜血液，以此恢复自己的活力。美国是一个年轻力壮、生机勃勃的国家，依靠的是自己的实力。但是，它并不清楚自己的实力可以使它发挥多大的作用。直到世纪之交，美国才公开要求被承认为世界大国。但是，不久之后，美国领导人就开始产生占据世界主导地位的念头。

> ［伍德罗·威尔逊总统在1914年独立日讲演中说，］我的梦想是，随着岁月的流逝，世界能够更加了解美国。世界……将转向美国，寻求作为一切自由基础的道德精神。……美国将会完全被世界所了解，全世界的人都会知道，美国视人权高于其他任何权利，它的旗帜不仅是美国的旗帜，而且也是整个人类的旗帜。[7]

这个梦想终于成真。1918年，在几乎一致赞同的情况下，世界领导权被交付于美国。当时的世界领导权已被削弱，但这并不意味着它在未来某个时候不会再度掌握在强国手中。如果历史先例还有借鉴价值的话，那么，在分裂和虚弱的欧洲实施美利坚治下和平，比建立基于英语国家平等伙伴关系之上的盎格鲁－撒克逊治下和平要更加容易。不过，我们研究的是一个极不确定的领域，即便是严肃的学者也只能推断猜测而已。

所有关于世界秩序依赖于一个超强国家崛起的理论，都有一个难以避免的缺陷；这些理论最终都承认强者有权占据世界的领导地位。罗马治下和平是罗马帝国主义的产物；不列颠治下和平是英国帝国主义的产物。美国在拉丁美洲实施的“睦邻友好”政策，不是对抗“美国帝国主义”的措施，而是美国帝国主义政策的继续和结果，因为只有强者才能够一方面维护自己的主导地位，一方面维持“友好睦邻”关系。所以，在理论上没有理由剥夺其他国家追求世界主导地位的权利。

> 234 ［希特勒在《我的奋斗》中写道，］那些真正希望世界和平主义思想赢得胜利的人们，就必须诚心诚意地支持德国征服世界。……一旦最优秀的人征服了世界，成为世界的唯一主人，和平主义和人道主义思想也许就会成为伟大的思想。⑧

正如中国代表在国联大会上所说的那样，日本的政策是在远东建立日本治下和平。⑨英国人或是美国人有理由反对日本的野心。但是，英美是无法以普世道德为理由予以反对的，因为这样的理由不会说服德国人或是日本人。德国治下和平或日本治下和平的概念就是德国或日本主导下的世界秩序。如果说这些概念是狂妄荒谬的话，那么，在伊丽莎白时期提出不列颠治下和平的概念，在华盛顿和麦迪逊时期提出美利坚治下和平的概念，也就都是狂妄荒谬的了。但是，如果尼加拉瓜或是立陶宛试图寻求世界领导权，那才真是狂妄荒谬。之所以如此，唯一的原因就是，根据合理推测，凭这两个国家的实力，它们决不敢产生一丝觊觎世界霸权的野心。如果无视权力这个一切政治现象中的决定性因素，那就是彻头彻尾的乌托邦意识。如果认为国际秩序可以建立在各国联合的基础之上，也同样是乌托邦式的幻想，因为每个国家都会竭力维护和加强自己的利益。要建立一个新的国际秩序，必须依靠一个权力单位。这个权力单位既要有足够的内聚力，也要有足够的实力，这样才会保持自己的上升地位，无须在弱小国家之间的争斗中被迫选择敌友。无论涉及的是什么样的道德问题，都会存在无法归之于道德范畴的权力因素。

国际新秩序中的道德

无视权力因素是乌托邦意识。但是，如果无视世界秩序中的道德因素，则是一种不现实的现实主义思想。在国家之内，每个政府都需要权力支撑自己的权威，但它同样需要被统治者的许可作为自己的道德基础。国际秩序也是如此，它不能仅仅建立在权力的基础之上。原因很简单：从长远看，人类总要反抗赤裸裸的权势。任何国际秩序的先决条件都是高度 235
的普遍认可。如果我们夸大道德可能起到的作用，我们势必感到失望。政治具有致命的两重性，总会使对道德的考虑与对权力的考虑缠绕在一起。我们永远也不会建立起一种政治秩序，使弱者和少数人的要求会与强者和多数人的要求受到同样及时的重视。权力可以打造为权力服务的道德，强制可以有效地达成意见的一致。在考虑到所有这些因素之后，还有一个需要注意的因素：国际新秩序和新的国际利益和谐只能建立在一个上升大国的基础之上，这个大国至少要被普遍认为是容忍度高、非强制性的，至少要比其他任何可能的替代方式更能得到人们的接受。创造这些条件是一个或诸个上升大国的道德责任。英国和美国从长期的传统和历史的惨重教训中获得了经

验，总体上说，能比德国和日本更好地理解这一责任极其重要的意义。这才是最有效的道德推论，说明英国霸权或美国霸权要优于德国霸权或日本霸权。在对于管辖领土的治理方面，英国和美国的管理当局比德国和日本更加相信，应该通过非强制措施的、获得被统治者普遍认同的方式进行管理。在对外政策方面，英国和美国比德国和日本更愿意使用和解的方式，即便对于那些更容易以武力对付的国家也是如此。诚然，这种行为所反映的任何道德优势主要是英美长期稳定地享有优势权力地位的结果，但这并不能否定客观存在的事实。当然，这种推论对德国人和日本人来说没有什么吸引力，当英美使用这一论断的时候也难免会被人指责为道貌岸然的伪君子。

不过，以 19 世纪的条件为背景讨论权力和道德问题是没有意义的。因为这样的讨论无异于乞灵于命运之手，请它恢复 19 世纪的条件，使国际秩序可以在旧的原则上得以重建。当
236 代世界中真正的国际危机是，使得 19 世纪秩序成为可能的那些条件彻底地、不可逆转地消失了。旧的秩序不可能恢复，观念巨变已经不可避免。那些寻求国际和解的人需要研究一个问题：是什么条件使得社会阶级之间的和解进程在一定程度上获得了成功。他们一定会从中得益。这一进程的根本条件是：冲突的现实必须得到坦率的承认，不能将冲突视为居心不良的闹事者的幻想；对于利益自然和谐论是少许良好意愿和常识理性就足以维持的简单化理念，必须置之不理；道德上值得赞扬的事情，不等于经济上能够获益的事情；如果需

要，则应牺牲经济利益，以便通过改善不平等状况的方式解决冲突。在国际社会中，这些条件都不具备。一般来说，听听担任要职的英美政治家的讲话，就会发现他们仍然认为世界各国之间存在利益的自然和谐，只要各国具有良好意愿和理性常识，就可以维持这样的利益和谐状态，但是那些邪恶的独裁者却正在蓄意破坏这种状态。通常，英美经济学家也仍然认为，经济上对英国或美国有利的事情，对其他国家也会产生经济利益，因此在道德上也是值得赞扬的事情。很少有人愿意承认，国家之间的冲突会像阶级之间的冲突一样，不做出真正的牺牲，是不会得到解决的。这种牺牲很可能需要富裕群体或富裕国家大量削减自己的消费。在建立国际新秩序的道路上还有其他的障碍。但是，认识不到冲突的根本特征、认识不到对付冲突需要采取的非常措施的本质，这无疑是诸多障碍之中的一个。

实现国际和解进程的最大希望最终在于经济重建的方式。在国内社会中，出于需要，我们已经不再将经济利益视为检验事情好坏的标准。近年来，几乎每个国家（美国当然也不例外）都实施了大型资本投资项目，这些项目不是为了实现获取利润的经济目的，而是为了创造就业机会这一社会目的。有时，正统的经济学家对这类政策怀有强烈的偏见，致使政策无 237
法完全得以实施。在苏俄，这样的偏见从一开始就不存在。在其他极权国家，此类偏见也很快就消失了。但是在其他地方，重新武装和战争成为对付失业的首要有效措施。这一教训是不能忽视的。任何地方都不能容忍1930—1939年危机的重演。

道理很简单，因为工人已经知道，既然经济上没有收益的巨大军备消费可以对付失业，将同样的款项用于其他经济上没有收益的事业，比如提供免费住房、免费交通和免费服装，同样可以解决失业问题。同时，世界上所有的地方都迅速采取措施，取消或削减工业利润。在极权国家，这项工作已经基本完成。在英国，人们一直认为，在提供基本公共服务方面，利润超过一定的限度就是不道德的行为。这一观点已经延伸到军火工业，向其他领域延伸也只是一个时间问题。如果出现危机，延伸速度还会加快。1939 年的军备危机，即便没有引发战争，也会在所有的地方导致社会和工业结构的革命性变化，程度只会仅仅低于战争引发的变化。这一革命的本质是放弃了以经济利益作为评判政策的标准。就业变得比利润更加重要，社会稳定变得比增加消费更加重要，平均分配变得比最大限度地发展生产更加重要。

在国际上，这一革命使有些问题更为复杂，但也有助于解决另外一些问题。只要权力完全主导着国际政治，其他利益服从军事需要的做法势必加剧危机，预示着战争本身势必具有极权特征。但是，如果解决了权力问题，道德的作用重新得到了发挥，事情就不会是毫无希望。无论在国际领域还是国内领域，我们都无法退回到 1939 年之前的世界中去，正像我们不能退回到 1919 年之前的世界中一样。坦诚接受经济利益需要
238 服从社会目的，承认经济上的实惠不一定是道德上的高尚——这样的态度应该从国内领域延伸到国际领域。在国内经济中，利润动机逐渐削弱。这至少应当部分地促使人们弱化对外政策

中的收益动机。1918 年之后，英国和美国政府许诺向一些贫困国家提供“救济贷款”，它们从来没有真正期望从中得到经济回报。利用外国贷款刺激出口贸易领域的生产是许多国家战后政策的显著特点。后来，这一政策得到了扩展，主要是出于军事方面的考虑。但是，如果可以克服权力危机，就完全有理由为其他非军事目的加强这一扩展政策。我们越是为了政治目的而支持非营利的工业，提供合理就业机会越是替代最大限度获取经济利益而成为经济政策的目标，我们越是意识到需要为社会目标而牺牲经济利益，似乎也就越容易使这类社会目标超越国家的边界。英国的政策自然要考虑英国本土上奥尔德姆或是贾罗等地的利益，但同时也要考虑到法国的里尔、德国的杜塞尔多夫、波兰的罗兹等地的利益。拓宽我们的国家政策视野应当有助于开阔我们的国际政策视野。正如上一章所讨论的那样，[10] 坦言呼吁人们发扬自我牺牲的精神并不总是徒劳无功的。

自然，这也是乌托邦思想。但是，较之于世界联邦的梦幻、较之于建立比较完美的国际联盟的计划，这种思想更加符
合现在的实际情况。只有首先在奠定基础方面取得进展，才能 239
建立世界联邦和国际联盟这些美妙的摩天大厦。

注释：

① P. Drucker, *The End of Economic Man*, p. 56.

② Bernhardi, *Germany and the Next War* (Engl. transl.), p. 81.

③ *The Times*, 21 April 1939.

④ F. Naumann，*Central Europe*(Engl. transl.)，pp. 4—5.

⑤ R. S. Baker，*Woodrow Wilson: Life and Letters*，v. p. 31.

⑥ *The Times*，28 May 1935.

⑦ R. S. Baker，*Woodrow Wilson and World Settlement*，i. p. 18.

⑧ Hitler，*Mein Kampf*，p. 315.

⑨ *League of Nations: Eighteenth Assembly*，p. 49.

⑩ 参见 p. 169。

索　引

（按英文字母排序。所涉页码为原书页码，即本书边码）

图书在版编目(CIP)数据

二十年危机:1919—1939:国际关系研究导论/(英)E. H. 卡尔著;秦亚青译. —北京:商务印书馆,2024
(汉译世界学术名著丛书:120年纪念版:珍藏本:增订本)
ISBN 978-7-100-23750-5

Ⅰ.①二… Ⅱ.①E…②秦… Ⅲ.①国际关系史—研究—1919-1939 Ⅳ.①D819

中国国家版本馆 CIP 数据核字(2024)第 076549 号

汉译世界学术名著丛书
(120 年纪念版·珍藏本·增订本)
二十年危机 1919—1939
——国际关系研究导论
〔英〕E. H. 卡尔 著
秦亚青 译

商 务 印 书 馆 出 版
(北京王府井大街 36 号 邮政编码 100710)
商 务 印 书 馆 发 行
北京市十月印刷有限公司印刷
ISBN 978-7-100-23750-5

2024 年 5 月第 1 版　　开本 710×1000 1/16
2024 年 5 月北京第 1 次印刷　　印张 21¼
定价:118.00 元